Moses Mendelssohn (1729 - 1786)

Moses Mendelssohn.
Gemälde von Johann Christoph Frisch, 1786.
(Der "große Frisch", s. Nr. 99.)

Michael Albrecht

Moses Mendelssohn

1729 - 1786

Das Lebenswerk eines jüdischen Denkers
der deutschen Aufklärung

Acta humaniora   VCH

Ausstellungskataloge der Herzog August Bibliothek Nr. 51

Ausstellung im Meißnerhaus der Herzog August Bibliothek Wolfenbüttel
vom 4. bis 24. September 1986

CIP-Kurztitelaufnahme der Deutschen Bibliothek

Albrecht, Michael:
Moses Mendelssohn: (1729 - 1786) ; d. Lebenswerk e. jüd. Denkers
d. dt. Aufklärung ; Ausstellung im Meissnerhaus
d. Herzog-August-Bibliothek Wolfenbüttel vom 4. - 24. September 1986
[Ausstellung u. Katalog: Michael Albrecht]. - Weinheim : Acta
Humaniora, VCH, 1986.
    (Ausstellungskataloge der Herzog-August-Bibliothek ; Nr. 51)
    ISBN 3-527-17800-7
NE: Herzog-August-Bibliothek ‹Wolfenbüttel›:
Ausstellungskataloge der Herzog-August-Bibliothek;
NST 10 ; 13 ; 63

Umschlagvorderseite: Nr. 99 und Nr. 111
Umschlagrückseite: Nr. 93

ISBN 3 - 527 - 17800 - 7

© Herzog August Bibliothek Wolfenbüttel 1986
Vertrieb: VCH Verlagsgesellschaft mbH, Postfach 1260/1280,
D-6940 Weinheim
Alle Rechte vorbehalten
Photomechanische und photographische Wiedergabe nur
mit ausdrücklicher Genehmigung der Bibliothek
Satz: Typodata Gesellschaft zur typographischen Aufbereitung
von Computerdaten mbH, Hannover
Druck: Th. Schäfer GmbH, Hannover
Printed in Germany

Inhalt

Vorwort

"Welche erstaunliche Menge von Büchern, und wie wenig weiß man!", soll Moses Mendelssohn beim Anblick der Bibliotheca Augusta ausgerufen haben, als er seinen Freund Gotthold Ephraim Lessing zum erstenmal in Wolfenbüttel im Oktober 1770 besuchte. Dann heißt es in der Biographie seines Bruders weiter: "Dem Bibliothekar mochte diese Betrachtung wohl nicht willkommner seyn, als dem Lustwandler der Kirchhof; aber der Freund erkannte daran seinen Philosophen, zumal da er noch hinzusetzte: Ich bin zu Ihnen nicht darum, sondern um Ihretwillen gekommen. Nur Ihre Meynungen will ich wissen, nicht was in diesen schönen Särgen ist".

Moses Mendelssohn war mehrmals in Wolfenbüttel zu Gast: das letzte Mal besuchte er Lessing am Sonntag, 21. Dezember 1777, wie es aus dem Besucherbuch der Bibliothek hervorgeht (Katalog Nr. 97). Damals wohnte der Bibliothekar mit seiner Frau und ihren Kindern wohl noch in dem Haus, in dem die Söhne des Hofbuchhändlers Johann Christoph Meißner lebten. Es war ein Haus voller Bücher, gegenüber der Bibliothek am Schloßplatz gelegen. Dort diskutierte Lessing an diesem und vielleicht noch am folgenden Tag mit Mendelssohn, seinem Jugendfreund aus Berlin. Einen oder zwei Tage später zog Lessing mit seiner Familie aus, um in das nach ihm heute benannte Haus, auf der andern Seite der Bibliothek gelegen, einzuziehen. Am 25. Dezember wurde Lessings Sohn Traugott geboren, der nach 24 Stunden starb. Drei Wochen später war Lessings Frau tot. Die letzten Tage im Meißnerhaus mit Moses Mendelssohn waren Lessings letzte glückliche Lebenstage im Kreise seiner Familie.

Für eine Ausstellung zur 200. Wiederkehr von Moses Mendelssohns Todesjahr gab es für uns keinen besseren Ort als dieses nunmehr "Meißnerhaus" genannte Gebäude, das die Herzog August Bibliothek vor einigen Jahren übernommen hat und für verschiedene Aufgaben ausbaut.

In der Bel-Etage des Hauses wird das Lebenswerk dieses jüdischen Denkers der deutschen Aufklärung in Büchern, Bildern, Handschriften und Dokumenten gezeigt. Es ist der rechte Platz der Erinnerung an Lessings Freund, dessen meisterhafte Beherrschung der deutschen Sprache der Dichter so hoch schätzte, daß er ihm seinen "Nathan" im Manuskript zur Durchsicht auf sprachliche Mängel sandte. Mendelssohn war ein Denker von europäischem Rang, in dem die traditionelle Metaphysik nach Kants Urteil ihren scharfsinnigsten Ausdruck fand; ein bedeutender Ästhetiker, dem nicht nur Herder entscheidende Anstöße verdankte; ein bahnbrechender deutscher und jüdischer Aufklärer, der in seiner Person und in seinem Werk die allgemeine Toleranz und Gewissensfreiheit sowohl verkörperte als auch nachhaltig förderte.

Die Herzog August Bibliothek und mit ihr die Lessing-Akademie nehmen die Gelegenheit des 200. Todestages von Moses Mendelssohn zum Anlaß, durch einige Veranstaltungen in der Stadt von Lessings letzter Lebensstation auf diesen Denker und Schriftsteller des 18. Jahrhunderts nachhaltig hinzuweisen. Ohne die Anregung durch Professor Dr. Peter Ganz, dem Resident Fellow der Bibliothek, ohne die intensive Mitwirkung von Professor Dr. Eva Engel-Holland (Wellesley/USA) wäre die Ausstellung nicht zustande gekommen. Ihnen gilt mein Dank, vor allem aber auch Dr. Michael Albrecht (Trier), der auf meine Bitte hin Ausstellung und Katalog bearbeitet hat. Wir konnten keinen kompetenteren und souveräneren Mendelssohn-Forscher in unserem Land für diese Aufgabe gewinnen. Herrn Albrecht sind wir für seine geleistete Arbeit herzlich verbunden. Ohne viele Leihgaben wäre die Ausstellung nicht denkbar, allen Leihgebern sei an dieser Stelle herzlich gedankt.

Daß meine bewährten Kollegen, Dr. Manuel Lichtwitz für die Ausstellungsvorbereitung und Oswald Schönberg für die Katalogherstellung, einen beträchtlichen Anteil an der Mendelssohn-Ausstellung haben, wird jeder Kenner wissen.

Mit diesem Katalog, dem 51. in der Reihe der Ausstellungskataloge der Herzog August Bibliothek, beginnt die Zusammenarbeit mit dem Verlag VCH, Acta Humaniora, in Weinheim. Wir danken Professor Dr. Helmut Grünewald und Dr. Gerd Giesler für die Übernahme dieses Katalogs, die der Bibliothek neue Perspektiven eröffnet. Den Katalogen für Gotthold Ephraim Lessing und Friedrich Nicolai stellen wir dieses Werk über Moses Mendelssohn an die Seite. Wir freuen uns, daß die drei Berliner Freunde der Aufklärung so in Wolfenbüttel gewürdigt werden.

Paul Raabe

Einführung

Die Mendelssohn-Ausstellung des Jahres 1929 war eine große Ausstellung. Sie bot ca. 700 Ausstellungsstücke, die in dem leider allzu knapp gehaltenen Katalog noch nicht einmal gezählt sind. Eine kleine Ausstellung, wie die hier gezeigte, kann nicht den 'ganzen' Mendelssohn präsentieren. Sie tut darum gut daran, sich auf den wichtigsten Aspekt, nämlich auf Mendelssohns wissenschaftlich-literarisches Lebenswerk zu konzentrieren. Wollte man in Einzelstücken auf die weiteren historischen, soziologischen, politologischen, religionsphilosophischen, judaistischen oder literaturwissenschaftlichen Dimensionen der überaus reichen Lebens- und Gedankenwelt Mendelssohns hinweisen, so würde man sich wohl nur an die jeweiligen Spezialisten wenden, den allgemein kulturell interessierten Besucher aber bloß verwirren. Er soll hier das gezeigt bekommen, was Mendelssohn, der bedeutende Philosoph, Ästhetiker, Kunstkritiker und sowohl jüdischer als auch deutscher Aufklärer, vielleicht selbst für sein ausstellungswürdiges Lebenswerk gehalten hätte.

Andererseits ist es wichtig zu wissen, daß Mendelssohn im Hauptberuf etwas ganz anderes war. Die "Gallerie historischer Gemählde aus dem achtzehnten Jahrhundert" von Samuel Baur (Teil 1, Hof 1804), vermerkt unter dem vierten Januar, daß an diesem Tag (im Jahre 1786) "Moses Mendelssohn. Direktor einer Seidenfabrik in Berlin" gestorben sei (S. 21). Uns mag das seltsam berühren - ist hier unser Mendelssohn, der Freund Lessings und Verfasser des "Phädon" gemeint? Er ist es; Mendelssohn hatte es in der Tat vom Buchhalter über den Prokuristen zum Fabrikdirektor gebracht. Dafür, daß er seine Profession verstand, gibt es ein gutes Zeugnis: Friedrich der Große war den Juden gegenüber durchaus nicht wohlgesonnen - sofern sie nicht erfolgreiche Geschäftsleute oder Fabrikanten waren. Noch 1763 hatte er Mendelssohns Antrag, das Privileg eines (bloßen) 'außerordentlichen' Schutzjuden endlich zu erhalten, links liegengelassen. (Der tolerante Marquis d'Argens setzte sich dann erfolgreich für Mendelssohn ein, siehe Katalog-Nr. 22.) Aber 1764 ließ er Mendelssohn 20.000 Taler aus der Staatskasse anbieten, damit dieser eine eigene Seidenfabrik gründen sollte. Mendelssohn konnte es allerdings erreichen, daß er nicht in Konkurrenz zu seinem damaligen Arbeitgeber treten mußte und daß die Summe nicht an ihn, sondern an diesen gezahlt wurde, der damit zwanzig neue Webstühle anschaffte - ein schönes Zeichen für den noblen Charakter Mendelssohns. Damit läßt sich die Situation des Jahres 1771 vergleichen: Nach dem Tod (1768) des ehemaligen Inhabers war Mendelssohn der facto Direktor des Unternehmens, und auf seinen Rat hin wurden die Importbestimmungen für Rohmaterialien gelokkert, so daß die Unternehmer größere Freiheiten gewannen. Im selben Jahr 1771 verhinderte aber Friedrich der Große die Aufnahmen Mendelssohns in die Akademie der Wissenschaften, indem er die schon vollzogene Wahl nicht bestätigte (Katalog-Nr. 79).

Seinen Hauptberuf übte Mendelssohn gewissenhaft und erfolgreich aus, aber er schätzte ihn gering. Nach seinem Selbstverständnis war er ein Gelehrter. 1765 schrieb er seinem Freund Thomas Abbt: "... ich höre den langen Tag so viel unnützes Geschwätz, ich sehe und thue so viel gedankenlose, ermüdende und dummachende Dinge ..." (Jubiläumsausgabe Bd.12.1, S. 85). Und ein Jahr später faßte er gar einen Plan, dessen finanzielle Grundlage übrigens Mendelssohns kaufmännische Qualitäten belegt. Wiederum an seinen Bückeburger Freund schrieb er: "Ich glaube nicht, dass ichs noch lange zu Berlin machen werde. ... Ich bin Willens mich aller Geschäfte zu entschlagen, und an einem kleinen Orte, womöglich, ganz mir selbst zu leben. Ich kan mir etwa auf 3 oder vierthalb hundert Thaler Zinsen von meinem Vermögen Rechnung machen. Ich müsste mich sehr betriegen, wenn ich nicht jährlich auf 130 Th. Nebenverdienst rechnen könnte. Sollte es nicht in dasiger Gegend einen kleinen Ort geben, wo ich mit meiner kleinen Familie von 400 Th. jährlich leben kan? Aber dieser Ort müsste auch folgende Erfordernisse haben. 1) Es müssten bereits einige, aber nicht viele jüdische Familien allda wohnen. 2) Ich müsste mit wenig Unkosten herrschaftlichen Schutz bekommen können. 3) Der Ort müsste nicht ganz leer von Litteratur seyn, wenigstens die Bequemlichkeit haben, dass man von den Neuigkeiten in der gelehrten Welt Nachricht bekommen könte. Vielleicht wissen Sie, lieber Freund! in oder um B[ücke]burg einen Ort, der alle diese Eigenschaften verbindet. Ist etwa Göttingen von dieser Beschaffenheit, das wäre ein Paradies! Es ist zwar so eilig eben nicht damit, denn ich muss wenigstens noch 1 oder 2 Jahre allhier aushalten. Ich muss indessen anfangen darauf bedacht zu seyn, sonst schlentern meine Jahre so nacheinander hin, und am Ende habe ich weiter nichts gethan, als v e g e t i r t.”

Dieser Plan zerschlug sich freilich; Mendelssohn blieb bis ans Lebensende an seinen Beruf gekettet. Für uns ist nicht nur wichtig, daß er in seinen freien Stunden dennoch ein bedeutendes gelehrtes Lebenswerk schuf; es ist auch wichtig, daß der Mann, der all das geschrieben hat, was unsere Ausstellung zeigt, damit einen in Deutschland raren Gelehrtentyp verkörperte. Fast alle großen deutschen Philosophen waren nämlich berufsmäßige Denker: Sie waren Philosophie-Professoren. Und manchem weniger bedeutenden beamteten Philosophen (oder Theologen) kann man es damals wie heute anmerken, daß diese Form des Denkens zumindest Gefahr läuft, in gelehrte Betriebsblindheit und Weltfremdheit zu verfallen. Mendelssohn brauchte keine Seitenblicke auf Kollegen, akademische Zwänge oder wissenschaftliche Moden zu werfen; er konnte schreiben, was er für richtig hielt. So kann die heute fast vergessene Bedeutung metaphysischer Probleme uns schon dadurch deutlich werden, daß nicht nur Professoren dieser Zeit, sondern auch und gerade Mendelssohn derartige Fragen brauchte, um sich über sich selbst klarzuwerden; sie waren zentral für seine eigene Lebensphilosophie.

Wer sich durch den Erwerb geistiger Bildung von unten her heraufarbeitet, ist ein Aufklärer. Mendelssohn, dessen Prozeß der Selbstbildung (vgl. Katalog-Nr. 12) sogar mit dem Erwerb der deutschen Sprache beginnen mußte, verkörperte wie kein zweiter die Ideale einer Epoche, die sich selbst als Aufklärung verstand. Den Bildungsstand des geistigen Europa seiner Zeit eroberte er aus eigener Kraft. Durch selbst angeeignete Bildung wurde der stotternde, bucklige kleine Mann jüdischen Glaubens zu einer der großen Persönlichkeiten in der Geschichte des europäischen Geistes. Diese Selbständigkeit machte ihn auch frei von irgendwelchen Schulzwängen: Mendelssohn gab sich nie als Originalgenie aus; er lernte dankbar und frei all das, was ihn persönlich interessierte, und wählte aus, was für ihn selbst wichtig war: "Euch Locke und Wolf! Dir unsterblicher Leibnitz! stifte ich ein ewiges Denkmahl in meinem Herzen” (Jubiläumsausgabe Bd.1, S. 64). Es hat Philosophen gegeben, die auf Anfragen, was zu lesen sei, nur ihre eigenen Werke empfahlen. Mendelssohn war souverän genug, in einem solchen Fall (Katalog-Nr. 4) diejenigen großen Denker zu preisen, die auch seine eigenen - oft mühsam genug erarbeiteten (z.B. Locke, Nr. 5, oder Platon, Nr. 26) - Lehrmeister gewesen waren. Es ist also im Sinne Mendelssohn, wenn in der Ausstellung die Werke von Locke, Leibniz, Wolff und anderen gezeigt werden, die ihn beeinflußt haben. Seine geistigen Wurzeln liegen allerdings tiefer: Maimonides (Nr. 3) war es, der den zunächst vom Talmud (Nr. 2) geprägten Knaben für die Philosophie begeisterte und damit über die Grenzen einer bloß auf Frömmigkeit zielenden Geistesschulung hinweghalf.

Schon die frühesten erhaltenen Texte belegen aber, daß dieser Weg zur europäischen Philosophie für Mendelssohn keine Einbahnstraße war, die aus dem Judentum herausführte. Er war von Anfang an (Nr. 14) ein frommer, selbstbewußter und, wenn nötig, kämpferischer Jude - ein Jude allerdings, der seine geistigen Fähigkeiten zu seiner Zeit weiter und vielschichtiger entfaltete als alle seine Glaubensgenossen. So wurde der junge Mendelssohn zum Metaphysiker, in dessen Werken (Nr. 15 und 17) die schwierigsten Probleme bis hin zur Wahrscheinlichkeitstheorie (Nr. 25) auf verständliche Art und in schönem Deutsch behandelt wurden. 'Popularphilosophie' wurde derartiges später verächtlich genannt. Langsam begreift man inzwischen wieder, was Kant noch wußte: Der Gedanke bedarf von sich aus der Sprache. Durch 'Popularphilosophen' wie Mendelssohn wurde die geistig-wissenschaftliche Kultur im Deutschland des 18. Jahrhunderts entscheidend gefördert. Schon zu dieser Zeit zeigte sich allerdings eine Neigung, Unverständlichkeit für einen denkerischen Qualitätsbeweis zu halten (Nr. 38 - 41). Mendelssohn gelang es dagegen, Wahrheiten und Einsichten so auszudrücken, daß eine breite Leserschicht sie nachvollziehen konnte. Die deutsche Sprache, die er so meisterhaft beherrschte, war dabei für Mendelssohn nie Selbstzweck. Aber wenn er für Probleme wie z. B. die Jahrhundertfrage nach der 'Bestimmung des Menschen' (Nr. 51 f., 62, 112) eine Lösung gefunden hatte, die er selbst als Mensch voll und ganz teilte, dann wollte er solche - für sein eigenes wie für das Leben der Mitmenschen - wichtigen Erkenntnisse so mitteilen, daß sie auch den anderen nützten, ihnen in ihrer Lebensgestaltung halfen. Nicht für Fachkollegen oder Rezensenten schrieb Mendelssohn; seine Werke sind vielmehr ein Stück 'Philosophie für das Leben'.

Wenn man sich wieder zur Chronologie seiner Schriften zurückwendet, so folgte auf die erste, metaphysisch orientierte Schaffensphase die Zeit der Ästhetik und Literaturkritik. Von Lessing, dem Freund seines Lebens, angefeuert, wurde Mendelssohn zu einem

Ästhetiker, dem z. B. die Shakespeare-Renaissance entscheidende Impulse verdankte; und er wurde - vor allem in Zusammenarbeit mit Nicolai - zum Bahnbrecher einer neuen, unparteilichen Form niveauvoller Literaturkritik. Die Ausstellung kann dies nur an ausgewählten Beispielen dokumentieren; Namen wie Baumgarten, Friedrich der Große, Hamann oder Reimarus (aber auch Rousseau, Nr. 43) müssen hier für viele andere stehen. Mendelssohns selbständige Veröffentlichungen können dagegen vollständig gezeigt werden, so auch die schon durch die äußeren Umstände bemerkenswerte, preisgekrönte Schrift über die Evidenz (Nr. 47). Und dabei hatte es sich die Akademie der Wissenschaften keineswegs etwa leicht gemacht, als sie im Jahre 1763 nach sorgfältiger Abwägung der hochbedeutenden Abhandlung Kants zum selben Thema nur den zweiten Preis zuerkannte, Mendelssohn aber den ersten.

Es folgt die erwähnte Diskussion mit Abbt über die Frage nach der Bestimmung des Menschen (Nr. 50 ff.). Die reife Antwort auf die Zweifel des jungen Freundes stellt 1767 Mendelssohns "Phädon" (Nr. 62) dar. Der tiefe Ernst, mit dem dieses Buch die Unsterblichkeitsfrage erörtert, verbindet sich hier mit einem solchen Maß an gedanklicher Klarheit und sprachlicher Genauigkeit und Schönheit, daß dieses Werk verdientermaßen ein europäischer Bucherfolg wurde. Zugleich wurde sein Verfasser ein gesuchter Gesprächspartner, an den Gelehrte aus ganz Europa ihre Briefe richteten; eine Landkarte (Nr. 93) soll dies veranschaulichen. Besonders herzlich gestaltete sich der Kontakt zu Graf Wilhelm und Gräfin Marie von Schaumburg-Lippe (Nr. 87 ff.), die Mendelssohns Gedanken dankbar aufnahmen. Andererseits trug Mendelssohns Mitgliedschaft in dieser Gelehrtenrepublik, die trotz aller Wandlungen und Auflösungserscheinungen im Grunde immer noch christlich geprägt war, sicher dazu bei, daß manche Zeitgenossen den Übertritt Mendelssohns zum Christentum nicht nur für wünschenswert, sondern auch für möglich hielten. Lavaters öffentliche Aufforderung von 1769, sich zu bekehren, brachte Mendelssohn in seiner christlichen Umwelt in eine schwierige Situation, die er aber mit Festigkeit und Würde meisterte (Nr. 76 ff.). Man kann dies unter einem anderen Aspekt auch so auffassen: Mendelssohn hielt an seinem Judentum ganz unbeirrt fest und ließ sich gleichzeitig keineswegs davon abhalten, die deutsche Aufklärung durch seine Beiträge zu bereichern. Und so verdankt es die Aufklärung gerade der Leistung Mendelssohns, daß ihre Diskussionen auf eine allgemein-menschliche Ebene gehoben wurden, die konfessionelle Unterschiede hinter sich ließ.

Zu einem gewissen Teil kam Mendelssohn dabei eine Tugend der Epoche zugute: Gelehrte Streitigkeiten verstand man in einem weit höheren Maße als später vom zwischenmenschlichen Verhalten zu trennen. Es ist für uns erstaunlich, daß tiefe Meinungsunterschiede in der Regel damals noch nicht zu gegenseitiger Feindschaft führten. Und wieder war es Mendelssohn, der diese Haltung in besonderem Maße verkörperte: So wie er einerseits mit seinem besten Freund Lessing in zentralen Fragen der Ästhetik uneins war (was zu der fruchtbaren Diskussion über das Wesen des Trauerspiels führte), so behandelte er andererseits Lavater als 'Verehrungswerten Menschenfreund', den er auch später ohne Scheu um Hilfe für bedrängte Schweizer Juden bat. (Vgl. auch das Verhältnis Hamanns zu Mendelssohn, Nr. 38 - 41.) Mit seinem ausdauernden Gegner über dreißig Jahre hinweg, dem Göttinger Professor Michaelis (Nr. 14, 108, 120), unterhielt Mendelssohn einen Briefwechsel, um den Rat des Orientalisten zu hören; er würdigte dessen Schriften (Nr. 35) und überließ ihm eine Bibelausgabe (Nr. 92). Und dabei war Michaelis nicht nur in fachlichen Fragen anderer Ansicht als Mendelssohn; er war auch ein Gegner der jüdischen Emanzipation. Die Zwistigkeiten, in die Mendelssohn verwickelt wurde, hatten denn doch eine andere Dimension als bloße gelehrte Streitigkeiten: Im Kampf orthodoxer Christen gegen die 'Literaturbriefe' z. B. war Mendelssohns bürgerliche Existenz bedroht (Nr. 44).

Es verhält sich nicht so, daß Mendelssohns Schriften bis zum Lavater-Streit sämtlich auf Deutsch verfaßt wären. Vielmehr sind die Kommentare zur Logik des Maimonides (Nr. 45) und zum Prediger Salomo (Nr. 73) hebräisch und damit für die jüdische Leserschaft bestimmt, die ja des Deutschen in Wort und Schrift nicht mächtig war: Mendelssohn wurde nicht etwa - wie so viele andere gebildete Juden nach ihm - durch christliche Vorurteile an der Assimilation gehindert und dadurch zur Besinnung auf das ererbte Judentum gezwungen. Der Lavater-Streit trug aber sicher dazu bei, daß Mendelssohn in der Folgezeit in immer stärkerem Maße Verantwortung für seine 'Nation' übernahm (vgl. Nr. 94). Dabei ist hier weniger an sein mehrfaches geschicktes Eintreten für verfolgte Glaubensgenossen gedacht, sondern vor allem an sein großes Vorhaben, sowohl zur Festigung des jüdischen Glaubens als auch zur Teilnahme der Juden an der europäischen Kultur, angefangen von der Kenntnis der deutschen Sprache, - also zur Aufklärung - beizutragen. Schloß das eine Ziel nicht das andere jeweils aus? Für Mendelssohn gab es eine Lösung, die sowohl seinem eigenen erfolgreichen Werdegang als auch seinen Fähigkeiten entsprach: Er übersetzte seit 1774 die fünf Bücher Mose ins Deutsche, aber in hebräischer Schrift, und kommentierte den hebräischen Originaltext auf Hebräisch. Eine

Vertiefung der Kenntnisse über die Grundlage des Glaubens wurde so mit der Hinführung zur deutschen Sprache verbunden. Mendelssohn hatte das Glück, für dieses große Unternehmen ebenso kundige wie fleißige Mitarbeiter zu gewinnen, so daß es in wenigen Jahren (bis 1783) vollendet werden konnte (Nr. 101). In dieselbe Richtung weist auch Mendelssohns Eintreten für eine Modernisierung des jüdischen Schulwesens (Nr. 100).

Sollte sich die Lage der Juden bessern, so war aber noch viel nötiger, daß die Politik und die allgemeine Einstellung gegenüber den Juden sich änderten: daß die zu zahlreichen Unterdrückungsgesetzen geronnenen Vorurteile gegen die Juden abgebaut wurden. Mendelssohn gelang es, Dohm für dieses Vorhaben zu begeistern und zu inspirieren. Dohms Buch (1781 - 1783), in dem die 'bürgerliche Verbesserung' der Juden ebenso vehement wie durchdacht gefordert wird (Nr. 107), wurde von Mendelssohn selbst 1783 durch ein Meisterwerk ergänzt, das die Thematik zu den theologischen, rechts- und staatspolitischen Grundfragen hin vertiefte: "Jerusalem" (Nr. 117). Offensiv zeigte hier Mendelssohn einem deutschen Publikum die Vorzüge des jüdischen Glaubens auf, forderte strikte Trennung von Kirche und Staat sowie allgemeine religiöse Toleranz. Kant war begeistert (Nr. 118). - Zugleich - und gerade dadurch - blieb Mendelssohn ein führender Kopf der deutschen Aufklärung, die ihm z. B. auch den ebenso scharfsinnigen wie gedankentiefen Aufsatz über ihren eigenen Begriff verdankt (Nr. 122). In den geheimgehaltenen Diskussionen der Berliner Mittwochgesellschaft (Nr. 121, 126) zeichnen sich Mendelssohns Beiträge dadurch aus, daß er aufklärerische Positionen menschenfreundlich, aber hart in der Sache vertrat.

In welch hohem Maße philosophische Fragestellungen für Mendelssohn persönlich wichtig waren, zeigt sich auch daran, daß er jetzt noch und wieder Themen behandelte, die ihn schon früher beschäftigt hatten, wie z. B. die Theodizee (Nr. 119, vgl. Nr. 13) oder die Bestimmung des Menschen (Nr. 112). Sein letztes großes Buch von 1785 knüpft noch einmal an die rationale Theologie der Wolff-Schule an und versucht diese Tradition durch wissenschaftliche Klarheit aufrechtzuerhalten und sie durch neue Überlegungen zu bereichern (Nr. 128). Kant hielt die Möglichkeiten der theoretischen Vernunft seit seiner 'kopernikanischen Wende' damit für überfordert, blieb aber voller Respekt vor der denkerischen Leistung (Nr. 130). Das letzte Lebensjahr des schon seit 1771 herzkranken Mendelssohn wurde leider durch den Streit mit dem forsch auftretenden christlichen Glaubensphilosophen Jacobi über Lessings Weltanschauung überschattet (Nr. 134, Nr. 138). Mendelssohns Todesjahr 1786 war auch das Todesjahr des

preußischen Königs, den auch Mendelssohn 'den großen Friedrich' nannte (Jubiläumsausgabe Bd.13, S. 99). Seine so gar nicht aufgeklärte, ausgesprochen engstirnige Einstellung gegenüber den Juden wurde einleitend schon erwähnt (vgl. Nr. 37). Darum sei hier ergänzend darauf hingewiesen, daß es dennoch viele Juden nach Preußen zog, auch wenn sie hier - wie Mendelssohn sagte - nur Kaufmann, Arzt oder Bettler werden konnten. Sicher lag das in erster Linie daran, daß ihre Lage anderswo noch viel schlechter war. Es gab aber auch das merkwürdige Phänomen, daß aufgeklärte preußische Beamte von sich aus diskriminierende Erlasse wie z. B. Ausweisungsverfügungen Friedrichs nicht ausführten oder milderten. Sie konnten sich dabei allerdings auf wahrhaft klassische Aussprüche ihres Königs berufen wie z.B. "Alle Religionen sindt gleich und guth, wan nuhr die leute, so sie profesiren, Ehrliche leute seindt" - Aussprüche, an die sich der König selbst überhaupt nicht gebunden fühlte, deren Verbreitung aber doch dazu beitrug, ein zur religiösen Toleranz neigendes geistiges Klima wachsen zu lassen.

Mendelssohn war ein Denker, der belehren, überzeugen, verbessern, oder wie man heute sagt: 'etwas bewegen' wollte. Sein Lebenswerk erschöpft sich daher nicht in seinen Büchern, sondern schließt deren Wirkung auf die Zeitgenossen mit ein. An wenigen Beispielen wie dem Eintreten Mirabeaus für die jüdische Emanzipation (Nr. 145) kann dies im gegebenen Rahmen auch gezeigt werden. Die komplizierten Fortschritte und Rückschritte in der Geschichte der Emanzipation der Juden in Deutschland kann unsere kleine Ausstellung natürlich nicht dokumentieren. Sie kann auch nicht die innere Problematik der von Mendelssohn so wirksam beförderten kulturellen Assimilation der Juden zeigen. Mendelssohns doppelte Zielsetzung - Festigung des Väterglaubens und Öffnung zur deutschen Kultur hin - war nämlich nur in ihrem zweiten Aspekt auf Dauer erfolgreich: Den Erfolg einer Bereicherung des deutschen und europäischen Geistes bezahlte das Judentum aber mit einer zunehmenden Gefährdung der eigenen Identität. Heine, Marx oder Mendelssohns eigener Enkel Felix Mendelssohn-Bartholdy sind aus der Geschichte der europäischen Kultur nicht wegzudenken. Ihrer Konfession nach waren sie aber keine Juden mehr. Die Bewertung dieser Entwicklung hängt natürlich vom historischen Standort ab. So konnte Ismar Elbogen in seinem Geleitwort für das "Gedenkbuch für Moses Mendelssohn" 1929 sagen: "Hier liegt das unsterbliche Verdienst Moses Mendelssohns um die gesamte Judenheit. Wie auch der einzelne zu manchen seiner Gedanken oder Bestrebungen stehen mag, darin müssen alle übereinstimmen, daß, wenn wir Juden heute in der Lage sind, unsere geistigen Fähigkeiten ungehindert zur Ent-

12

faltung zu bringen, wenn Juden in allen Bezirken des geistigen und literarischen Schaffens sich hervortun können, wir das Moses Mendelssohn verdanken. ... Auf geistigem Gebiete hat Moses Mendelssohn, wenn man dies Bild verwenden darf, den Juden die Fesseln gelöst - und der Erfolg, den er vorausgesehen, ist nicht ausgeblieben, die Fähigkeiten wurden gebraucht und in den Dienst der Menschheitskultur gestellt" (S. 8). Der hier zum Ausdruck kommende Optimismus wurde durch die Schuld der Deutschen auf grauenhafte Weise widerlegt. So erscheint auch Mendelssohns Wirken heute vielen in einem anderen Licht, auch wenn jeder vor der Größe und Integrität der Persönlichkeit Mendelssohns Achtung haben wird.

Denn Mendelssohn kann zwar durchaus als Bürger zweier Welten - der Welt des Judentums und der Welt der deutschen und europäischen Kultur - betrachtet werden. Wenn man dies tut, wird man aber zugleich darauf verwiesen, daß er selbst darin keine Schwierigkeit sah. Mendelssohn war alles andere als ein gespaltener Charakter, sondern ein Geist von souveräner innerlicher Harmonie und Festigkeit. Vielleicht war er als Beispiel für seine Glaubensgenossen in diesem Punkt zu groß, als daß sie ihm hätten folgen können. Jedenfalls würde es Mendelssohns Persönlichkeit nicht entsprechen, wollte man seine Werke in 'deutsche' und 'jüdische' aufteilen. Schon diese Unterscheidung zwischen einem Deutschen und einem Juden bekämpfte ja dieser Vorkämpfer der Gleichberechtigung und Toleranz (Nr. 108). Die Anordnung der Ausstellungsstücke kann also nur chronologisch sein, ohne daß dabei wichtige sachliche Zusammenhänge zerrissen werden.

Bei den Beschreibungen der einzelnen Stücke ist jeweils die Spezialliteratur angegeben; häufiger zitierte Schriften sind im Abkürzungsverzeichnis aufgeführt. Aus der Literatur über Mendelssohn seien hier, als erste Einführungen für deutschsprachige Leser, zwei Titel genannt:

Julius H. Schoeps: Moses Mendelssohn, Königstein im Taunus 1979.

Heinz Knobloch: Herr Moses in Berlin. Ein Menschenfreund in Preußen. Das Leben des Moses Mendelssohn, Berlin [3]1982 ([1]1979).

Zum Zustandekommen der Ausstellung trug das Team der Herzog August Bibliothek durch seine außergewöhnliche Leistungsbereitschaft und Belastbarkeit wesentlich bei. Ihnen allen gebührt herzlicher Dank, ebenso den freundlichen Helfern bei der Bearbeitung von speziellen Fragen: Dr. Ralf Busch (Wolfenbüttel), Mechthild Esser (Trier), Dr. Reinhard Finster (Hannover), Dr.habil. Klaus Gerteis(Trier), Walther Gose (Trier), Stefan Lorenz (Wolfenbüttel), Dr. York-Gothart Mix (München), Birgit Nehren (Trier), Claus Ritterhoff (Wolfenbüttel), Prof. Dr. Chaim Shoham (Haifa), Dr.habil. Erika Timm (Trier), Prof. Dr. Sabetai Unguru (Tel Aviv), Nigel Wilson (Oxford), Dr. Beatrix Freifrau Wolff-Metternich (Fürstenberg), Franz-Josef Ziwes (Trier).

Wenn etwas an dieser Ausstellung gelungen ist, so ist das aber ganz besonders ihrem guten Geist, Frau Prof. Dr. Eva Engel (Wellesley), zu verdanken.

Michael Albrecht

ZEITTAFEL

Leben	Werk	Zeit
1729 Am 12. Ellul 5.489 (= 6. September 1729) wird Moses Mendelssohn als jüngstes der drei Kinder des Toraschreibers der Dessauer Gemeinde, Mendel Heymann, geboren. Muttersprache: Spätes West-Jiddisch.		
		1733 Johann Sebastian Bach: *h-moll-Messe.*
		1734 Johann Sebastian Bach: *Weihnachtsoratorium.*
1735 Besuch des Bet Hamidrasch (höhere Schule für Talmud-Studien). Autodidaktische Lektüre der Tora (fünf Bücher Mose), Übungen in hebräischer Grammatik und Poesie.		1735 Carl von Linné, *Systema naturae* (das Linnésche System der Natur).
		1737 Erste deutsche Freimaurerloge in Hamburg gegründet.
1739 David Fränkel wird Mendelssohns Lehrer.		1739 David Hume, *Treatise on Human Nature* (Traktat über die menschliche Natur), 1739–1740.
		1740 Friedrich II. wird König von Preußen. Er schafft die Folter ab, holt den von seinem Vater vertriebenen Aufklärungsphilosophen Christian Wolff nach Halle zurück und beginnt den Ersten Schlesischen Krieg, der 1742 mit dem Gewinn Schlesiens endet. Maria Theresia wird deutsche Kaiserin und Königin von Ungarn. Der Erste und Zweite Schlesische Krieg sind Teile des Österreichischen Erbfolgekrieges (1740–1748).
		1741 Georg Friedrich Händel: *Messias.*
1742 Lektüre des soeben in Jessnitz (bei Dessau) gedruckten *More Newuchim* (Führer der Verirrten) des Moses Maimonides.		

1743 Fränkel geht als Oberrabbiner nach Berlin. M. folgt ihm im Herbst, um weiter bei Fränkel (am neugegründeten Berliner Bet Hamidrasch) zu lernen. Durch Kopieren hebräischer Texte wird der Lebensunterhalt verdient.
Befreundete Mentoren: Israel Samocz (Mathematik), Abraham Kisch (Latein, Neuere Geschichte, Neuere Philosophie), Aron Emmerich Gumpertz (Deutsch, Französisch, Englisch, Latein; Leibniz, Wolff, Spinoza; Gumpertz war zeitweilig Sekretär des Marquis d'Argens, später des Akademiepräsidenten Maupertuis).
Lektüre von Cicero, Euklid, Locke (alle auf Lateinisch).

1743 Balthasar Neumann: *Vierzehnheiligen* (fertiggestellt 1772).

1744 Zweiter Schlesischer Krieg, der 1745 den preußischen Erwerb Schlesiens bestätigt.
Anders Celsius führt die Thermometerskala ein.

1745 Georg Wenzeslaus von Knobelsdorff: *Schloß Sanssouci* (fertiggestellt 1747).
Dominikus Zimmermann: *Wieskirche* (fertiggestellt 1754). Carlo Goldoni, *Der Diener zweier Herren*.

1746 Gumpertz und M. hören Philosophiegeschichte (auf Lateinisch) am Joachimsthalschen Gymnasium bei dessen Rektor Johann Philipp Heinius.

1746 Friedrich II. erläßt das „revidierte General-Privilegium und Reglement für die Judenschaft", das die Ansiedlungs- und Arbeitsmöglichkeiten der Juden stark einschränkt.
Er beruft den französischen Physiker, Mathematiker und Philosophen Pierre Louis Moreau de Maupertuis als Präsidenten der Akademie nach Berlin.

1748 Johann Joachim Spalding, *Die Bestimmung des Menschen*. Julien Offray de Lamettrie, *L'homme machine* (Der Mensch, eine Maschine). Montesquieu, *L'esprit des lois* (Vom Geist der Gesetze). Friedrich Gottlieb Klopstock, *Der Messias* (vollendet 1773). Johann Christoph Gottsched, *Grundlegung einer deutschen Sprachkunst*.

1749 Henry Fielding, *Tom Jones*. Georges Buffon, *Histoire naturelle, générale et particulière* (Allgemeine und spezielle Naturgeschichte, bis 1804). Emanuel Swedenborg, *Arcana coelestia* (Himmlische Geheimnisse, 8 Bde. bis 1758).

1750 M. wird Hauslehrer bei dem Seidenhändler Isaak Bernhard.

1750 Alexander Gottlieb Baumgarten, *Aesthetica* (Bd. 2 1758). Voltaire in Sanssouci (bis 1752).

		1751 Denis Diderot (u. a.), *Encyclopédie* (vollendet 1780).
		1752 Benjamin Franklin erfindet den Blitzableiter.
1753 Freundschaft mit Gotthold Ephraim Lessing	1753 *Von den ohngefähren Zufällen* (Entwurf zu Fragen der Theodizee).	1753 William Hogarth, *Analysis of beauty* (Analyse der Schönheit).
1754 M. wird Buchhalter bei Bernhard, der 1752 die Konzession zur Gründung einer Seidenmanufaktur erhalten hatte. M. und Lessing verfassen gemeinsam die parodistische Beantwortung der Preisfrage der Akademie, die zu einem Vergleich des „Systems" von Alexander Pope („Alles ist gut") mit dem System des Optimismus (Leibniz) aufforderte. Freundschaft mit Nicolai. Shaftesbury-Lektüre.	1754 Lessing veröffentlicht in seiner *Theatralischen Bibliothek* einen Brief M.s, der die Kritik an Lessings Schauspiel *Die Juden* zurückweist und das Judentum verteidigt.	1754 Christian Wolff stirbt.
1755 Bekanntschaften: André-Pierre Prémontval, Johann Georg Sulzer, Alexander Gottlieb Baumgarten, Johann Albrecht Euler, Friedrich Gabriel Resewitz. Mitglied des „Gelehrten Kaffeehauses" (100 Mitglieder, u. a. Euler, Gumpertz, Müchler, Nicolai, Resewitz; monatliche Vorträge). Gast im „Montagsclub" (24 Mitglieder, u. a. Lessing, Nicolai, Sulzer, Ramler). Lessing geht nach Leipzig.	1755 (anonym) *Philosophische Gespräche*. Berlin: Christian Friedrich Voß 1755. (anonym) *über die Empfindungen*. Berlin: Christian Friedrich Voß 1755. (anonym) *Pope ein Metaphysiker!* Danzig: Johann Christian Schuster 1755 (gemeinsam mit Lessing 1754 verfaßt).	1755 Erdbeben in Lissabon. Gotthold Ephraim Lessing, *Miß Sara Sampson*. Friedrich Nicolai, *Briefe über den itzigen Zustand der schönen Wissenschaften in Deutschland*.
1756 M. lernt Klavierspielen. Johann Georg Hamann besucht M. Die briefliche Fortsetzung der gelehrten Diskussionen zwischen Lessing, M. und Nicolai kulminiert im „Briefwechsel über das Trauerspiel" (1756/57).	1756 *Johann Jakob Rousseau . . . Abhandlung von dem Ursprunge der Ungleichheit unter den Menschen, und worauf sie sich gründe: ins Deutsche übersetzt* [von M.] *mit einem Schreiben an den Magister Leßing* [von M.] *. . .* Berlin: Christian Friedrich Voß 1756 (verfaßt 1755). [anonym] *Gedanken von der Wahrscheinlichkeit*, in: *Vermischte Abhandlungen und Urtheile über das Neueste aus der Gelehrsamkeit*. Teil 3 (Berlin 1756), S. 3–26 (1755 für das „Gelehrte Kaffeehaus" verfaßt). Johann Georg Müchler und M. geben die moralische Wochenschrift *Der Chamäleon* heraus. Beiträge M.s auch zu Müchlers Wochenschrift *Beschäftigungen des Geistes und des Herzens*, z. B. die deutsche Übersetzung der hebräischen *Elegie an die Burg Zion* von Jehuda Ha-Levi.	1756 Beginn des Siebenjährigen Krieges zwischen Preußen/Hannover und Österreich/Frankreich/Rußland und des Kolonialkrieges zwischen England und Frankreich.
1757 M. und Nicolai lernen Griechisch.	1757 Die *Bibliothek der schönen Wissenschaften und der freyen Künste* (Leipzig 1757–1765) enthält in den ersten	1757 Sieg Preußens bei Prag, Niederlage in Kolin, Siege in Roßbach und Leuthen.

beiden Jahren ausschließlich Beiträge von Nicolai und M. 1757 stammen von M.: *Betrachtungen über die Quellen und die Verbindungen der schönen Künste und Wissenschaften* sowie Rezensionen zu Lowth, Basedow, Gottsched, Klopstock u. a.

(anonym) *Danklied Ueber den rühmlichen Sieg, Welchen der HERR Unserm allergnädigsten Könige und Herrn, Friedrich II. . . . Bey Roßbach . . . verliehen.* Berlin 1757. (Hebräisch von Hartog Leo, übersetzt von M.)

(anonym) *Danklied Ueber den . . . Sieg, Welchen Se. Majestät . . . bey Leuthen . . . erfochten.* Berlin 1757. (Hebräisch von Leo, übersetzt von M.)

(anonym) *Dankpredigt über den . . . Sieg, welchen Se. Majestät . . . bey Leuthen . . . erfochten.* Berlin: Friedrich Wilhelm Birnstiel 1757.

Edmund Burke, *A Philosophical Enquiry into the Origin of our Ideas of the Sublime and Beautiful* (Philosophische Untersuchung des Ursprungs unserer Vorstellungen vom Erhabenen und Schönen).

Johann Jakob Bodmer gibt das Nibelungenlied heraus.

1758 Lessing wieder in Berlin.
Bernhard errichtet in Potsdam eine zweite Fabrik und vergrößert die Zahl der Webstühle von 16 auf 40. Nicolai muß nach dem Tod seines älteren Bruders den verschuldeten Verlag übernehmen. Sein erstes eigenes Projekt sind die gemeinsam mit M. und Lessing konzipierten und verfaßten *Briefe, die Neueste Litteratur betreffend.*

1758 In der *Bibliothek der schönen Wissenschaften und der freyen Künste* u. a.: *Betrachtungen über das Erhabene und das Naive in den schönen Wissenschaften* (mit einer Übersetzung des Hamlet-Monologs) sowie Rezensionen zu Meier, Burke, Gleim, Baumgarten, Warton (über Pope), Zimmermann.

(anonym) *Kohelet Mussar* (Der Moralprediger) (Hebräische moralische Wochenschrift; Datierung und Verfasser unsicher).

1759 In der *Bibliothek der schönen Wissenschaften und der freyen Künste* Rezensionen zu Geßner und Wieland.
In den *Literaturbriefen* („Briefe, die Neueste Litteratur betreffend") Beiträge über die neueren Philosophen, die mathematischen Begriffe in der Philosophie, Naturwissenschaft, Idealschönheit, Ursprung der Sprache sowie Rezensionen zu Baumgarten (Metaphysik), Ledermüller (Spermien), Sulzer (philosophische Grammatik), Iselin (Gesetzgebung), Michaelis u. a.

1759 Preußische Niederlage in Kunersdorf.
Johann Georg Hamann: *Sokratische Denkwürdigkeiten.*
Voltaire, *Candide ou l'optimisme* (Candide oder der Glaube an die beste der Welten).

1760 Bekanntschaft mit dem Marquis d'Argens.
M. beginnt die Übersetzung von Platons *Politeia* und plant eine Bearbeitung des *Phaidon.*
Lessing verläßt Berlin.

1760 In den *Literaturbriefen* Beiträge über Ästhetik (Ekel), das Genie, Sokrates sowie Rezensionen zu J.A. Schlegel, Meier, Friedrich II., Hamann, Rabe (Mischna-Übersetzung), Wieland, Uz, Reimarus (Religionsphilosophie, tierische Instinkte), Euler (Differentialrechnung), Flögel (Erfindungskunst) u. a.

1760 Am 9. Oktober muß Berlin österreichischen und russischen Truppen für einige Tage übergeben werden. Plünderung der Schlösser Schönhausen und Charlottenburg.
Laurence Sterne, *The Life and Opinions of Tristram Shandy* (vollendet 1767).
James Macpherson gibt seine Dichtungen als Übersetzung der Werke des mythischen gälischen Barden Ossian aus.

1761 Kontrakt mit Bernhard: M. leitet de facto den Betrieb. M. reist nach Hamburg und verlobt sich mit Fromet Gugenheim. Der Oberrabbiner Jonathan Eibenschütz trägt M. vergeblich das Rabbinat an. Briefwechsel mit Fromet („Brautbriefe"). Freundschaft mit Thomas Abbt, der im Sommer in Berlin wohnt. Abbt beteiligt sich an den *Literaturbriefen.* M., Nicolai und Abbt arbeiten an einer Shaftesbury-Übersetzung. Der Gedankenaustausch wird brieflich fortgesetzt. Hamann bekämpft in M. (wegen dessen Rousseau-Kritik) die Aufklärung.	1761 *Logica R. Moses Maimonidis, cum explicatione...* Frankfurt 1761 (Hebräischer Kommentar von M. zur Logik des Maimonides) (²1765, ³1784; 10 weitere Ausgaben bis 1876). (anonym) *Philosophische Schriften.* 2 Teile. Berlin: Christian Friedrich Voß 1761 (²1771, ³1777). In den *Literaturbriefen* Rezensionen zu Curtius (das Erhabene), Rousseau (Nouvelle Héloïse), Abbt (Patriotismus), Hamann, Mandeville (Bienenfabel) u. a.	1761 Jean-Jacques Rousseau, *Julie ou La Nouvelle Héloïse.*
1762 Die *Literaturbriefe* werden vorübergehend verboten. M. erhält die Niederlassungsrechte und die Heiratserlaubnis. Hochzeit mit Fromet Gugenheim. Isaak Iselin lädt M. vergeblich zur Mitgliedschaft in der „Helvetischen Gesellschaft" ein. M. verfaßt seine Antwort auf die Preisfrage der Akademie, ob die Prinzipien der natürlichen Theologie und der Moral derselben Evidenz fähig seien wie die mathematischen Wahrheiten.	1762 In den *Literaturbriefen* Beiträge über das Genie, Ethik und Rechtswissenschaft, die Kunst des Übersetzens sowie Rezensionen zu Reimarus, Hamann u. a.	1762 Der Tod der Kaiserin Elisabeth von Rußland verhindert, daß Preußen den Krieg verliert. Jean-Jacques Rousseau, *Emile ou l'éducation* (Emil oder über die Erziehung) und *Du contrat social* (Über den Gesellschaftsvertrag). Henry Home (Lord Kames), *Elements of Criticism* (Anfangsgründe der Kritik), 1762–1765. Christoph Willibald Gluck, *Orfeo ed Euridice.* Alexander Gottlieb Baumgarten stirbt.
1763 Durch die Hilfe des Marquis d'Argens erhält M. auf seinen zweiten Antrag das Privileg eines außerordentlichen Schutzjuden. Geburt der ersten Tochter Sara (gestorben 1764). Die Akademie erteilt M. den ersten Preis, Immanuel Kant den zweiten. Johann Kaspar Lavater besucht M. Diskussion mit Lessing über dessen *Laokoon.* Die Berliner jüdische Gemeinde befreit Mendelssohn in Anerkennung seiner Verdienste von den ihr zustehenden Abgaben.	1763 *SCHIR SCHALOM. Friedenslied... auf den großen Tag, an welchem... auf dem Schloße Hubertusburg... Friede geschlossen wurde.* Berlin: C. F. Rellstab (Hebräisch von Leo, übersetzt von M.). *Aron Mosessohns Friedenspredigt in der Synagoge zu Berlin...* Berlin: Friedrich Nicolai 1763 (Verfasser ist M.). *Ode auf den Einzug des Königs in Berlin.* In den *Literaturbriefen* Fortsetzung des Streites mit Hamann, Rezensionen der Gedichte der Karschin.	1763 Der Siebenjährige Krieg wird durch die Friedensschlüsse von Paris (England gewinnt Kanada, Louisiana und Florida) und Hubertusburg (Schlesien bleibt preußisch) beendet.
1764 Friedrich II. läßt M. 20 000 Taler anbieten, damit er eine eigene Seidenweberei gründet. M. erreicht, daß der Zuschuß Bernhard gezahlt wird, der 20 neue Webstühle aufstellt. Geburt der Tochter Brendel (Dorothea) (gestorben 1839). Briefliche Diskussion mit Abbt über die „Bestimmung des Menschen".	1764 *Abhandlung über die Evidenz in Metaphysischen Wissenschaften, welche den von der Königlichen Academie der Wissenschaften in Berlin auf das Jahr 1763 ausgesetzten Preis erhalten hat, von Moses Mendelssohn aus Berlin. Nebst noch einer Abhandlung über dieselbe Materie* [von Immanuel Kant], *welche die Academie nächst der ersten für die beste gehalten hat.* Berlin: Haude und Spener 1764 (verfaßt 1762).	1764 Johann Joachim Winckelmann, *Geschichte der Kunst des Altertums.* Johann Heinrich Lambert, *Neues Organon oder Gedanken über die Erforschung und Bezeichnung des Wahren und dessen Unterscheidung vom Irrthum und Schein.* Voltaire, *Dictionnaire philosophique portatif.*

In den *Literaturbriefen*: Thomas Abbt, *Zweifel über die Bestimmung des Menschen* und M., *Orakel die Bestimmung des Menschen betreffend*.

1765 Abbt wird in Bückeburg vom Grafen Wilhelm zu Schaumburg-Lippe als Hof-, Regierungs- und Consistorialrat eingestellt. M. sehnt sich, die Arbeit als Geschäftsführer der Seidenwarenfabrik zugunsten der Philosophie aufzugeben. Abbt und der Graf bemühen sich, M. nach Bückeburg zu ziehen.	1765 In den *Literaturbriefen* Rezensionen zu J.E. Schlegel und Lohenstein. Mitarbeit (1765–1775) in Nicolais *Allgemeiner deutscher Bibliothek* (1765–1796). Rezensionen zu Lambert, Kant, Crusius u. a.	1765 Erstdruck der 1704 verfaßten *Nouveaux Essais* von Gottfried Wilhelm Leibniz. James Watt erfindet die Dampfmaschine.
1766 Fünf Wochen nach seiner Geburt stirbt der erste Sohn M.s. Fromet erkrankt schwer. M.s Vater und sein Schwiegervater sterben. Abbt stirbt mit 27 Jahren.		1766 Gotthold Ephraim Lessing, *Laokoon oder über die Grenzen der Malerei und Poesie*. Christoph Martin Wieland, *Geschichte des Agathon* (Bd. 2 1767). Henry Cavendish entdeckt den Wasserstoff.
1767 Geburt der Tochter Recha (gestorben 1831).	1767 *Phaedon oder über die Unsterblichkeit der Seele*. Berlin und Stettin: Friedrich Nicolai 1767 (Acht Auflagen bis 1868; in zehn Sprachen übersetzt).	1767 Gotthold Ephraim Lessing, *Minna von Barnhelm oder Das Soldatenglück*. Johann Gottfried Herder, *Fragmente über die neuere deutsche Literatur*.
1768 Tod Bernhards. Gemeinsam mit der Witwe führt M. das Unternehmen weiter und erhöht die Zahl der Webstühle auf 102. Geburt des Sohnes Abraham (gestorben 1775).		1768 Hermann Samuel Reimarus stirbt. Aus seiner *Apologie oder Schutzschrift für die vernünftigen Verehrer Gottes* veröffentlicht Lessing 1774–1778 anonym verschiedene ‚Wolfenbütteler Fragmente'. Heinrich Wilhelm von Gerstenberg, *Ugolino*. Leonhard Euler, *Institutiones calculi integralis* (Lehrbuch der Integralrechnung, 3 Bde. bis 1770). Joseph Priestley, *Essay on the Nature of Political, Civil and Religious Liberty* (Versuch über die Natur der politischen, bürgerlichen und religiösen Freiheit). James Cook beginnt seine erste Weltumsegelung, auf der er 1770 Australien entdeckt.
1769 Gumpertz stirbt. Lavater fordert M. öffentlich auf, sich zum Christentum zu bekennen. Johann Gottfried Herder ermutigt M., sein Judentum offensiv zu verteidigen. Karl Wilhelm Ferdinand, Erbprinz von Braunschweig, stellt Lessing als Bibliothekar in Wolfenbüttel ein und möchte auch M. zu sich holen. Der Benediktinermönch Peter Adolph Winkopp wird nach der Lektüre des *Phädon* M.s Schüler.	1769 *Ha-Nefesch* („Das Buch über die Seele") (Versuch M.s, die Thematik des *Phädon* auf Hebräisch zu bearbeiten)	1769 Charles Bonnet, *La palingénésie philosophique* (deutsche Übersetzung von Johann Kaspar Lavater). Richard Arkwright erfindet die Spinnmaschine.

1770 Bekanntschaften mit Johann Arnold Ebert, Johann Wilhelm Ludwig Gleim, Karl Ludwig von Knebel, Johann Georg Zimmermann (Friedrichs II. Leibarzt, der M. auch ärztlich berät). Der Kreis der Korrespondenten M.s erweitert sich (vor allem wegen des *Phaedon*) immer mehr. Geburt des Sohnes Joseph (gestorben 1848). Besucht beim Erbprinzen von Braunschweig und bei Lessing in Wolfenbüttel; M. äußert Bedenken gegen die Veröffentlichung der „Fragmente" des Reimarus. Beginn der Arbeit an der Psalmen-Übersetzung.	1770 *Schreiben an den Herrn Diaconus Lavater zu Zürich.* Berlin und Stettin: Friedrich Nicolai 1770. *Antwort an den Herrn Moses Mendelssohn zu Berlin von Johann Caspar Lavater. Nebst einer Nacherinnerung von Moses Mendelssohn.* Berlin und Stettin: Friedrich Nicolai 1770. *Sefer Megillat Kohelet 'im Biur.* Berlin: Itzig Speyer 1770 (Hebräischer Kommentar zum Prediger Salomo, verfaßt 1768).	1770 Johann Bernhard Basedow, *Methodenbuch.*
1771 M. wird auf Sulzers Vorschlag von der Akademie zum Mitglied gewählt. Friedrich II. verhindert M.s Aufnahme in die Akademie, indem er die Wahl nicht bestätigt. Schwere Erkrankung mit Herzbeschwerden (bis 1777, danach bleibende Schwächung). Bekanntschaften mit David Friedländer und Christian Garve. Ehrung durch die jüdische Gemeinde: Sie hebt für M. die Vorschriften auf, die einer Wahl zum „Ältesten" entgegenstehen. Die preußischen Importbestimmungen für Rohmaterialien werden auf M.s Vorschlag gelockert, so daß die Unternehmer größere Freiheit gewinnen. Besuch beim kursächsischen Minister Baron von Fritsche im Schloß zu Potsdam. Gespräch mit Luise Ulrike (schwedische Königin-Witwe; Schwester Friedrichs II.) über die Unsterblichkeit.		1771 Johann Georg Sulzer, *Allgemeine Theorie der schönen Künste und Wissenschaften* (vollendet 1774). Matthias Claudius, *Der Wandsbekker Bote* (bis 1775). Carl Wilhelm Scheele entdeckt den Sauerstoff.
1772 Stellungnahme gegen die sofortige Beerdigung der Juden (anläßlich der jüdischen Begräbnisfrage in Mecklenburg-Schwerin).	1772 *Abhandlung von der Unkörperlichkeit der menschlichen Seele* (Erstdruck 1784 in lateinischer Übersetzung).	1772 Erste Polnische Teilung (Gebietsabtretungen an Österreich, Preußen und Rußland). Gründung des Göttinger Dichterbundes „Hain". Johann Gottfried Herder, *Abhandlung über den Ursprung der Sprache* (verfaßt 1770). Gotthold Ephraim Lessing, *Emilia Galotti.*
1773 Kur in Pyrmont. Gespräche mit Lessing über die Freimaurerei.		1773 Papst Clemens XIV. hebt den Jesuitenorden auf. Johann Gottfried Herder (Hrsg.), *Von deutscher Art und Kunst.* Johann Wolfgang von Goethe, *Götz von Berlichingen mit der eisernen Hand* und „Urfaust".

Friedrich Nicolai, *Das Leben und die Meinungen des Herrn Magister Sebaldus Nothanker* (vollendet 1776).
Georg Christoph Lichtenberg, *Timorus, das ist, Vertheidigung zweyer Israeliten, die durch die Kräftigkeit der Lavaterischen Beweisgründe und der Göttingischen Mettwürste bewogen den wahren Glauben angenommen haben.* ·

1774 Kur in Pyrmont. Gespräche mit Herder, Elise Reimarus, Graf Wilhelm und Gräfin Marie zu Schaumburg-Lippe. Eine kluge Intervention befreit M.s Prager Schüler Avigdor Levi aus dem Kerker. Beginn der Arbeit an der Tora-Übersetzung.		**1774** Johann Heinrich Pestalozzi wandelt sein Gut Neuhof in eine Erziehungsanstalt für arme Kinder um. Johann Bernhard Basedow, *Elementarwerk* und Gründung des Philanthropin in Dessau (Erziehungsanstalt). Antoine Laurent Lavoisier, *Opuscules physiques et chimiques* (Kleine Schriften zur Physik und Chemie). Johann Wolfgang von Goethe, *Die Leiden des jungen Werthers.* Christoph Willibald Gluck, *Iphigénie en Aulide.*
1775 M. bittet Lavater, sich für die unterdrückten Schweizer Juden einzusetzen. Deren Lage wird merklich verbessert. Geburt der Tochter Jente (Henriette) (gestorben 1831).	**1775** *Enthusiast. Visionair. Fanatiker* (Kritik der Schwärmerei). *Zufällige Gedanken über die Harmonie der inneren und äußeren Schönheit* (Kritik der Physiognomik).	**1775** Beginn des amerikanischen Unabhängigkeitskrieges. Johann Kaspar Lavater, *Physiognomische Fragmente zur Beförderung der Menschenkenntnis und Menschenliebe* (vollendet 1778).
1776 Reise nach Dresden. Gespräche mit August Hennings. Geburt des Sohnes Abraham (gestorben 1835; Vater von Fanny und Felix Mendelssohn-Bartholdy).		**1776** Unabhängigkeitserklärung der Vereinigten Staaten von Amerika. Die Einzelstaaten verkünden die Erklärungen der Menschenrechte. Adam Smith, *Inquiry into the Nature and Causes of the Wealth of Nations* (Untersuchung der Natur und der Ursachen des Wohlstands der Nationen). Johann Wolfgang von Goethe, *Stella. Ein Schauspiel für Liebende.* Shakespeares *Hamlet* wird durch die Schrödersche Gesellschaft in Hamburg aufgeführt (Brockmann als Hamlet). Gastspiele u. a. in Hannover und (Dezember 1777 und Januar 1778) Berlin.
1777 Geschäftsreise nach Memel. In Königsberg Gespräche mit Hamann und Kant. M. verhindert durch einen Brief an den sächsischen Staatsminister Friedrich Wilhelm von Ferber die Vertreibung der Dresdener Juden. Geschäftsreise nach Hannover. Letzter Besuch bei Lessing in Wolfenbüttel.	**1777** Beiträge in *Der Philosoph für die Welt,* hrsg. von Johann Jacob Engel, u. a. *Proben rabbinischer Weisheit.*	
1778 Geburt der Tochter Sisa, die nach drei Monaten stirbt. Friedländer und Isaac Daniel Itzig gründen, angeregt durch M., die	**1778** *Ritualgesetze der Juden, betreffend Erbschaften, Vormundschaftssachen, Testamente und Ehesachen, in so weit sie das Mein und Dein angehen.* Ber-	**1778** Voltaire stirbt. Johann Gottfried Herder (Hrsg.), *Volkslieder* (vollendet 1779, später *Stimmen der Völker in Liedern*).

Jüdische Freischule in Berlin (Eröffnung 1781).
Lessing sendet *Nathan den Weisen* im Manuskript an Ramler und M. zur Durchsicht und Kritik.

lin: Christian Friedrich Voß 1778 (verfaßt 1773–76). 1778 und 1783: Beiträge in: *Deutsches Museum*, hrsg. von Heinrich Christian Boie und Christian Wilhelm Dohm (u. a. über Lavaters Physiognomik). Salomon Dubno gibt einen hebräischen Prospekt auf M.s Tora-Übersetzung mit Übersetzungsproben (2 Mose, Kap. 1; 4 Mose, Kap. 23–24) und einer Aufforderung zur Subskription heraus (Amsterdam 1778).

1779 M. betreut und fördert Salomon Maimon bei dessen Berlin-Aufenthalt.
Friedrich II. lehnt M.s Antrag ab, den Schutzbrief auf die Kinder auszudehnen.

1779 *Lesebuch für Jüdische Kinder. Zum Besten der Jüdischen Freyschule.* Berlin: Christian Friedrich Voß und Sohn 1779 (hrsg. von David Friedländer; mit sechs Beiträgen M.s).

1779 David Hume, *Dialogues Concerning Natural Religion* (Dialoge über die natürliche Religion), postum.
Gotthold Ephraim Lessing, *Nathan der Weise*.

1780 Die jüdische Gemeinde wählt M. zu einem ihrer fünf Schatzmeister. Die Juden des Elsaß bitten M. um Hilfe. Er wendet sich an Christian Wilhelm Dohm und berät ihn eingehend bei der Arbeit an seinem bahnbrechenden Buch.

1780 Der erste Band der Übersetzung der Tora (fünf Bücher Mose) wird veröffentlicht; das mit dem fünften und letzten Band (1783) gelieferte Titelblatt lautet: *Sefer Netibot Ha-Schalom . . . (Das Buch der Wege des Friedens, d. h. . . . die fünf Fünftel der Tora mit . . . deutscher Übersetzung* [von M.] *und Kommentar. Gedruckt hier, Berlin 5543) (: in hebräischer Schrift).* Berlin: George Friedrich Starcke 1783. Mitarbeiter am Biur (Kommentar) waren Hartwig Wessely, Dubno, Aaron Jaroslaw und Herz Homberg. Tora-Text und Biur sind hebräisch, die Übersetzung ins Deutsche ist in hebräischer Schrift gedruckt.

1780 Maria Theresia stirbt. Kaiser Joseph II. wird Alleinregent.
Friedrich II. befiehlt, das Preußische Allgemeine Landrecht zu kodifizieren (Inkrafttreten 1794).
Christoph Martin Wieland, *Oberon*.

1781 Nach Lessings Tod setzt sich M. für die Sammlung und Herausgabe des Nachlasses ein.
Bernhards Witwe stirbt. Die Firma nennt sich nun „Gebrüder Bernhard & Co." bzw. „Gebrüder Bernhard & Moses Mendelssohn".

1781 Gotthold Ephraim Lessing stirbt.
Reformgesetze Kaiser Josephs II. (Abschaffung der Leibeigenschaft und der Folter, religiöse Toleranz, Aufhebung zahlreicher Klöster, Verbesserung der Lage der Juden).
Immanuel Kant, *Kritik der reinen Vernunft*.
Johann Heinrich Pestalozzi, *Lienhard und Gertrud* (4 Bde. bis 1787).
Christian Wilhelm Dohm, *Ueber die bürgerliche Verbesserung der Juden*.
Friedrich von Schiller, *Die Räuber*.
Joseph Haydn, *Russische Quartette* und Sinfonie *Die Jagd*.
Friedrich Wilhelm Herschel entdeckt den Planeten Uranus.

1782 Geburt des Sohnes Nathan (gestorben 1852).
Weil der Absatz von Seidenstoffen nachläßt, reduziert M. die Zahl der Webstühle auf 78, bis 1786 auf 70. Beginn der gutachterlichen Mitarbeit am Preußischen Allgemeinen Landrecht.

1782 *Anmerkungen zu Abbts freundschaftlicher Correspondenz.* Berlin und Stettin: Friedrich Nicolai 1782 (Sonderabdruck aus: *Thomas Abbts vermischte Werke. Dritter Theil,* ebd.). *Manasseh Ben Israel Rettung der Juden. Aus dem Englischen übersetzt* [von Marcus Herz]. *Nebst einer Vorrede von Moses Mendelssohn. Als ein*

1782 Jean-Jacques Rousseau, *Les Confessions* (Die Bekenntnisse, postum, Bd. 2 1789).
Wolfgang Amadeus Mozart, *Die Entführung aus dem Serail*.

Anhang zu des Hern. Kriegsraths Dohm Abhandlung: Ueber die bürgerliche Verbesserung der Juden, Berlin und Stettin: Friedrich Nicolai 1782.

1783 Die gerade gegründete „Gesellschaft von Freunden der Aufklärung" („Berliner Mittwochsgesellschaft": Bieter, Dohm, Engel, Gedike, Klein, Möhsen, Nicolai, Spalding, Svarez, Zöllner u. a.) trägt M. die Mitgliedschaft an. M. lehnt ab, nimmt aber, zum Ehrenmitglied ernannt, am Austausch der schriftlichen Diskussionsbeiträge („Voten") teil, von denen viele in der von Biester und Gedike herausgegebenen *Berlinischen Monatsschrift* veröffentlicht werden.
Die jüdische Gemeinde wählt M. zu einem ihrer fünf höchsten Würdenträger.
Die Tochter Brendel (Dorothea) heiratet den Bankier Simon Veit nach jüdischem Ritus. (In zweiter Ehe heiratet sie Friedrich Schlegel.)
Beginn der brieflichen Diskussion mit Jacobi über Lessings „letzte Gesinnungen".

1783 *Ermahnungsformel, welche der Rabiner oder die Gerichtsperson den schwörenden Juden vor Ableistung des Exydes vorsagen muß,* in: *Circulare an sämmtliche Regierungen und Ober-Landes-Justiz-Collegia . . . 20. September 1783* (zuerst in einem Gutachten für den Assistenzrat Ernst Ferdinand Klein von 1782).
Die Psalmen. Uebersetzt von Moses Mendelssohn. Berlin: Friedrich Maurer 1783.
Postum erscheint M.s Übersetzung des Hohen Liedes, deren Entstehungszeit nicht genau datierbar ist, mit dem hebräischen Text und der deutschen Übersetzung in hebräischer Schrift: *Megillat Schir Ha-Schirim, meturgamat aschkenasit al . . . Mosche ben Menachem,* Berlin: Druck der Jüdischen Freischule 5548 [= 1788].
Jerusalem oder über religiöse Macht und Judentum. Berlin: Friedrich Maurer 1783.
Beiträge in ΓΝΩΘΙ ΣΑΥΤΟΝ oder *Magazin der Erfahrungsseelenkunde,* hrsg. von Carl Philipp Moritz: *Psychologische Betrachtung auf Veranlassung einer von . . . Spalding an sich selbst gemachten Erfahrung* u. a.
Beiträge in der von Freunden und Anhängern M.s getragenen hebräischen Aufklärungszeitschrift *Ha-Meassef* (Der Sammler, 1783–1811).

1783 Im Frieden von Versailles wird die Unabhängigkeit der Vereinigten Staaten anerkannt.
Friedrich von Schiller, *Die Verschwörung des Fiesko zu Genua.*
Die Gebrüder Montgolfier lassen mit einem Warmluftballon den ersten freien Flug durchführen.

1784 Joseph von Sonnenfels lädt M. ein, der privaten Wiener „Gesellschaft von Wissenschaften" beizutreten.

1784 In der *Berlinischen Monatsschrift* erscheinen: *Ueber die 39 Artikel der englischen Kirche und deren Beschwörung* und: *Ueber die Frage: was heißt aufklären?*
Sache Gottes oder die gerettete Vorsehung (aufgrund von Leibniz).

1784 Immanuel Kant, *Beantwortung der Frage: Was ist Aufklärung?*
Johann Georg Hamann, *Golgatha und Scheblimini.*
Johann Gottfried Herder, *Ideen zur Philosophie der Geschichte der Menschheit* (unvollendet, bis 1791).
Friedrich von Schiller, *Kabale und Liebe* und *Was kann eine gute stehende Schaubühne eigentlich wirken?* (später *Die Schaubühne als moralische Anstalt betrachtet).*

1785 Die Tochter Recha heiratet den Neustrelitzer Kaufmann Mendel Meier nach jüdischem Ritus.
Jacobi veröffentlicht *(Ueber die Lehre des Spinoza in Briefen an den Herrn Moses Mendelssohn)* den Briefwechsel mit M.; die Indiskretion und die Behauptung, Lessing sei zuletzt Spinozist (Atheist) gewesen, verletzen M. tief.

1785 *Morgenstunden oder Vorlesungen über das Daseyn Gottes.* Berlin: Christian Friedrich Voß und Sohn 1785.
In der *Berlinischen Monatsschrift* erscheint: *Soll man der einreißenden Schwärmerei durch Satyre oder durch äußerliche Verbindung entgegenarbeiten?*

1785 Deutscher Fürstenbund gegen österreichische Hegemoniebestrebungen.
Karl Philipp Moritz, *Anton Reiser* (4 Bde. bis 1790).
Friedrich Heinrich Jacobi, *Ueber die Lehre des Spinoza in Briefen an den Herrn Moses Mendelssohn.*

1786 Im Beisein des Arztes Marcus Herz, seines Schülers und Freundes, stirbt Moses Mendelssohn am 4. Januar

1786 In der *Berlinischen Monatsschrift* erscheint postum: *Giebt es natürliche Anlagen zum Laster?*
Moses Mendelssohn an die Freunde Lessings. Ein Anhang zu Herrn Jacobi Briefwechsel über die Lehre des Spinoza. Berlin: Christian Friedrich Voß und Sohn 1786 (postum hrsg. von Engel).

1786 Friedrich II. stirbt.
Edmund Cartwright errichtet eine Fabrik mit zwanzig mechanischen Webstühlen.
Friedrich von Schiller, Hymne *An die Freude.*
Wolfgang Amadeus Mozart, *Le nozze di Figaro* (Figaros Hochzeit).
Erstbesteigung des Montblanc.

Nr. 85

I. Geistige Wurzeln

Nr. 1

1

Mendelssohns Geburtshaus in Dessau. Öl auf Leinwand, um 1800.
Marianne und Dr. Johannes Zilkens, Köln.

24 x 22 cm. - Literatur: Alexander Altmann: Moses Mendelssohns Kindheit in Dessau, in: Bulletin des Leo Baecke Instituts 10 (Tel Aviv 1967), S. 237-275.

Eine glänzende Zukunft war dem jungen Moses keineswegs in die Wiege gelegt, als er am 6. September 1729 als jüngstes der drei Kinder des Mendel (Menachem) Heymann (ca. 1682 - 1766) und seiner Frau Bela Rachel Sara (gestorben 1756) in Dessau geboren wurde. Immerhin stammte seine Mutter aus guter alter Familie, und der Vater, der 1726 unter den Synagogenbediensteten bloß als Küster und 'Schulklopfer' (der morgens die Gemeindemitglieder zum Gebet in die Synagoge 'herausklopfte') geführt wurde, brachte es später zum Elementarlehrer und Sofer (Schreiber) der Gemeinde.

Die Dessauer Juden waren 'auf dem Sande' (Sandvorstadt) angesiedelt. Hier bildeten sie eine rasch wachsen-

de, weltoffene Gemeinde, die von den Verkehrswegen zur Messestadt Leipzig profitierte, aber auch von der vergleichsweise klugen und liberalen Judenpolitik der Fürsten von Anhalt-Dessau. - Mendelssohns Vaterhaus gehörte dem christlichen Seifensieder Würdig und wurde zur Miete bewohnt.

Nur in den deutschen Briefen kommt - seit etwa 1760 - "Moses Mendelssohn" vor; in den hebräischen Briefen nannte er sich bis zuletzt "Mosche Dessau".

2

(Hebräisch) Masechet Schabbat ... (Traktat Sabbat. Mit den Kommentaren von Raschi [Rabbi Schlomo Izraki], den Tossafot [Kommentaren zu Raschi] und von Rabbenu Ascher [Ascher ben Jechiel]. Gedruckt nach der venezianischen Ausgabe, Druckerei Justiniani ... - Gedruckt im Jahre 362 der kleinen Zählung [= 1602]. Hier, Heilige Gemeinde Krakau, Hauptstadt).
HAB: Le 4° 1 - Bd. 1.

154 Blätter. 4°. Angebunden: Traktat Eruwin, 20 Blätter. - Hebräisch-deutsche Ausgabe: Der Babylonische Talmud. Mit Einschluß der vollständigen Mišnah, hrsg. und übersetzt von Lazarus Goldschmidt. Berlin (Leipzig) 1897 - 1916 (zahlreiche Nachdrucke; 9 oder 12 Bde.). - Literatur: Hermann L. Strack: Einleitung in Talmud und Midrasch, München ⁶1976 (¹1887), bes. S. 86. Günter Stemberger: Der Talmud. Einführung, Texte, Erläuterungen. München 1982.

Erster Band der neunbändigen ersten Krakauer Ausgabe des babylonischen Talmud (1602 - 1605). Wie in älteren Talmud-Ausgaben üblich, gibt es kein Titelblatt für die gesamte Ausgabe, sondern Titelblätter für jeden einzelnen Traktat; die Traktate sind nicht in derjenigen Abfolge zu Bänden zusammengefaßt, die durch die Reihenfolge der Ordnungen in der Mischna vorgegeben ist. Schwankend ist ebenfalls die Auswahl der zusätzlich abgedruckten Kommentare.

Zur Entstehung des Talmud soll Mendelssohn selbst zu Wort kommen (Jubiläumsausgabe Bd. 7, S. 115 - 117):

Nr. 2

"Die Gesetze und Religionsgebräuche der heutigen Juden gründen sich Theils auf das schriftliche, und Theils auf das mündliche Gesetz. Das schriftliche Gesetz ist in den fünf Büchern Moses enthalten. Alle Verordnungen, die in denselben vorkommen, werden noch in jetzigen Zeiten für verbindlich gehalten; (nehmlich in Absicht auf die Kinder der Israeliten, denen das Gesetz gegeben worden, d. i. in Absicht auf die heutigen Juden) diejenigen ausgenommen, die entweder auf das gelobte Land, auf den Tempel und den Gottesdienst in demselben, oder auf das hohe Gericht zu Jerusalem, eine unmittelbare Beziehung haben ...

Das mündliche Gesetz enthält

1.) Erklärungen, und

2.) Nähere Bestimmungen der schriftlichen Gesetze, welche durch mündliche Ueberlieferung vom Moses herrühren, oder

3.) Durch Argumentation, nach den durch Ueberlieferung festgesetzten Regeln der Schrifterklärung, heraus gebracht worden.

4.) Satzungen der Propheten und spätern Weisen der Nation, die Schonungsgesetze genannt werden, wodurch man nehmlich von den Verboten der Heiligen Schrift selbst in einiger Entfernung gehalten wird; und endlich

5.) Die von eben diesen großen Männern getroffenen Einrichtungen und festgesetzten Gebräuche, die von der gesammten Nation angenommen worden sind.

Alle diese Lehren und Verordnungen haben sich von Moses Zeiten an, blos durch mündlichen Unterricht, und Ueberlieferung von Lehrer zu Schüler fortgepflanzt, ohne daß davon ein öffentliches Werk zum Vorscheine gekommen wäre, und bey der Nation Autorität erlangt hätte, bis um die Mitte des vierzigten Jahrhunderts nach Erschaffung der Welt (oder des zweyten Jahrhunderts nach Christl. Zeitrechnung) zu den Zeiten des R. Jehuda hannasie. Dieser große Lehrer der Nation trug das Wichtigste von allen Traditionen bis auf seine Zeit, die Sprüche und Lehren der Weisen, ihre verschiedene Meynungen und Urtheile, wo sie getheilt sind, zuweilen mit, zuweilen auch ohne Entscheidung, u. s. w. in sechs Bücher zusammen, die unter dem Namen der Mischnah bekannt sind ... Diese ward in allen Schulen gelehrt, in allen Gemeinen als das Hauptgesetzbuch der Nation eingeführt, und die Bemühungen der Gelehrten giengen blos dahin, dieselbe zu erklären, die der Kürze halber dunkele Stellen ins Licht zu setzen, anscheinende Widersprüche zu heben, und Fälle, die in der Mischnah nicht vorkommen, durch Argumentation aus derselben herzuleiten; woraus in den folgenden Zeiten, und zwar etwa funfzig Jahr nachher, durch Rabbi Johanan die Jerusalemsche Gemara, zwey hundert Jahr aber nach dem Beschluße der Mischna, durch R. Abina und R. Aschi die Babylonische Gemara entstanden ist. Diese Sammler der Gemara haben nemlich, jener in der Jerusalemschen und dieser in der Babylonischen Schule, dasjenige in Ansehung der Rabbinen nach R. Jehuda hannasie Zeiten gethan, was er selbst in Absicht auf die Rabbiner geleistet, die vor seiner Zeit gelebt haben. Sie haben ihre Erklärungen der Mischna, ihre Lehren, Satzungen, verschiedene Meinungen, Zweifel und Entscheidungsgründe, nach Ordnung der Mischnah, zusammen getragen und bekannt gemacht. Die Mischna nebst der Gemara heißt der Talmud. Der Babylonische Talmud ist um die Mitte des drey- und vierzigsten Jahrhunderts nach Erschaffung der Welt beschlossen, und von der gesammten Nation, als die Quelle des mündlichen Gesetzes angenommen worden."

Mendelssohn verteidigte auch den Talmud gegen christliche Vorurteile (Gesammelte Schriften Bd. 4.1, S. 529 - 531).

Wieviel Mendelssohn, der sich sämtliche formalen und inhaltlichen Qualifikationen für das Rabbinat erwarb, in seinem Denken dem Talmud verdankt, ist schwer zu entscheiden. Man mag an die Leichtigkeit denken, mit der Mendelssohn Definitionen, Unterscheidungen, Einteilungen und Gliederungen von Begriffen und Problemen vornahm, oder an Mendelssohns Fähigkeit, manche Streitfragen auf einen bloßen Streit um Worte zu reduzieren. Oder ist man hier weniger auf die Schulung am Talmud als auf Mendelssohns gleichzeitigen Widerstand gegen diese Ausbildung verwiesen? Denn die Art und Weise, in der ganz junge Schüler sich mit dem Talmud zu beschäftigen hatten - z. B. mit den Gesetzen über Scheidung und Ehe, Schaden und Schadenersatz -, wurde von Mendelssohn aus eigener Erfahrung scharf abgelehnt (vgl. Katalog-Nr. 100), ohne daß er dabei die Autorität des Talmud im geringsten angezweifelt hätte. "Die damalige Lehrmethode, die des 'Cheder', war auf eine frühe Bemeisterung des Talmud hin angelegt. Der Unterricht in der Bibel und ihren klassischen Kommentaren wurde dementsprechend arg vernachlässigt und aller Nachdruck auf scharfsinnige Diskussion (pilpul) gelegt. Man verliess sich darauf, dass die Gemütsbildung und fromme Moral aus den Kräften des Gemeindelebens und der Traditionsliteratur der Jugend von selbst zufliessen würden. Mendelssohn sollte später diese einseitige, die Verstandeskräfte überspannende Lehrmethode mit aller Entschiedenheit ablehnen. 'Es gehört, wie Sie wissen', schrieb er an Herz Homberg gegen Ende seines Lebens, 'eine ganz besondere Art des Unterrichts dazu, an dieser Geistesübung [dem pilpul] Geschmack zu finden; und wiewohl wir beide diesen Unterricht selbst genossen haben, so kamen wir doch darin überein, dass Joseph [M.s Sohn, den Herz Homberg zum Schüler gehabt hatte] lieber etwas stumpfsinniger bleibe, als dass man ihn in einer so unfruchtbaren Art des Witzes übe.' [Jubiläumsausgabe Bd. 13, S. 185] Mendelssohn brachte es in der Tat zur Meisterschaft in der talmudischen Disputierkunst. Er zeigte aber schon als Kind einen Drang nach geistigen Sphären, die vom Talmudischen unberührt waren" (Alexander Altmann, Moses Mendelssohns Kindheit in Dessau, in: Bulletin des Leo Baeck Instituts 10 (Tel Aviv 1967), S. 237 - 275; S. 257 f.).

Mendelssohns Kritik richtet sich natürlich nicht gegen seinen verehrten Talmud-Lehrer David Fränkel (1707 - 1762), dessen Unterricht er seit 1739 genossen hatte und dem er 1743 nach Berlin gefolgt war. Vielmehr dürfte er von Fränkel maßgeblich beeinflußt worden sein, der sich von der pilpulistischen Methode der Talmud-Erklärung abgewandt hatte und den stark vernachlässigten Jerusalemer Talmud wieder ins Blickfeld des Studiums rückte (vgl. auch Gesammelte Schriften Bd. 4.2, S. 136 f.). Darüber hinaus lenkte er das Interesse besonders auf Maimonides (vgl. Katalog-Nr. 3).

3

[Moses Maimonides (Mose ben Maimon):] (Hebräisch) More Newuchim ... (Führer der Verirrten. Mit den Kommentaren von Schemtow [ibn Josef], [Isaak ben Moses halevi] Efodi [= Profiat Duran] und [Chasdai] ibn Crescas. Kapitelzusammenfassungen von Charisi [= Juda Alcharisi ben Salomo]. Erklärung fremdartiger Begriffe von [Samuel] ibn Tibbon [dem Übersetzer des Werkes]. - Gedruckt in Sabbioneta, während der Regierung des Herrn Vespasiano Gonzaga [von Mantua] ... [5]313 [= 1553], von Cornelio [eigentlich Israel] Adelkind [ben Baruch halevi; Mitarbeiter des Druckers Tobia Foa.)
HAB: Le 4° 18

Nr. 3

[14], 174 Blätter. 4°. - Ausgabe: Le Guide des Égarés (arabisch-französisch), hrsg. von Salomon Munk. 3 Bde., Paris 1856 - 1866. - Übersetzung: Führer der Unschlüssigen. Übersetzung und Kommentar von Adolf Weiss. Einleitung von Johann Maier. 2 Bde., Hamburg 1972 (Philosophische Bibliothek Bd. 184 a-c), (¹1923 f.). Bd. 1, S. LXX-CIV: Bibliographie. - Literatur: Fritz Bamberger, Das System des Maimonides. Eine Analyse des 'More Newuchim' vom Gottesbegriff aus. Berlin 1935. Essays on Maimonides. An Octocentennial Volume, ed. by Salo Wittmayer Baron, New York 1941. Maimonides: Selected Essays. Ed. by Steven T. Katz, New York 1980.

Maimonides, der jüdische Arzt, Philosoph und Rabbi (1135 - 1204) verfaßte sein philosophisches Hauptwerk um 1200 auf arabisch. Wer es für archaisch oder exotisch hält, irrt sich: Der genuine Systematiker des jüdischen Geistes stellt hier, Glauben und Wissen vereinend, ein religiöses Lebensideal auf, das die Erkenntnis Gottes mit dem Streben nach sittlicher Vollkommenheit verbindet. Themen sind u.a. der Gottesbeweis, die Unsterblichkeit der Seele, die Theodizee, die Bestimmung des Menschen.

Die hier gezeigte Ausgabe ist die letzte hebräische, bevor Mendelssohns Lehrer David Fränkel, der schon Maimonides' "Mischne Tora" 1739 - 1742 in Jeßnitz nahe Dessau hatte drucken lassen, 1742 in derselben Druckerei eine neue Ausgabe herstellen ließ. Auch sie enthält noch die Kommentare von Schemtow, Efodi und Crescas. (Diese Ausgabe war nicht zu beschaffen.) Der zwölfjährige Mendelssohn wurde durch dieses Werk zu neuen Möglichkeiten der geistigen Arbeit geführt: "Zu dieser Zeit fiel ihm des Maimonides More Nebuchim [Führer der Verirrten] in die Hand; er fand ihn so scharfsinnig und mühte sich um ihn Tag und Nacht, bis er ihn ganz durchdrungen hatte. Darum vergaß er es ihm bis an sein Lebensende nicht, daß Maimonides die erste Quelle gewesen war, an der er seinen Wissensdurst hatte löschen dürfen.

Manchmal erzählte er scherzend im Kreise seiner Freunde: 'Maimonides habe ichs zuzuschreiben, daß ich einen so verwachsenen Körper bekommen habe. Meinen Leib hat er geschädigt, denn durch ihn erkrankte ich. Aber trotzdem liebe ich ihn von Herzen; denn viele trübe Stunden meines Lebens hat er mir erhellt. Und wenn er auch, ohne es zu wollen, mir Böses zufügte, und meinen Körper schwächte, so hat er mir die Schädigung doch siebenfach vergolten, als er mir die Seele durch seine hohe Weisheit erquickte.'" (aus Isaak Euchels hebräischer Mendelssohn-Biographie von 1788, zitiert nach: Moses Mendelssohn. Der Mensch und das Werk. Zeugnisse / Briefe / Gespräche, hrsg. von Bertha Badt-Strauss. Berlin 1929, S. 5 f.)

4

Moses Mendelssohn: Anweisung zur spekul.[ativen] Philosophie, für einen jungen Menschen von 15 - 20 Jahren. In: Moses Mendelssohn: Gesammelte Schriften. Jubiläumsausgabe. Bd. 3.1: Schriften zur Philosophie und Ästhetik III,1, hrsg. von Fritz Bamberger und Leo Strauss. - Berlin 1932: Akademie-Verlag, S. 303 - 307.
HAB: PH 54 - 6710

Literatur: Altmann, S. 284 - 286.

Aufgeschlagen: S. 305.

Joan Cornelis van der Hoop, der spätere Marineminister, hatte sich schon kurz nach der Geburt seines Sohnes an Mendelssohn gewandt, um Ratschläge für einen Ausbildungsplan einzuholen. Mendelssohns Auskünfte beleuchten zugleich seinen eigenen Bildungsgang; von den wichtigeren Autoren, die ihn prägten, fehlt hier nur Maimonides (Katalog- Nr. 3).

Der Anfang lautet (a.a.O., S. 305): "Vor allen Dingen muß der junge Mensch die Anfangsgründe der Geometrie gehörig studiert haben, und zwar, meinem Bedünken nach, aus den Schriften des Euclides selbst. Die Neuern haben zwar die Beweise leichter vorgetragen, und den Weg zur ausübenden Geometrie kürzer gemacht; allein die strengere synthetische Methode des alten Griechen ist einem angehenden Weltweisen von großem Nutzen; weil er nach derselben den eigentlichen Gebrauch und die Anwendung der Logik am besten erlernen kan. Eine nähere Anweisung zur Logik findet er in
1) W o l f s   K u n s t   v e r n ü n f t i g   z u   d e n k e n.
2) S'Gravesande Introductione ad veram philosophiam etc.
3) La logique de port-roïal.
Den Grund zur Metaphysik legt W o l f in seinen V e r n ü n f t i g e n   G e d a n k e n   v o n   G o t t ,   d e r   W e l t   u n d   d e r   m e n s c h l i c h e n   S e e l e. Dieser Schriftsteller ist unter allen, die mir bekant sind, der deutlichste und gründlichste."

Im Folgenden werden besonders Locke (Katalog-Nr. 5) und Leibniz (Katalog-Nr. 6 - 8) hervorgehoben.

Allerdings beschränkte sich Mendelssohn hier auf die 'spekulative Philosphie'. Der Brief schließt (a.a.O., S. 307): "Die praktische Philosophie aber ist von weit größerer Wichtigkeit; indem sie mit der Glückseligkeit des Menschen unmittelbar verknüpft ist, und sie gewähret dem guten Kopfe eben so viel Stof zum Nachdenken, als dem Herzen, sich selbst mit aller Strenge zu untersuchen, und zur Tugend und wahren Weisheit zu bilden. Allein das Gedächtnis ist mir bey der Brunnenkur zu schwach, und die Zeit zu eingeschränkt, die vortreflichen Werke anzuführen, die hierzu anzuprei-

Nr. 5

sen sind. Die Alten sind in diesem Felde, wie mich dünkt, die besten Wegweiser; jedoch haben auch die Engländer darin sehr viel geleistet, das einem Liebhaber der Weisheit unentbehrlich ist."

Bei den 'Alten' ist vor allem an Platon (Katalog-Nr. 26,62), bei den 'Engländern' an Shaftesbury (Katalog-Nr. 27) zu denken.

5

John Locke: Libri IV. de intellectu humano, denuo ex novissima editione idiomatis anglicani ... translati. ... cura M. Gotthelff Henr. Thiele ... - Leipzig 1741: Theophil Georgi.
HAB: Vb 388

[14], 1000 S. 8°. - Das Titelkupfer (14,5 x 8,5 cm) zeigt Locke im Brustbild nach rechts. Es geht auf das Gemälde von Lockes Sekretär Sylvester Brounewer (Brownover; Thieme-Becker Bd. 5, S. 90) zurück, das P. Vanderbanck gestochen hatte. Hier handelt es sich um einen Nachstich. - Ausgabe: An Essay Concerning Human Understanding, ed. by Alexander Campbell Fraser. 2 Bde. New York 1959 (¹1894). - Übersetzung: Über den menschlichen Verstand, übersetzt von Carl Winckler. 2 Bde., Hamburg 1962 (Philosophische Bibliothek Bd. 75 und 76). - Literatur: Lorenz Krüger: Der Begriff des Empirismus. Erkenntnistheoretische Studien am Beispiel John Lokkes, Berlin, New York 1973 (Quellen und Studien zur Philosophie Bd. 6). Reinhard Brandt: John Locke (1632 - 1704), in: Klassiker der Philosophie, hrsg. von Otfried Höffe. Bd. 1: Von den Vorsokratikern bis David Hume, München 1981, S. 360 - 377, 502 - 504.

In seinem 1690 veröffentlichten Hauptwerke bekämpfte der bedeutendste englische Philosoph (1632 - 1704) den Rationalismus (besonders Descartes' 'angeborene Ideen') und ließ als Erkenntnisquellen nur die Sinneswahrnehmung und die Selbstwahrnehmung zu. Angeborene Ideen gibt es nicht; alle Erkenntnis beruht demnach auf Erfahrung (Empirismus). Damit es von der internationalen Gelehrtenwelt gelesen werden konnte, wurde das Werk erstmals 1703 ins Lateinische übersetzt. 1741 wurde es "nach der neuesten englischen Ausgabe von neuem übersetzt", und zwar vom Rektor des Lyceums zu Luckau in der Niederlausitz, Gotthelff (oder Gottfried) Heinrich Thiele. Kant und seine Zeitgenossen lernten Locke in dieser Ausgabe kennen. Über Mendelssohn schreibt Nicolai (Gesammelte Schriften Bd. 5, S. 206 f.):
"Der Zufall führte ihm bei einem Verkäufer alter Bücher eine lateinische Übersetzung von Locke's Werk 'vom menschlichen Verstande' zu, welches ihm große Freude machte. Dieß Werk suchte er mit unbeschreiblicher Mühe zu entziffern; er schlug jedes Wort, das er nicht verstand (und das waren die meisten), im Lexikon nach, und schrieb es auf, bis ein paar Perioden da waren. Alsdann dachte er über den Inhalt nach. Durch Nachdenken suchte er den Verstand zu errathen; und wenn er ihn gefunden zu haben glaubte, verglich er ihn wieder, so weit seine Kenntniß der Sprache reichte, mit dem Wortverstande."
Vgl. auch Katalog-Nr. 8.

6

Gottfried Wilhelm Leibniz. Brustbild nach rechts. Kupferstich von Martin Bernigeroth (1670 - 1733) nach dem Gemälde von Andreas Scheits (1670 - 1735), beides 1703.
HAB: P II 3122a

14 x 8,5 cm. Das Gemälde von Scheits befindet sich im Handschriften-Lesesaal der Herzog August Bibliothek. - Die Umschrift im Oval lautet: Gottfridus Guilielmus Leibnizius S.[erenissi]mo Elect.[ori] Bruns.[vico] Luneb.[urgensi] ab int.[imo] consil.[io] d.h. Gottfried Wilhelm Leibniz, Mitglied des Geheimen Rates [seit 1690 war Leibniz Geheimer Justizrat] des Durchlauchtigsten Kurfürsten von Braunschweig-Lüneburg. - Darunter das Distichon: Hoc duce in immensi penetravimus intima veri / Nec probat autorem mens magis ulla Deum. (Unter seiner Leitung sind wir ins Innerste des unermeßlichen Wahren eingedrungen / Und kein Geist erweist Gott als Schöpfer besser.) - Literatur: Ludwig Schreiner: Leibniz im Bilde seiner Zeit, in: Leibniz. Sein Leben - sein Wirken - seine Welt, hrsg. von Wilhelm Totok und Carl Haase, Hannover 1966, S. 65 - 82.

Gottfried Wilhelm Leibniz (1646 - 1716) verdankte seinen gesamteuropäischen Rang einer universalen Bil-

Nr. 6

dung und weitgespannten Interessen; er war Jurist, Philosoph, Theologe, Mathematiker, Physiker, Historiker, Sprachforscher, Techniker, politischer Schriftsteller und Politiker - und auf fast allen Gebieten der führende Kopf seiner Zeit.
Literatur: Joachim Otto Fleckenstein: Gottfried Wilhelm Leibniz. Barock und Universalismus, Thun, München 1958 (Plinius-Bücher 2). Hans Heinz Holz: Leibniz, Stuttgart 1958 (Urban-Bücher 34). Akten des ersten (zweiten, dritten) Internationalen Leibniz-Kongresses, Hannover 1966 (1972; 1977) = Studia Leibnitiana 1 - 5 (12 - 15; 19 - 22), Wiesbaden 1968 - 1971 (1973 - 1975; 1980 - 1982). Leibniz. Werk und Wirkung. IV. Internationaler Leibniz-Kongreß. Vorträge. Hannover, 14. bis 19. November 1983, Hannover 1983. Werner Schneiders: Gottfried Wilhelm Leibniz: Das Reich der Vernunft, in: Grundprobleme der großen Philosophen, hrsg. von Josef Speck. Philosophie der Neuzeit I, Göttingen 1979 (Uni-Taschenbücher 903), S. 139 - 175. Hans Poser: Gottfried Wilhelm Leibniz (1646 - 1716), in: Klassiker der Philosophie, hrsg. von Otfried Höffe. Bd. 1: Von den Vorsokratikern bis David Hume, München 1981, S. 378 - 404, 504 - 506.

7

[Gottfried Wilhelm Leibniz:] Essais de Theodicée / sur la Bonté de Dieu, la Liberté de l'Homme et l'Origine du Mal. - Amsterdam 1710: Isaac Troyel.
HAB: O 186 Helmst. 8°

Bd. 1: [52], 660 S. Bd. 2: 99 S. 8°. Erstausgabe. - Ausgabe: Die philosophischen Schriften, hrsg. von Carl Immanuel Gerhardt. Bd. 6, Berlin 1885 (Nachdruck Hildesheim 1961), S. 1 - 436. - Übersetzung: Die Theodizee, übersetzt von Artur Buchenau, Hamburg ²1968 (Philosophische Bibliothek Bd. 71). - Literatur: Wolfgang Hübener: Sinn und Grenzen des Leibnizschen Optimismus, in: Studia Leibnitiana 19 (1978), S. 222 - 246. Walter Sparn: Leiden - Erfahrung und Denken. Materialien zum Theodizeeproblem, München 1980 (Theologische Bücherei 67).

ESSAIS DE THEODICÉE SUR LA BONTÉ DE DIEU, LA LIBERTÉ DE L'HOMME ET L'ORIGINE DU MAL.

ARDUA VIRTUTIS VIA

A AMSTERDAM, Chez ISAAC TROYEL, Libraire. MDCCX.

Nr. 7

In seiner Theodizee beweist Leibniz nicht die Existenz Gottes, sondern "die Güte Gottes, die Freiheit des Menschen und den Ursprung des Übels". Er beantwortet damit im Grunde die bohrenden Fragen Epikurs:

"Entweder will Gott die Übel aufheben und kann nicht
oder er kann und will nicht
oder er will nicht und kann nicht
oder er will und kann.

Wenn er will und nicht kann, ist er schwach, und das trifft für Gott nicht zu. Wenn er kann und nicht will, ist er neidisch, und das ist ebenso unvereinbar mit Gott. Wenn er nicht kann und nicht will, ist er neidisch und schwach und dementsprechend auch kein Gott. Wenn er aber will und kann, wie das allein angemessen für Gott ist - wo kommen dann die Übel her, und warum hebt er sie nicht auf?"
(in: Laktanz: Vom Zorne Gottes, hrsg. von Heinrich Kraft und Antonia Wlosok, Darmstadt 1974, S. 47 [De ira dei 13, 20 f.]) Leibniz lehrt, daß Gott in seiner Weisheit unter allen möglichen Welten nur dieser allein Wirklichkeit verliehen habe; sie ist also die beste Welt ('Optimismus'). Die bestehenden Übel auf der Welt sind unvermeidliche Beschränkungen der Endlichkeit oder höheren Zwecken dienende Leiden oder von Gott zugelassene Sünden, die Gutes hervorrufen, insbesondere die Erlösung durch Christus. - Das Kupfer auf dem Titel stellt den "steilen Pfad der Tugend" dar (ardua virtutis via).

8

Gottfried Wilhelm Leibniz: Oeuvres philosophiques latines & françoises ... publiées par Mr. Rud. Eric Raspe ... - Amsterdam und Leipzig 1765: Jean Schreuder.
HAB: Li 4° 229

XVI, 540, [16] S. 1 S. Errata. 4°. S. 1 - 496: Nouveaux Essais sur l'Entendement humain (Erstausgabe). - Ausgabe: Sämtliche Schriften und Briefe, hrsg. von der Deutschen Akademie der Wissenschaften zu Berlin. Reihe 6: Philosophische Schriften. Bd. 6: Nouveaux Essais. Berlin 1962. - Übersetzung: Neue Abhandlungen über den menschlichen Verstand, hrsg. von Ernst Cassirer, Hamburg 1971 (Nachdruck der Ausgabe Leipzig 1915) (Philosophische Bibliothek Bd. 69). - Literatur: Klaus Jacobi: Bemerkungen zum Verständnis der Leibniz'schen "Nouveaux Essais sur l'Entendement humain", in: Studia Leibnitiana 5 (1973), S. 196 - 232. Giorgio Tonelli: Leibniz on Innate Ideas and the Early Reactions to the Publication of the Nouveaux Essais (1765), in: Journal of the History of Philosophy 12 (1974), S. 437 - 454.

Aufgeschlagen: Titelblatt der Nouveaux Essais.

Erst ein halbes Jahrhundert nach Leibniz' Tod wurden seine "Nouveaux Essais", die er schon 1703 - 1705 ver-

OEUVRES
PHILOSOPHIQUES
LATINES & FRANÇOISES
DE FEU
M^R. DE LEIBNITZ.
*TIRE'ES DE SES MANUSCRITS QUI SE CONSERVENT
DANS LA BIBLIOTHEQUE ROÏALE A HANOVRE,
ET PUBLIE'ES PAR*
Mr. RUD. ERIC RASPE.
Avec une Préface de Mr. KAESTNER *Professeur
en Mathématiques à Göttingue.*

A AMSTERDAM ET A LEIPZIG,
Chez JEAN SCHREUDER.
MDCCLXV.

NOUVEAUX ESSAIS

SUR

L'ENTENDEMENT

HUMAIN

PAR L'AUTEUR DU SYSTEME

DE L'HARMONIE PREETABLIE.

Nr. 8

faßt hatte, in Rudolf Erich Raspes 'erster Sammlung' der Öffentlichkeit zugänglich gemacht. So abträglich das späte Erscheinen für die unmittelbare Leibniz-Rezeption war, so groß war andererseits dann der Erfolg des Werkes, in dem Leibniz seine Erkenntnistheorie entfaltete. Dies geschieht in der Auseinandersetzung mit Lockes "Essay" (Katalog-Nr. 5); das Werk ist als Dialog zwischen einem Locke-Anhänger und einem Locke-Kritiker aufgebaut, der die Lehre von den angeborenen Ideen verteidigt: Nur diese machen es beweisbar, daß es notwendige Wahrheiten gibt. Im Geist ist nicht nur das vorhanden, was vorher in den Sinnen war, sondern auch - der Geist selbst.

Mendelssohn schrieb (in: Katalog-Nr. 4, a.a.O., S. 305):

"Hierauf kan fortgeschritten werden zu Lockens Essay on human Unterstanding, welches Werk zum öftern gelesen und fleißig mit den Nouveaux Essays sur l'Entendement humain, de Mr Leibnitz verglichen werden

muß. Ich getraue mich zu behaupten, daß diese beiden Werke allein fast hinreichen, einen philosophischen Kopf zu bilden, wenn sie mit erforderlichem Nachdenken studiret werden."

9

Christian Wolff. Halbfigur nach links. Kupferstich von Jeremias Jacob Sedelmayr (1704 - 1761) nach Gottfried Boy (1701 - nach 1751).
HAB: P I 14695

17,4 x 14,6 cm. - Literatur: Thieme-Becker Bd. 30, S. 421; Constant von Wurzbach: Biographisches Lexikon des Kaiserthums Oesterreich. Bd. 33. Wien 1877, S. 272 - 274; Thieme-Becker Bd. 4, S. 488.

Christian Wolff (1679 - 1754), der überragende Philosoph der deutschen Hochaufklärung, behandelte in seinem äußerst umfangreichen Oeuvre, das je etwa zur

CHRISTIANVS WOLFFIVS.

G. Boy pinx   J. J. Sedelmajr sculp. Vien.

Nr. 9

Hälfte aus deutschen und aus lateinischen Werken besteht, das gesamte System der Philosophie - insbesondere Metaphysik, Ethik, natürliche Theologie und Naturrecht - mit derselben Methode und Präzision, der auch die Mathematik ihre wissenschaftliche Sicherheit verdankt. Seine Schüler und Anhänger lehrten an fast allen deutschen Universitäten, vgl. Max Wundt, Die deutsche Schulphilosophie im Zeitalter der Aufklärung, Tübingen 1945 (Heidelberger Abhandlungen zur Philosophie und ihrer Geschichte 32) (Nachdruck Hildesheim 1964, Olms Paperbacks 4). - Neuere Literatur:

Christian Wolff, 1679 - 1754. Interpretationen zu seiner Philosophie und deren Wirkung. Mit einer Bibliographie der Wolff-Literatur. Hrsg. von Werner Schneiders, Hamburg 1983 (Studien zum 18. Jahrhundert Bd. 4).

Mendelssohn schrieb noch 1785 (Jubiläumsausgabe Bd. 13, S. 277): "Den Schriften dieses Weltweisen habe ich meine erste Bildung zur Philosophie zu verdanken; daher ich eine Art von Vorliebe für ihn jederzeit behalte, und mir ein Vergnügen machen werde, alles zu retten, was aus seiner Feder geflossen ist." Vgl. Katalog-Nr. 4 und 12.

Nr. 10

10

Christian Wolff: Vernünftige Gedancken von GOTT, der Welt und der Seele des Menschen, Auch allen Dingen überhaupt ... - Halle 1720: Renger.
HAB: Li 9923

[14], 576, [32] S. kl.8°. Erstausgabe (Vorrede: Dezember 1719). - Ausgabe: Gesammelte Werke. Abt.1: Deutsche Schriften, Bd.2: Nachdruck der 11. Aufl. 1751, hrsg. von Charles A. Corr, Hildesheim, New York 1983. - Das Titelkupfer stellt in symbolisierender Absicht die strahlende Sonne dar: "Nach den Wolken gibt sie das Licht zurück" (Lucem post nubia reddit).

In der 'Deutschen Metaphysik', seinem wichtigsten Werk, bewies Wolff, ausgehend von einer allgemeinen Seinslehre (Ontologie), u.a. das Dasein Gottes (rationale Theologie), die Freiheit des Willens (empirische Psychologie) und die Unsterblichkeit der menschlichen Seele (rationale Psychologie) sowie die Notwendigkeit aller Begebenheiten in der Welt (Kosmologie). Mit seinen Übersetzungen der lateinischen Fachausdrücke nahm Wolff darüber hinaus entscheidenden Einfluß auf die werdende deutsche Wissenschaftssprache.

11

Christian Wolff: Psychologia empirica, methodo scientifica pertractata, qua ea, quae de anima humana indubia experientiae fide constant, continentur ... Editio nova priori emendatior. - Frankfurt und Leipzig 1738: Renger.
HAB: Li 9960

[16], 920, [16] S. 8°. Erste Aufl. 1732. - Ausgabe: Gesammelte Werke. Abt. 2: Lateinische Schriften, Bd. 5: Nachdruck der 2. Aufl. 1738, hrsg. von Jean École, Hildesheim 1968.

Die empirische Psychologie enthält, "auf wissenschaftliche Methode abgehandelt", "das, was auf der unzweifelhaften Glaubwürdigkeit der Erfahrung beruht". Wolffs besondere Wertschätzung dieser Disziplin erklärt sich aus ihrer Sicherheit: Die empirische Psychologie führe, von der unmittelbaren Gewißheit des Selbstbewußtseins ausgehend, durch einfache und un-

zweifelhafte (Selbst-)Beobachtungen zur Einsicht in Tatsachen (statt bloßer Hypothesen), die ihrerseits auf alle anderen Gebiete der Philosophie angewendet werden könnten. Wie recht Wolff hatte, zeigt sich an Mendelssohn, für dessen Ästhetik Wolffs empirische Psychologie zu einer wichtigen Quelle wurde, vgl. Jean-Paul Meier: L'esthétique de Moses Mendelssohn (1729 - 1786). Thèse Université de Paris IV, 1977, Paris 1978, Bd. 1, S. 77 ff. Dabei wurde nicht nur Wolffs Einteilung des Erkenntnis- und des Begehrungsvermögens in je einen oberen und einen unteren Bereich wichtig, sondern auch viele scharfsinnige und lebendige Einzelbeobachtungen wirkten anregend.

PSYCHOLOGIA EMPIRICA, METHODO SCIENTIFICA PERTRACTATA, QUA EA, QUÆ DE ANIMA HUMANA INDUBIA EXPERIENTIÆ FIDE CONSTANT, CONTINENTUR ET AD SOLIDAM UNIVERSÆ PHILOSOPHIÆ PRACTICÆ AC THEOLOGIÆ NATURALIS TRACTATIONEM VIA STERNITUR.

AUTORE CHRISTIANO WOLFIO,

POTENTISSIMI SUECORUM REGIS, HASSIÆ LANDGRAVII, CONSILIARIO REGIMINIS, MATHEMATUM AC PHILOSOPHIÆ PROFESSORE PRIMARIO IN ACADEMIA MARBURGENSI, PROFESSORE PETROPOLITANO HONORARIO, ACADEMIÆ REGIÆ SCIENTIARUM PARISINÆ, SOCIETATUMQVE REGIARUM BRITANNICÆ ATQVE BORUSSICÆ MEMBRO.

EDITIO NOVA PRIORI EMENDATIOR.
CUM PRIVILEGIIS.

FRANCOFURTI & LIPSIÆ, MDCCXXXVIII.
PROSTAT IN OFFICINA LIBRARIA RENGERIANA.

Nr. 11

II. Ein junger Metaphysiker (1753 - 1755)

12

Brief von Friedrich Nicolai an Johann Peter Uz, 26. März 1759. Fotografie.
Staatsbibliothek Preußischer Kulturbesitz Berlin, Handschriftenabteilung: Nachlaß Nicolai, Bd. 76 (eingebunden).

5 Seiten. 8°. - Ausgabe: Eva J. Engel: Friedrich Nicolai an Johann Peter Uz: Ein frühes Zeugnis zu Moses Mendelssohns 'Lehrjahren', in: Mendelssohn-Studien 6 (1986), S. 25 - 40.

Ausgestellt: S. 2 und 3.

Der Brief ist eines der wichtigsten frühen Zeugnisse für Mendelssohns Biographie. Nicolai schreibt u.a.: "Herr Moses hält sich zur Synagoge und warum solte er dieses nicht thun? - Er ist eines der grösten Genies die Deutschland ie gehabt, die Geschichte seiner Zunahme in den Wißenschaften überzeugt mich recht sehr von der unnützl[ich]keit unseres Universitätsstudirens - Hr. Moses hat keiner mündlichen Unterweisung etwas zu danken. Er ist aus Deßau gebürtig, und konte bis in sein vierzehntes Jahr keine Sprache als hebräisch, ia nicht einmahl recht Deutsch lesen."

Vgl. Gesammelte Schriften Bd. 5, S. 205 (Nicolai): "Dem vortrefflichen Moses ward es anfänglich sehr schwer, sich in deutscher Sprache geschmeidig auszudrücken. Er arbeitete unglaublich, um die Natur dieser Sprache, die ihm gar nicht Muttersprache war, nach und nach recht zu fassen." Johann Gottfried Herder (Sämtliche Werke, hrsg. von Bernhard Suphan. Bd. 22, Berlin 1880 [Nachdruck Hildesheim 1967], S. 305) sollte später sagen: "... forthin darf niemand sich einer Sprache schämen, in der Lessing und Mendelsohn schrieben."

In Nicolais Brief von 1759 heißt es weiter: In Berlin "studirte er Tag und Nacht, und wuste von der ganzen übrigen Welt nichts. Er studirte auch aus hebräischen Schriften die Philosophie und Mathematik. Die ersten christlichen Schriften, die ihm zu gesichte kamen, waren Wiedeburgs Mathematik und Locke vom Menschlichen Verstande. Diese laß er, denn er hatte für

sich in kurzer Zeit lateinisch französisch und engländisch gelernet. Von einem Juden Hr. D Gumpertz (einem guten Mathematico) lernte er Wolfen kennen, deßen sämtliche lateinische Schriften er mit großem Bedachte durchgelesen welches sich wenige werden anrühmen können." 1774 schrieb Mendelssohn selbst in einem Brief (Jubiläumsausgabe Bd. 12.2, S. 45): "Übrigens bin ich nie auf einer Universität gewesen, habe auch in meinem Leben kein Collegium lesen hören. Dieses war eine der größten Schwierigkeiten, die ich übernommen hatte, indem ich alles durch Anstrengung und eigenen Fleiß erzwingen mußte."

Von den ohngefähren Zufällen.
(16 März 1753.)

Man macht insgemein diesen Einwurf wider den weisen Urheber der Natur: würden wir nicht glücklicher seyn, wenn wir nicht den ohngefähren Zufällen unterworfen wären? d. i. nach seinem rechten Verstande: wenn uns nichts unerwartetes begegnet wäre? Denn das Unerwartete oder Unvorhergesehene nennen wir ein Ohngefähr. Allein soll uns nichts unvorhergesehenes begegnen, so müssen entweder unsere Wünsche, oder die Natur und Verknüpfung der Dinge geändert werden. Das Unerwartete ist dasjenige, dessen Erfolg wir nicht aus dem, was in unserer Seele anzutreffen war, haben vorher schließen können. Wir hätten also im ersten Falle den ganzen Zusammenhang der Dinge einsehen müssen, d. h. Gott hätte uns allwissend machen sollen. Im andern Falle aber sieht ein Jeder ein, daß die Natur nach den Wünschen aller Menschen zusammen genommen hätte gebildet werden sollen. Wäre wohl in einer solchen Welt Wahrheit anzutreffen gewesen? — Nein! Wir hätten Gottes Allmacht bewundert, ohne uns von seiner Weisheit belehren zu lassen.

Die Glücksfälle, die natürlichen Begebenheiten nämlich, die uns unerwartet zu unserm Zwecke leiten, sind von der Natur der Wunderwerke. Diese sind Begebenheiten in der Welt, welche die Allmacht, nicht aber jederzeit die Weisheit Gottes verkündigen. Ein Weiser also, der von dem Daseyn einer obersten

Nr. 13

39

13

Moses Mendelssohn: Von den ohngefähren Zufällen (16. März 1753). In: Moses Mendelssohn's gesammelte Schriften, hrsg. von G.[eorg] B.[enjamin] Mendelssohn. Bd. 4.1. - Leipzig 1844: F.A. Brockhaus, S. 61 - 63. HAB: Töpfer 257

Ausgabe: Jubiläumsausgabe Bd. 2, S. 3-5.

Der unvollendete kleine Aufsatz ist der früheste datierte deutsche Text von Mendelssohn, der uns erhalten ist. (Der früheste erhaltene Brief von Mendelssohn wird auf Anfang 1754 datiert.) Schon in ihm tritt die gedankliche Konstellation vieler seiner Frühschriften deutlich zu Tage: Die Arbeit der (französischen) Philosophen der Berliner Akademie, die von einer gegen Wolff und Leibniz gerichteten Tendenz geprägt war, rief Mendelssohns Widerspruch hervor. Im vorliegenden Fall verteidigt Mendelssohn, auf Wolff gestützt, die Annahme einer göttlichen Vorsehung gegen den Einwand, sie lasse sich durch die Tatsache des 'sinnlosen Zufalls' widerlegen. Es handelt sich also um ein Stückchen Theodizee (vgl. Katalog-Nr. 7).

Der erste Absatz lautet (a.a.O., S. 3): "Man machet insgeheim diesen Einwurf wider den weisen Urheber der Natur: würden wir nicht glücklicher seyn, wenn wir nicht den ohngefähren Zufällen unterworfen wären? d.i. nach seinem rechten Verstande: wenn uns nichts unerwartetes begegnet wäre? Denn das Unerwartete oder Unvorhergesehene nennen wir ein Ohngefähr. Allein soll uns nichts unvorhergesehenes begegnen, so müssen entweder unsere Wünsche, oder die Natur und Verknüpfung der Dinge geändert werden. Das Unerwartete ist dasjenige, dessen Erfolg wir nicht aus dem, was in unserer Seele anzutreffen war, haben vorher schließen können. Wir hätten also im ersten Falle den ganzen Zusammenhang der Dinge einsehen müssen, d.h. Gott hätte uns allwissend machen sollen. Im anderen Falle aber siehet ein jeder ein, daß die Natur nach den Wünschen aller Menschen zusammengenommen hätte gebildet werden sollen. Wäre wohl in solcher Welt Warheit anzutreffen gewesen? - Nein! Wir hätten Gottes Allmacht bewundert, ohne uns von seiner Weisheit belehren zu lassen."

14

Brief von Mendelssohn an Aron Emmerich Gumpertz, Ende Juni 1754. Der Brief wurde von Lessing in seinem Aufsatz "Ueber das Lustspiel / die Juden, im vierten Theile der Leßingschen Schriften" abgedruckt; dieser Aufsatz findet sich in: Gotth. Ephr. Leßings Theatralische Bibliothek. Erstes Stück. - Berlin 1754: Christian

Nr. 14

Friederich Voß, S. 279 - 291 (Mendelssohns Brief: S. 284 - 290). HAB: Lo 4578

8°. Meyer Nr. 382. - Erste Veröffentlichung eines Textes von Mendelssohn. - Ausgabe: Gotthold Ephraim Lessings sämtliche Schriften. Hrsg. von Karl Lachmann. 3. Aufl., besorgt durch Franz Muncker. Bd. 6, Stuttgart 1890 (Nachdruck Berlin 1968), S. 159 - 166; S. 162 - 166. Jubiläumsausgabe Bd. 11, S. 9 - 13.

In seinem Lustspiel "Die Juden" von 1749 erhob Lessing die ernste Forderung nach Toleranz im Gewand einer leichtgewichtigen Komödie. Er ließ darin einen moralisch vorbildlichen Juden auftreten, um klarzumachen, daß es sowohl bei den Juden als auch bei den Christen Gute und Böse gebe (Altmann, S. 40). Der berühmte

ſes zu glauben, die Juden näher kennen, als aus dem lüderlichen Geſindel, welches auf den Jahrmärkten herumſchweift. — — Doch ich will lieber hier einen andern reden laſſen, dem dieſer Umſtand näher an das Herz gehen muß; einen aus dieſer Nation ſelbſt. Ich kenne ihn zu wohl, als daß ich ihm hier das Zeugniß eines eben ſo witzigen, als gelehrten und rechtſchafnen Mannes verſagen könnte. Folgenden Brief hat er bey Gelegenheit der Göttingiſchen Erinnerung, an einen Freund in ſeinem Volke, der ihm an guten Eigenſchaften völlig gleich iſt, geſchrieben. Ich ſehe es voraus, daß man es ſchwerlich glauben, ſondern vielmehr dieſen Brief für eine Erdichtung von mir halten wird; allein ich erbiethe mich, denjenigen, dem daran gelegen iſt, unwiderſprechlich von der Authenticität deſſelben zu überzeugen. Hier iſt er.

Mein Herr,

„Ich überſchicke Ihnen hier, das 70 Stück „der Göttingſchen gelehrten Anzeigen. Leſen Sie „den Artickel von Berlin. Die Herren Anzei- „ger recenſiren den 4ten Theil der Leßingſchen „Schriften, die wir ſo oft mit Vergnügen gele- „ſen haben. Was glauben Sie wohl, daß ſie „an dem Luſtſpiele, die Juden, ausſetzen? Den „Hauptcharakter, welcher, wie ſie ſich ausdrücken, „viel zu edel und viel zu großmüthig iſt. Das „Vergnügen, ſagen ſie, daß wir über die Schön-
                            „heit

„heit eines ſolchen Charakters empfinden, wird „durch deſſen Unwahrſcheinlichkeit unterbrochen, „und endlich bleibt in unſrer Seele nichts, als „der bloſſe Wunſch für ſein Daſeyn übrig. „Dieſe Gedancken machten mich ſchamroth. „Ich bin nicht im Stande alles auszudrücken, „was ſie mich haben empfinden laſſen. Welche „Erniedrung für unſere bederngte Nation! Wel- „che übertriebene Verachtung! Das gemeine „Volck der Chriſten hat uns von je her als den „Auswurf der Natur, als Geſchwüre der menſch- „lichen Geſellſchaft angeſehen. Allein von ge- „lehrten Leuten erwartete ich jederzeit eine billi- „gere Beurtheilung; von dieſen vermuthete ich „die uneingeſchränkte Billigkeit, deren Mangel „uns insgemein vorgeworfen zu werden pflegt. „Wie ſehr habe ich mich geirrt, als ich einem „jeden Chriſtlichen Schriftſteller ſo viel Aufrich- „tigkeit zutrauete, als er von andern fordert. „In Wahrheit! mit welcher Stirne kann ein „Menſch, der noch ein Gefühl der Redlichkeit „in ſich hat, einer ganzen Nation die Wahr- „ſcheinlichkeit abſprechen, einen einzigen ehrlichen „Mann aufweiſen zu können? Einer Nation, „aus welcher, wie ſich der Verfaſſer der Juden „ausdrückt, alle Propheten und die gröſſeſten „Könige aufſtanden? Iſt ſein grauſamer Rich- „terſpruch gegründet? Welche Schande für das „menſchliche Geſchlecht! Ungegründet? Welche „Schande für ihn!

                       S 5   „Iſt

Nr. 14

Göttinger Orientalist und Theologe Johann David Michaelis (vgl. Katalog-Nr. 35, 92, 108, 120) bezweifelte in seiner Besprechung von Lessings Lustspiel, daß ein so vollkommener Charakter eines Juden, wie er hier dargestellt werde, wahrscheinlich sei. Gegen diese Besprechung wendete sich Mendelssohn in seinem Brief, den er an seinen Mentor Gumpertz (vgl. Katalog-Nr. 21) schrieb. Lessing gab den Brief in einem Aufsatz, mit dem er sein Stück verteidigte, anonym wieder. Die Authentizität des Briefes beteuerte er hier wie auch in seinem Brief an Michaelis vom 16. Oktober 1754 (Lachmann-Muncker Bd. 17, S. 39 - 41; S. 40): "Er ist wirklich ein Jude, ein Mensch von etlichen zwanzig Jahren, welcher ohne alle Anweisung in Sprachen, in der Mathematik, in der Weltweisheit, in der Poesie, eine grosse Stärke erlangt hat. Ich sehe ihn im voraus als eine Ehre seiner Nation an, wenn ihn anders seine eigne Glaubensgenossen zur Reiffe kommen lassen, die allezeit ein unglücklicher Verfolgungsgeist wider Leute seines gleichen getrieben hat. Seine Redlichkeit und sein philosophischer Geist läßt mich ihn im voraus als einen zweyten Spinoza betrachten, dem zur völligen Gleichheit mit dem ersten nichts, als seine Irrthümer, fehlen werden."

Aus Mendelssohns Brief (Jubiläumsausgabe Bd. 11, S. 10 und 11): "In Wahrheit! mit welcher Stirne kann ein Mensch, der noch ein Gefühl der Redlichkeit in sich hat, einer ganzen Nation die Wahrscheinlichkeit absprechen, einen einzigen ehrlichen Mann aufweisen zu können? Einer Nation, aus welcher, wie sich der Verfasser der Juden ausdrückt, alle Propheten und die grössesten Könige aufstanden? Ist sein grausamer Richterspruch gegründet? Welche Schande für das menschliche Geschlecht! Ungegründet? Welche Schande für ihn!

Ist es nicht genug, daß wir den bittersten Haß der Christen auf so manche grausame Art empfinden müssen; sollen auch diese Ungerechtigkeiten wider uns durch Verleumdungen gerechtfertiget werden?

Man fahre fort uns zu unterdrücken, man lasse uns beständig mitten unter freyen und glückseligen Bürgern eingeschränckt leben, ja man setze uns ferner dem Spotte und der Verachtung aller Welt aus; nur die Tugend, den eintzigen Trost bedrengter Seelen, die einzige Zuflucht der Verlassenen, suche man uns nicht gänzlich abzusprechen.

...

Sollte diese Recension, diese grausame Seelenverdammung nicht aus der Feder eines Theologen geflossen seyn? Diese Leute denken der Christlichen Religion einen grossen Vorschub zu thun, wenn sie alle Menschen, die keine Christen sind, für Meichelmörder und Strassenräuber erklären. Ich bin weit entfernt, von der Christlichen Religion so schimpflich zu denken; das wäre ohnstreitig der stärkste Beweis wider ihre Wahrhaftigkeit, wenn man sie festzustellen alle Menschlichkeit aus den Augen setzen müßte."

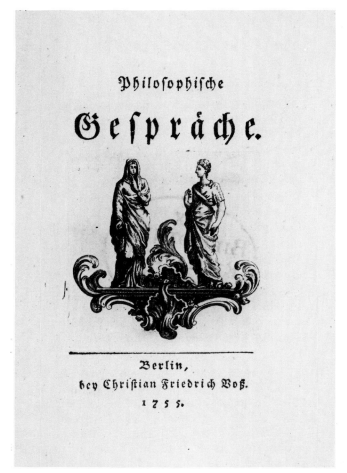

Nr. 15

15

[Moses Mendelssohn:] Philosophische Gespräche.-Berlin 1755: Christian Friedrich Voß.
Niedersächsische Staats- und Universitätsbibliothek Göttingen: 8° Philos IV 8567.

108 S. kl.8°. Erstausgabe. Meyer Nr. 79.- Ausgabe: Jubiläumsausgabe Bd. 1, S. 1 - 39, 335 - 377. - Literatur: Frühschriften S. 1 - 84. Dominique Bourel: La purification du Spinozisme chez Mendelssohn, in: Archivio di Filosofia (Padova) 1978 (Lo Spinozismo iere e oggi), S. 133 - 145. David Bell: Spinoza in Germany from 1670 to the Age of Goethe, London 1984 (Bithell Series of Dissertations 7) S. 24 ff.

Der Sohn des Ghettos, der zeitlebens der jüdischen Tradition treu bleiben sollte, wurde mit diesem Buch über Nacht zu einem philosophischen Schriftsteller deutscher Zunge, der die metaphysische Diskussion der deutschen Aufklärung bereicherte. Das Buch behandelt in Gesprächsform Lehren von Leibniz. Dessen 'prästabilierte Harmonie' war gelegentlich als spinozistisch denunziert worden. Mendelssohn übernahm diesen

Ansatz, wendete ihn aber ins Positive: Die 'prästabilierte Harmonie' der Welt sei zutreffend, und Leibniz habe sie von Spinoza übernommen. Zwar ist das historisch falsch, aber: "Der Mut, mit dem er die 'Rettung' Spinozas verfocht, sollte ihre Wirkung nicht verfehlen. Die neue Einstellung zu Spinoza, die in den achtziger Jahren des 18. Jahrhunderts spürbar ist, darf auch auf den gerade damals wirksam werdenden Einfluß der 'Philosophischen Gespräche' von 1755 als einen der Faktoren zurückgeführt werden" (Frühschriften, S. 27). Mutig wies Mendelssohn auch die Leibniz-Kritik zweier Mitglieder der Akademie zurück. - Textauszug (Jubiläumsausgabe Bd. 1, S. 10 und 11):

"PHILOPON
Wie wunderbar ist es mit dem menschlichen Verstande beschaffen! S p i n o s a geräth durch irrige und abgeschmackte Grundsätze fast auf eben die Meinung, auf welche L e i b n i t z e n die richtigsten und gesundesten Begriffe von Gott und der Welt geleitet haben ... Wissen Sie, daß Sie mich nunmehr in eine ziemliche Verlegen-

heit wegen der Aufrichtigkeit unsers L e i b n i t z gesetzt haben? Wie hat er zugeben können, daß ihm die gelehrte Welt zu dieser Entdeckung Glück wünschte, da er doch wußte, daß sie ihm nicht allein zugehörte.

NEOPHIL
So unanständig dieses Verfahren einem Weltweisen, als L e i b n i t z war, bey allen andern Gelegenheiten gewesen wäre; so glaube ich gleichwohl, daß er in diesem Falle zu entschuldigen sey. ... Sagen Sie mir, würden diese Leute, wenn es L e i b n i t z frey gestanden, daß er das Wesentliche seiner Harmonie von dem S p i n o s a entlehne, würden diese Leute, nicht schon in dem Namen S p i n o s a, die Widerlegung derselben zu finden, geglaubt haben? Ganz gewiß ...".

Nr. 16

16

Baruch (Benedictus) de Spinoza. Brustbild nach links mit langem dunklem Haar. Öl auf Leinwand. Holländisch, alte Kopie des Gemäldes im Haag.
HAB: B 117

Oval, 77 x 62 cm.

Baruch de Spinoza (1632 - 1677) wurde von der Mathematik und Naturwissenschaft seiner Zeit, besonders aber von Descartes tief beeinflußt. Die jüdische Gemeinde seiner Vaterstadt Amsterdam belegte ihn 1656 wegen religiöser Irrlehren mit dem Bannfluch. Zurückgezogen lebend, stand er dennoch mit führenden Gelehrten seiner Zeit (z. B. Leibniz) in Verbindung. 1673 erhielt er einen Ruf an die Unversität Heidelberg, den er aber ablehnte. - In seinem streng nach geometrischer Methode aufgebauten System lehrte Spinoza den 'Pantheismus', d. h. die Identität von Gott und Natur: Gott ist die einzige, unendliche Substanz, alle endlichen Erscheinungen sind Daseinsweisen dieser einen unteilbaren Substanz. (Ein jenseitiger Gott scheidet damit aus.) Ein Ding erkennt man dann, wenn man das Einzelne im Ganzen schaut, d. h. als ewig und notwendig aus Gott.
 Literatur: Baruch de Spinoza, 1677 - 1977. Werk und Wirkung, bearbeitet von Wilhelm Schmidt-Biggemann, Wolfenbüttel 1977 (Ausstellungskataloge der Herzog August Bibliothek 19). Hubertus G. Hubbeling: Spinoza, Freiburg und München 1978. Spinozas Ethik und ihre frühe Wirkung, hrsg. von Conrad Cramer, Wilhelm G. Jacobs und Wilhelm Schmidt-Biggemann, Wolfenbüttel 1981 (Wolfenbütteler Forschungen 16). Rainer Specht: Baruch Spinoza (1632 - 1677), in: Klassiker der Philosophie, hrsg. von Otfried Höffe. Bd. 1: Von den Vorsokratikern bis David Hume, München 1981, S. 338 - 359, 499 - 501. Spinoza in der Frühzeit seiner

religiösen Wirkung, hrsg. von Karlfried Gründer und Wilhelm Schmidt-Biggemann, Heidelberg 1984 (Wolfenbütteler Studien zur Aufklärung 12).

17

[Moses Mendelssohn:] über die Empfindungen. - Berlin 1755: Christian Friedrich Voß.
HAB: Vb 428

210, [6] S. kl.8°. Erstausgabe. Meyer Nr. 80. - Ausgabe: Jubiläumsausgabe Bd. 1, S. 41 - 123, 233 - 334. - Literatur: Frühschriften S. 85 - 183. Gerd Gnewuch: Moses Mendelssohns Stellung zum Selbstmord, in: Jahrbuch für brandenburgische Landesgeschichte 18 (1967), S. 121 - 126. Meier Bd. 1, S. 61 ff. Gerhard Sauder: Mendelssohns Theorie der Empfindungen im zeitgenössischen Kontext, in: Humanität und Dialog: Lessing und Mendelssohn in neuer Sicht. Beiträge zum Internationalen Lessing-Mendelssohn-Symposium, veranstaltet im November 1979 in Los Angeles, Kalifornien. Beiheft zum Lessing Yearbook, hrsg. von Ehrhard Bahr, Edward P. Harris und Laurence G. Lyon, Detroit und München 1982, S. 237 - 248.

In seinen Briefen "über die Empfindungen" setzte sich Mendelssohn mit der Ästhetik Johann Georg Sulzers

über die

Empfindungen.

BERLIN,
bey Christian Friedrich Voß.
1755.

Nr. 17

schaften über die Vernunft? Soll also das Laster selbst zu seiner eigenen Entschuldigung dienen? ...

Du irst dich, edler Jüngling! wenn du glaubst, der Selbstmord drücke das Siegel auf die moralische Güte eines Charakters. Nicht auf die moralische Güte überhaupt. Die Schaubühne hat ihre besondere Sittlichkeit. Im Leben ist nichts sittlich gut, das nicht in unsrer Vollkommenheit gegründet ist; auf der Schaubühne hingegen, ist es alles, was in der heftigen Leidenschaft seinen Grund hat. Der Zweck des Trauerspiels ist Leidenschaften zu erregen. Daher ist der Selbstmord theatralisch gut." (Jubiläumsausgabe Bd. 1, S. 93 und 94).

Im November 1755 schrieb Sulzer an Johann Jakob Bodmer, er habe "einen ebräischen Jüngling kennen gelernt, einen starkdenkenden Kopf. Er hat die *Briefe über die Empfindungen* geschrieben, die ich Ihnen zuschicke. Dieser Beschnittene soll mir Ramlern, den ich sehr selten sehe, zehnfach ersetzen." (Richard Daunicht: Lessing im Gespräch. Berichte und Urteile von Freunden und Zeitgenossen, München 1971, S. 90; vgl. S. 99).

18

[Gotthold Ephraim Lessing und Moses Mendelssohn:] Pope ein Metaphysiker! - Danzig 1755: Johann Christian Schuster.
HAB: Lo 4634

[4], 60 S. 8°. Erstausgabe. Meyer Nr. 84. - Ausgabe: Jubiläumsausgabe Bd. 2, S. 43 - 80. - Literatur: Frühschriften S. 184 - 208. Peter Michelsen: Ist alles gut? Pope, Mendelssohn und Lessing (Zur Schrift "Pope ein Metaphysiker!"), in: Mendelssohn-Studien 4 (1979), S. 81 - 109.

1753 stellte die Akademie unter dem maßgeblichen Einfluß ihres Präsidenten Maupertuis die Preisfrage, man solle das System von Alexander Pope, wie es in dem Satz "Alles ist gut" (aus Popes Lehrgedicht "Versuch über den Menschen") enthalten sei, darstellen und prüfen sowie die Gemeinsamkeiten und Unterschiede dieses Systems im Vergleich mit dem System des Optimismus deutlich machen und dieses System schließlich begründen oder widerlegen. - Ohne daß der Name fiel, war mit dem 'System des Optimismus' eindeutig Leibniz (vgl. Katalog-Nr. 7) gemeint. Die beiden jungen Freunde und ihre Zeitgenossen verstanden die Preisaufgabe als Aufforderung, die Leibniz-Wolffische Philosophie anzugreifen; dieser Intention setzten sie ihre (nicht eingereichte) Streitschrift entgegen, in der sie zwischen den Aufgaben des Dichters (Pope) und des Philosophen (Leibniz) unterschieden, um die Fragestellung der Akademie schon im Ansatz zurückzuweisen. Sie schrieben (a.a.O., S. 61):

auseinander, also wiederum mit einem Akademiker. Sulzers Vollkommenheitsästhetik wird durch den Gedanken, Vollkommenheit und Schönheit voneinander zu trennen, kritisiert. - Das Problem einer Entschuldigung des Selbstmordes (die von den Akademikern Maupertuis, d'Argens und Formey in Grenzen vertreten wurde) wird von Mendelssohn klar und kunstvoll aufgearbeitet und überzeugend gelöst. Alle denkbaren Rechtfertigungsgründe des Selbstmordes werden zurückgewiesen; seine Darstellung auf der Bühne ist andererseits aber "theatralisch gut": "Die Heftigkeit der Leidenschaft, die den zum Selbstmord entschlossenen foltert, kann uns einiges Mitleid über sein trauriges Schicksal abnöthigen, aber der Zuläßigkeit seiner Handlung kein Gewicht geben. Was soll die Schande seiner begangenen Uebelthat von ihm abwältzen? 'Die Leidenschaft hat seine Vernunft überwältigt?' Was nennt man sonst Laster, als die Tyranney der Leiden-

Pope

ein

Metaphysiker!

Danzig,
bey Johann Christian Schuster.
1755.

Nr. 18

Vorbericht.

Man würde es nur vergebens leugnen wollen, daß gegenwärtige Abhandlung durch die neuliche Aufgabe der Königl. Preußischen Akademie der Wissenschaften, veranlaßt worden; und daher hat man auch diese Veranlassung selbst nirgends zu verstecken gesucht. Allein wenn der Leser deßwegen an eine Schöne denken wollte, die sich aus Verdruß dem Publico Preiß giebt, weil sie den Bräutigam, um welchen sie mit ihren Gespielinnen getanzt, nicht erhalten; so würde er ganz gewiß an eine falsche Vergleichung denken. Die Akademischen Richter werden es am besten wissen, daß ihnen diese Schrift keine Mühe gemacht hat. Es fanden sich Umstände welche die Einschickung derselben verhinderten, die aber ihrer Bekanntmachung durch den Druck nicht zuwieder sind. Nur einen von diesen Umständen zu nennen = = Sie hat zwey Verfasser, und hätte daher unter keinem ändern Sinnspruche erscheinen können, als unter diesem:

Compulerant – greges Corydon & Thyrsis in unum.

Gesetzt nun, sie wäre gekrönt worden! Was für Streitigkeit würde unter den Urhebern entstanden seyn! Und diese wollten gerne keine unter sich haben.

)(2   Auf=

"Wenn ich der Akademie andre Absichten zuschreiben könnte, als man einer Gesellschaft, die zum Aufnehmen der Wissenschaften bestimmt ist, zuschreiben kann; so würde ich fragen: ob man durch diese befohlene Vergleichung mehr die Popischen Sätze für philosophisch, oder mehr die Leibnitzischen Sätze, für poetisch habe erklären wollen?

Doch wie gesagt, ich kann meine Frage sparen, und mich immer zu der Vergleichung selbst wenden. Aufs höchste möchte eine gar zu übertriebene Meinung von dem, mehr als menschlichem, Geiste des Engländers zum Grunde liegen."

19

Gotthold Ephraim Lessing. Brustbild nach rechts im roten Rock und roter Weste. Ölgemälde auf Leinwand von Anton Graff. Replik oder alte Kopie. Um 1771. HAB: B 119

56,5 x 47 cm. - Literatur: Ekhart Berckenhagen, Anton Graff. Leben und Werk. Berlin 1967, S. 244, Nr. 870 (vgl. S. 243, Nr. 867). - Als Lessing sein Porträt sah, rief er aus: "Sehe ich den so verteufelt freundlich aus?" (Richard Daunicht: Lessing im Gespräch. Berichte und Urteile von Freunden und Zeitgenossen. München 1971, S. 311). - Zu Graff (1736 - 1813) vgl. Katalog-Nr. 80.

45

Nr. 19

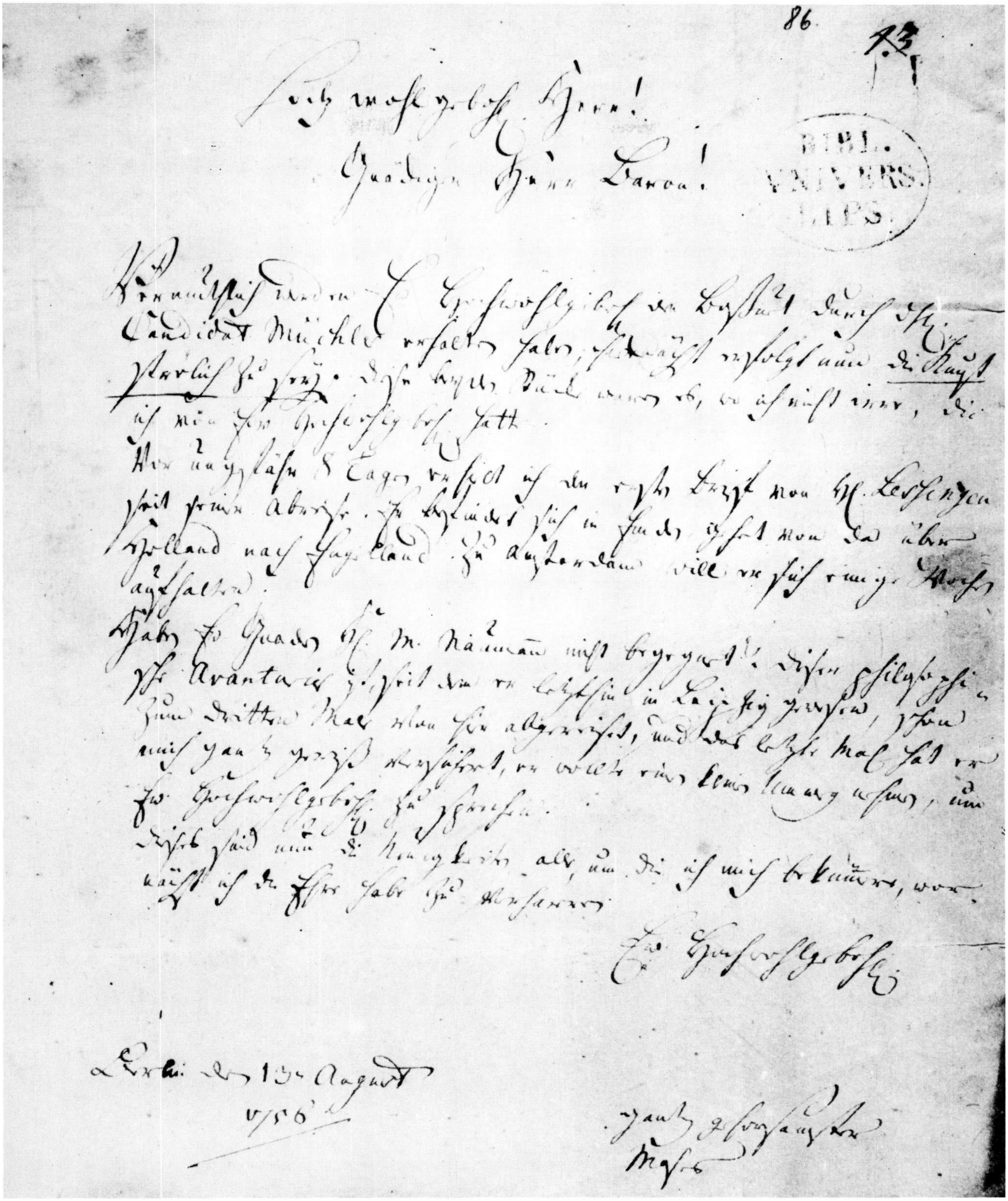
Hochwohlgebohrner Herr!
Gnädiger Herr Baron!

Vermuthlich werden Ew. Hochwohlgebohren den Brief durch den Candidat Müchler erhalten haben, [illegible] ich nicht immer, die ich von Ew. Hochwohlgebohren hatte.

Vor ungefähr 8 Tagen erhielt ich den ersten Brief von H. Lessingen seit seiner Abreise. Er befindet sich in [illegible] von da über Holland nach England. In Amsterdam will er sich einige Wochen aufhalten.

Haben Ew. Gnaden H. M. Naumann nicht begegnet? Dieser Philosoph ist Avanturier [illegible] letzthin in Leipzig gewesen, zum dritten Mal schon hier abgereist, und das letzte Mal hat er mich gantz gewiß angeführt, er wollte eine kleine Wanderung machen, um Ew. Hochwohlgebohren zu sprechen.

Dieses sind nun die Neuigkeiten alle, um die ich mich bekümmere, worauf ich die Ehre habe zu verharren

Ew. Hochwohlgebohren

Berlin den 13. August 1756

gantz gehorsamster
Moses

Nr. 20

Anläßlich von Lessings Tod schrieb Mendelssohn 1781 an Lessings Bruder Karl Gotthelf: (Jubiläumsausgabe Bd. 13, S. 6): "Mit gerührtem Herzen dank' ich der Vorsehung für die Wohlthat, daß sie mich so früh, in der Blüthe meiner Jugend, hat einen Mann kennen lassen, der meine Seele gebildet hat, den ich bey jeder Handlung, die ich vorhatte, bey jeder Zeile, die ich hinschreiben sollte, mir als Freund und Richter vorstellte, und den ich mir zu allen Zeiten noch als Freund und Richter vorstellen werde, so oft ich einen Schritt von Wichtigkeit zu thun habe."

Daran schließt sich eine Äußerung von 1783 an (Jubiläumsausgabe Bd. 10.1, S. 5): "Ich bin gewohnt, bey jeder Ausarbeitung, die ich unter Händen habe, mir einen Freund zum Leser zu denken, dem ich vorzüglich zu gefallen strebe. In philosophischen Dingen war es unser Freund *Leßing* -, ist und bleibt es unser Freund *Leßing*, so lange noch Odem in mir ist, nach dessen Beyfall und Aufmunterung ich ringe. Denn ob ihn gleich der Eifer für die *Freyheit der Untersuchung* nur allzufrüh aufgerieben hat; so wird er doch für mich nie tod seyn, meinem Geiste immer gegenwärtig bleiben, und ich werde bey jeder Zeile, die ich in philosophischen Sachen niederschreibe, mich immer noch fragen: *Würde Leßing dieses billigen?*"

Literatur zu Lessing (1729 - 1781): Gotthold Ephraim Lessing, hrsg. von Gerhard und Sibylle Bauer, Darmstadt 1968 (Wege der Forschung 211). Karl S. Guthke: Gotthold Ephraim Lessing, Stuttgart [3]1979 (Sammlung Metzler 65). Lessing in heutiger Sicht. Beiträge zur Internationalen Lessing-Konferenz, Cincinnati, Ohio 1976, hrsg. von Edward P. Harris und Richard E. Schade, Bremen und Wolfenbüttel 1977. Humanität und Dialog: Lessing und Mendelssohn in neuer Sicht. Beiträge zum Internationalen Lessing-Mendelssohn-Symposium, veranstaltet im November 1979 in Los Angeles, Kalifornien. Beiheft zum Lessing Yearbook, hrsg. von Ehrhard Bahr, Edward P. Harris und Laurence G. Lyon, Detroit und München 1982.

20

Brief von Mendelssohn an Georg August von Breitenbauch, 13 August 1756. Autograph. Fotografie. Karl-Marx-Universität Leipzig, Handschriftenabteilung: Sammlung Roemer

Ein Blatt 21 x 17,2 cm. Unveröffentlicht.

Der Brief zeigt keinen Abschiedsschmerz über Lessings Weggang aus Berlin, sondern verweist auf die Fortsetzung der Diskussion durch den brieflichen Austausch (vgl. Jubiläumsausgabe Bd. 11, S. 407, zu Nr. 26).

Textauszug: "Vor ungefähr 8 Tagen erhielt ich den ersten Brief von H. Leßingen seit seiner Abreise. Er befindet sich in Emden, gehet von da über Holland nach Engelland. Zu Amsterdam will er sich einige Wochen aufhalten ..."

Zum Adressaten des Briefes vgl. Gesammelte Schriften Bd. 5, S. 207 - 210 (Nicolai).

III. Erweiterung des Horizontes (1756)

21

Pierre Louis Moreau de Maupertuis. Brustbild nach links mit Pelzmütze und Pelzkragen. Kupferstich von Conrad Westermayr (1765 - 1834).
HAB: P I 8700

6,6 x 5,2 cm. Thieme-Becker Bd. 35, S. 449 f. Der Stich geht auf das Gemälde von Robert Tournières (1667 - 1752; Thieme-Becker Bd. 33, S. 323 f.) zurück.

Maupertuis (1698 - 1759) war Physiker, Mathematiker und Philosoph. Schon 1731 in die Pariser Akademie der Wissenschaften berufen, leitete er 1736 die erste Gradmessung in Lappland, mit der er Newtons These, die Erde sei abgeplattet, beweisen konnte. Er trug maßgeblich dazu bei, daß der Einfluß Descartes' in Frankreich von den Lehren Newtons abgelöst wurde. Friedrich II. gelang es, Maupertuis als Reorganisator der Akademie und als deren Präsidenten (ab 1746) an Berlin zu binden, vgl. Adolf Harnack: Geschichte der Königlich Preussischen Akademie der Wissenschaften zu Berlin. 2 Bde. (in 3), Berlin 1900 (Nachdruck Hildesheim, New York 1976). Obwohl selbst stark von Leibniz beeinflußt, geriet er in Streit mit den deutschen Leibniz-Anhängern; 1756 legte er die Präsidentschaft der Akademie nieder und übersiedelte nach Basel.
Ausgabe: Oeuvres, hrsg. von Giorgio Tonelli. 4 Bde., Hildesheim, New York 1965 - 1974, Bd. 1 (1974), S. XXIV - LVIII: Bibliographie. - Weitere Literatur: Actes de la journée Maupertuis, Créteil, 1.12.1973, Paris 1975.
Mendelssohns Kontakte zu Maupertuis (wie auch zu vielen anderen Berliner Gelehrten) wurden durch seinen hochbegabten Mentor Aron Emmerich Gumpertz (1723 - 1769) geknüpft, der schon in der Zeit, als er Sekretär des Marquis d' Argens war (ca. 1745 - 47; vgl. Katalog-Nr. 22), dem Akademiepräsidenten als Sekretär gedient hatte. 1750 - 51 studierte er in Frankfurt an der Oder Medizin; die Dissertation ist Maupertuis gewidmet. 1752 - 1754 (ca.) genoß er im Hause Maupertuis eine Vertrauensstellung, die ihm die weitere gesellschaftliche Förderung Mendelssohns ermöglichte.

Nr. 21

Etwa 1761 zog Gumpertz nach Hamburg (Altmann S. 23 ff. aufgrund von David Kaufmann und Max Freudenthal, Die Familie Gomperz. Frankfurt am Main 1907, S. 164 - 200: Ahron Emmerich-Gumpertz, der Lehrer Moses Mendelssohns).
Johann Wilhelm Ludwig Gleim schrieb 1756 an Johann Peter Uz: "Der Verfaßer der philosophischen Gespräche und des Werckchens, über die Empfindungen, ist kein erdichteter, sondern ein würcklicher Jude, noch sehr jung, und von einem treflichen Genie, der es,

ohne Lehrer, in allen Wißenschaften sehr weit gebracht hat, die Algebra zum Zeitvertreib gebraucht, wie wir die Poesie, und doch von Jugend auf, in einer jüdischen Handlung sein Brod verdienet hat. So viel hat mir Herr Leßing von ihm gesagt. Sein Nahme ist Moses. Maupertuis hat von ihm gescherzt, es fehle ihm, ein großer Mann zu seyn, nichts, als ein wenig Vorhaut" (Richard Daunicht: Lessing im Gespräch. Berichte und Urteile von Freunden und Zeitgenossen, München 1971, S. 89).

22

Jean-Baptiste de Boyer, Marquis d' Argens. Brustbild nach links. Kupferstich von Étienne Desrochers (1668 - 1741) nach Theodor (?) van Pee (1668 - 1746). 1725 oder früher.
HAB: P I 372.1

15,6 x 10,8 cm. Thieme-Becker Bd. 9, S. 150; Bd. 26, S. 346. - Unter dem Porträt die Strophe:
"Au métier de la Guerre unissant les beaux Arts,
Mes écrits sont remplis de cette hardiesse,
De ce feu, de cette noblesse,
Qui conviennent si bien aux Enfans du Dieu Mars."
(Während des Handwerks des Krieges, der die schönen Künste vereinigt,
sind meine Schriften von jener Kühnheit erfüllt,
von jenem Feuer, jener Vornehmheit,
die so gut zu den Kindern des Gottes Mars passen.)

Den freigeistigen Kritiker d'Argens (1704 - 1771), der 1734 nach Holland gezogen war, ernannte Friedrich II. zum Direktor der literarischen Klasse der Akademie. Gumpertz war zeitweilig sein Sekretär (vgl. Katalog-Nr. 21).
Literatur: Friedrich der Große: Mein lieber Marquis! Sein Briefwechsel mit Jean-Baptiste d'Argens während des Siebenjährigen Krieges, hrsg. von Hans Schumann, Zürich 1985.
Aus dem umfangreichen Oeuvre seien hier die "Lettres juives" (Jüdische Briefe) von 1732 erwähnt, in denen d'Argens uneingeschränkte Glaubens- und Gewissensfreiheit fordert. Holland ist der vorbildliche Staat, in dem Juden, Christen und Mohammedaner wie Brüder miteinander verkehren, alle sind Menschen, sind Kinder derselben Gottheit. Die Juden (daher der Titel des Buches) hätten, ohne es deutlich zu wissen, diesen Standpunkt; sie müßten sich allerdings vom Talmud und - wie die anderen Religionen auch - von der Priesterherrschaft befreien.
1763 spielte d'Argens eine wichtige Rolle in Mendelssohns Leben: Er verhalf Mendelssohn zu einem Schutzprivileg. "Er wunderte sich ... nicht wenig, zu hören, daß

Nr. 22

die Judenältesten durch die Gesetze ... verpflichtet sind, jeden Juden, der nicht entweder ein Schutzprivilegium hat, oder im Dienste eines Schutzjuden ist ... durch dieselbe [die Polizei] aus der Stadt bringen zu lassen.
Der Markis konnte immer noch nicht begreifen, daß dieß Gesetz ohne allen Unterschied angewendet würde; er fragte endlich: 'Aber unser lieber Moses ist doch wohl nicht in dem Fall?' ... Er wollte es eher nicht glauben, bis es ihm Moses selbst bekräftigte, welcher in dem ihm eigenen edlen ruhigen Ton hinzusetzte: 'Sokrates bewies ja seinem Freunde Kriton, daß der Weise schuldig ist, zu sterben, wenn es die Gesetze des Staats fordern. Ich muß also die Gesetze des Staates, worin ich lebe, noch für milde halten, daß sie mich bloß austreiben, im Fall mich, in Ermangelung eines andern Schutzjuden [als der Witwe Bernhard], auch nicht einer von den Trödeljuden in der Reezengasse für seinen Diener erklären will.' Den Markis frappirte diese Lage der Sache aufs äußerste ..." Er forderte Mendelssohn auf, eine Bittschrift aufzusetzen. "Moses wollte sich erst

nicht dazu verstehen. Er sagte: 'Es thut mir weh, daß ich um das Recht der Existenz erst bitten soll, welches das Recht eines jeden Menschen ist, der als ein ruhiger Bürger lebt. Wenn aber der Staat überwiegende Ursachen hat, Leute von meiner Nation nur in gewisser Anzahl zu dulden; welches Vorrecht kann ich vor meinen übrigen Mitbrüdern haben, eine Ausnahme zu verlangen?' Indessen stellten Moses Mendelssohns Freunde ihm vor, daß er ein Hausvater sey, und für das Wohl seiner Familie diesen Schritt thun müsse." Er erbat also das Schutzpriviteg, und zwar für sich und seine Nachkommen; d'Argens übergab es dem König. Als Mendelssohn ein Vierteljahr später noch keine Antwort erhalten hatte, wurde d'Argens bei Friedrich II. vorstellig. Dieser erklärte, die Bittschrift müsse verlorengegangen sein; eine zweite würde sogleich Erfolg haben. "Moses schrieb also auf wiederholtes Verlangen des Markis unterm 19. Julius seine Bittschrift nochmals ab, und der Markis fügte unter seinem eigenen Namen folgendes hinzu: 'Un Philosophe mauvais catholique, supplie un philosophe mauvais protestant, de donner le privilège à un philosophe mauvais juif. Il y a dans tout ceci trop de philosophie, pour que la raison ne soit pas du côté de la demande.' [Nicolai übersetzt: 'Ein nicht sehr katholischer Philosoph, bittet einen nicht sehr protestantischen Philosophen, einem nicht sehr jüdischen Philosophen das Schutzprivilegium zu geben. Es ist so viel Philosophie dabei, daß es die Vernunft gewiß billigt.'] Darauf erhielt Moses unterm 29. Oktbr. das Privilegium" - allerdings nur für sich selbst, nicht für seine Nachkommen. Eine diesbezügliche Bitte wurde 1779 von Friedrich II. erneut abgeschlagen (Friedrich Nicolai: Anekdoten von König Friedrich II. von Preussen, und von einigen Personen, die um Ihn waren. Erstes Heft. Berlin und Stettin 1788, S. 62 - 68, in: Gesammelte Werke, hrsg. von Bernhard Fabian und Marie-Luise Spieckermann. Bd. 7: Anekdoten von König Friedrich dem Zweiten von Preußen (1788 - 1792), Hildesheim, Zürich, New York 1985).

23

Jean-Jacques Rousseau. Brustbild nach rechts mit Pelzmütze und Pelzkragen. Kupferstich nach dem Bildnis von Allan Ramsay (1713 - 1784). 1776.
HAB: P I 11.293

11,8 x 7,7 cm. Thieme-Becker Bd. 27, S. 599 f.

Rousseau (1712 - 1778) war der einflußreichste Schriftsteller seiner Zeit. Er lehrte sie die Natur, den Menschen und die Gesellschaft neu zu sehen; durch ihn wurde die Bedeutung der Gefühle, einer kindgemäßen Erziehung und der modernen Demokratie auf höchst einflußrei-

che Weise vermittelt. Der deutschen Aufklärung fiel es nicht leicht, die vielfältigen starken Anstöße, die von Rousseau ausgingen, produktiv zu verarbeiten, vgl. Katalog-Nr. 43.

Literatur: Maximilian Forschner: Rousseau, Freiburg und München 1977.

24

Jean-Jacques Rousseau: Johann Jacob Rousseau / Bürgers zu Genf / Abhandlung von dem Ursprunge der Ungleichheit unter den Menschen, und worauf sie sich gründe: ins Deutsche übersetzt / mit einem Schreiben an den Herrn Magister Leßing und einem Briefe Voltairens an den Verfasser vermehrt. - Berlin 1756: Christian Friedrich Voß.
HAB: Lo 4929

256 S. 8°.-S. 213 - 252: Sendschreiben an den Herrn Magister Leßing in Leipzig [von Mendelssohn]. Meyer Nr. 86. - Ausga-

Nr. 23

Johann Jacob Rousseau
Bürgers zu Genf
Abhandlung
von dem Ursprunge
der
Ungleichheit
unter den
Menschen,
und worauf sie sich gründe:
ins Deutsche übersetzt
mit einem Schreiben an den Herrn Magister Leßing
und einem Briefe Voltairens an den Verfasser
vermehret.

Berlin,
bey Christian Friedrich Voß, 1756.

Er gehet wieder zu seines Gleichen hin.
Siehe die D⁴ Anmerckung.

Nr. 24

be von Mendelssohns Übersetzung: Jubiläumsausgabe Bd. 6.2, S. 61 - 202. (Sendschreiben: Bd. 2, S. 81 - 109.) Textausgabe und neue Übersetzung: Diskurs über die Ungleichheit / Discours sur l'inégalité, hrsg. von Heinrich Meier, Paderborn, München, Wien, Zürich 1984 (Uni-Taschenbücher 725).

Literatur: Dominique Bourel: Les réserves de Mendelssohn. Rousseau, Voltaire et le Juif de Berlin, in: Revue internationale de Philosophie 32 (1978), S. 309 - 326. Hans-Jürgen Schings: Der mitleidigste Mensch ist der beste Mensch. Poetik des Mitleids von Lessing bis Büchner, München 1980.

Das Titelkupfer (mit der Unterschrift "Er gehet wieder zu seines Gleichen hin") illustriert treffend die antizivilisatorische Tendenz Rousseaus. Es handelt sich um einen Nachstich nach dem Frontispiz der französischen Originalausgabe von 1755, das von Charles Eisen (1720 - 1778; Thieme-Becker Bd. 10, S. 427 f.) entworfen wurde. Aus dieser Vorlage stammt auch der falsche

Verweis auf Anmerkung 13, obwohl Anmerkung 16 gemeint ist. Hier heißt es (Jubiläumsausgabe Bd. 6.2, S. 191 f.): "Die Holländischen Mißionairs auf dem Vorgebürge der guten Hofnung haben mit allen ihren Bemühungen nicht einen eintzigen Hottentotten bekehren können. Van der Stel, der auf dem Vorgebürge Gouverneur war, ließ einen von Kindheit an in den Grundsätzen der christlichen Religion und in der Ausübung aller europäischen Gebräuche auferziehen."

"Man kleidete ihn prächtig, man lies ihn in veschiedenen Sprachen unterrichten und seine Progressen waren so groß, als die Sorgfalt, die man an seine Erziehung wandte. Der Gouverneur, der sich von seinem Verstande vieles versprach, schickete ihn mit einem General-Commissarius nach Indien, um ihn allda zu den Geschäften der Compagnie zugebrauchen. Nach dem Tode des Commissarius kam er wieder auf dem

52

schluß ist, mit meiner Religion, und mit meiner Voreltern Weise und Gewohnheit zu leben und zu sterben. Die einzige Gnade, um welche ich bitte, ist, daß man mir das Halsband und den Säbel lasse. Aus Liebe zu euch, möchte ich diese Stücke gerne behalten.' Sobald er dieses gesagt hatte, machte er sich, ohne van der Stels Antwort zu erwarten, auf die Flucht, und man sahe ihn niemals wieder das Vorgebürge betreten."

Das 'Sendschreiben' beginnt mit den Worten (Jubiläumsausgabe Bd. 2, S. 83):
"Theurester Freund!
Zweyerley hatte ich Ihnen versprochen, bevor Sie Berlin verliessen. Ich wollte Rousseaus vortrefliche Schrift, von dem Ursprunge der Ungleichheit unter den Menschen, verdeutschen, und der Uebersetzung meine Gedanken von der seltsamen Meinung dieses Weltweisen anhängen. Mein erstes Versprechen habe ich, so gut ich gekonnt, erfüllet, und die Arbeit hat mich so sehr vergnüget, daß ich nicht selten gewünschet habe, der Verfasser hätte mit seiner göttlichen Beredsamkeit eine bessere Sache vertheidigt. Sollte Rousseau, so dachte ich bey mir selbst, sollte dieser vortrefliche Kopf, aus kindischer Liebe zur Seltsamkeit, eine Meinung angenommen haben, die aller Sittlichkeit schnurstraks zuwider zu laufen scheinet?"

Im Dezember 1755 hatte Mendelssohn an Lessing geschrieben (Jubiläumsausgabe Bd. 11, S. 27): "Ich kann in sehr wenig Stücken mit Rousseau uneins seyn, und mich kann nichts mehr ärgern, als wenn ich in einer philosophischen Staatskunst erwiesen sehe, daß alles nach der Vernunft so hat seyn müssen, wie es bey uns ist. Wenn Rousseau dem gesitteten Menschen nur nicht alle Moralität abspräche. Für diese bin ich allzu sehr eingenommen."

Nr. 24

25

[Moses Mendelssohn:] Gedanken von der Wahrscheinlichkeit. In: Vermischte Abhandlungen und Urtheile über das Neueste aus der Gelehrsamkeit. Dritter Theil. - Berlin 1756: Christian Friedrich Voß, S. 3 - 26.
Niedersächsische Staats- und Universitätsbibliothek Göttingen: 8° Eph. lit. 176 - 17

8°. Erstdruck. Meyer Nr. 387 c). - Ausgabe: Jubiläumsausgabe Bd. 1, S. 147 - 164, 495 - 515. Literatur: Frühschriften S. 209 - 251.

Der Aufsatz behandelt mit mathematischen Argumenten ein metaphysisches Problem (er soll die Gültigkeit der Induktion beweisen), das im weiteren Rahmen zur Thematik der Theodizee gehört. Darum wird auch

Vorgebürge an. Einige Tage nach seiner Wiederkunft, als er einige Hottentoten von seinen Verwandten besucht hatte, entschloß er sich, den europäischen Schmuk wegzuwerfen, und sich wieder mit einer Schafhaut zu bekleiden. In diesem neuen Aufzuge kam er in den Fort zurück und trug ein Päckchen bey sich, darinn seine vorigen Kleider waren. Er überreichte es dem Gouverneur, und hielt ihm folgende Rede. 'Haben sie die Gütigkeit zu merken, mein Herr! daß ich diesem Anzuge auf ewig entsage. Ich entsage auch der christlichen Religion auf Zeit meines Lebens; mein Ent-

Vermiſchte
Abhandlungen
und
Urtheile
über
das Neueſte aus der Gelehrſamkeit.

SENECA

Qui ante nos iſta monuerunt, non domini noſtri ſed duces
ſunt. Patet omnibus veritas, nondum eſt occupata:
multum ex illa etiam futuris relictum eſt.

Dritter Theil.

Berlin,
bey Chriſtian Friedrich Voß, 1756.

I.
Gedanken
von
der Wahrſcheinlichkeit.

Unter allen Erkenntniſſen, zu welchen der menſchliche Verſtand aufgelegt iſt; kan die Erkenntniß der Wahrſcheinlichkeit vielleicht für die vornehmſte gehalten werden, weil ſie unſrer eingeſchränkten Einſicht angemeſſen iſt, und in den meiſten Fällen die Stelle der Gewißheit vertreten muß. Ihr Einfluß in das Thun und Laſſen der Menſchen, und vermittelſt dieſer in ihre Glückſeligkeit, hat den Weltweiſen von je her ſo ſehr in die Augen geleuchtet, daß ſie ſich eher haben einkommen laſſen, die Stützen der Wahrheit ſelbſt, als die Stützen der Wahrſcheinlichkeit wanken zu machen. Man hat angemerkt, daß die Zweifler, die nirgend eine völlige Ueberzeugung zu laſſen wollen, und bis in den Satz des Widerſpruchs einige Ungewißheit zu finden glauben,

A 2

Nr. 25

Leibniz' Lehre verteidigt, daß die freien Handlungen der Menschen vorherbestimmt - und dennoch frei sind.

Der Anfang lautet (Jubiläumsausgabe Bd. 1, S. 149): "Unter allen Erkenntnissen, zu welchen der menschliche Verstand aufgelegt ist; kan die Erkenntniß der Wahrscheinlichkeit vielleicht für die vornehmste gehalten werden, weil sie unsrer eingeschränkten Einsicht angemessen ist, und in den meisten Fällen die Stelle der Gewißheit vertreten muß. Ihr Einfluß in das Thun und Lassen der Menschen, und vermittelst dieser in ihre Glückseligkeit, hat den Weltweisen von je her so sehr in die Augen geleuchtet, daß sie sich eher haben einkommen lassen, die Stützen der Wahrheit selbst, als die Stützen der Wahrscheinlichkeit wanken zu machen."

In der überarbeiteten Fassung von 1761 schließt die Abhandlung mit den Worten (a.a.O., S. 515): "Ich glaube also aus den göttlichen Eigenschaften sowohl, als aus der gemeinen Erfahrung dargethan zu haben, daß alle willkührliche Entschließungen zum voraus ihre bestimmte Gewißheit haben müssen; woraus folgt, daß die Seele nicht anders, als nach Bewegungsgründen und Triebfedern wählen könne, denn auf diesen beruhet die vorherbestimmte Gewißheit künftiger Entschließungen. Was man aus dieser Lehre für schädliche Folgen in Ansehung der Freyheit und der Zurechnung besorget,

Nr. 26

verstehe, so will ich doch auch hoffentlich kein Zero für ein O ansehen" (Jubiläumsausgabe Bd. 11, S. 63).

26

[Platon, griechisch und lateinisch:] ΤΟΥ ΘΕΙΟΥ ΠΛΑΤΩΝΟΣ ΑΠΑΝΤΑ ΤΑ ΣΩΖΟΜΕΝΑ. Divini Platonis opera omnia quae exstant. Marsilio Ficino interprete. - Lyon 1590: Guillelmus Laemarius. HAB: Lg 2° 82

[28], 849, [29] S. 2°. S. 409 - 521: De republica. - Ausgabe: Platon-Studienausgabe. Griechisch und deutsch, hrsg. von Gunther Eigler u.a. Bd. 4: Politeia, bearbeitet von Dietrich Kurz, Darmstadt 1971. - Marsilio Ficino, dem berühmtesten

Nr. 26

sind bloße Chimären, die undeutlichen Begriffen von der Freyheit, ihr Wesen einzig und allein zu verdanken haben."

Eine hübsche Anekdote knüpft sich an eine Stelle (a.a.O., S. 164, S. 514), die vom göttlichen Vorherwissen handelt; dieses würde gleich Null (geschrieben: = O) sein, wenn ... - Die Abhandlung wurde im "Gelehrten Kaffeehaus" 1756 vorgelesen. Nicolai erzählt (Gesammelte Schriften Bd. 5, S. 215): "Moses las diese Abhandlug nicht selbst vor, weil er sich den mündlichen Vortrag aus Bescheidenheit nicht zutraute. Derjenige, den Moses ersucht hatte, das Vorlesen zu übernehmen, machte einen lustigen Fehler... Als der Vorleser an die oben angezeigte Stelle kam, las er anstatt Null: O. Auf dieses, ganz unvermuthet, sehr vernehmlich ausgesprochene O! sahen sich alle Zuhörer an, und einige lachten...". (Vgl. Frühschriften S. 209 ff.)

Im Oktober 1756 bat Lessing Mendelssohn, ihm die Abhandlung zu schicken. "Wenn ich sie auch nicht ganz

Philosophen der Renaissance, ist die erste Ausgabe von Platons sämtlichen Werken zu danken. Sie erschien 1483/84, und zwar als meisterhafte lateinische Übersetzung, die von Ficinos sorgfältiger Bearbeitung der griechischen Manuskripte zeugt. Seit 1513 gab es dann auch griechische Gesamtausgaben; 1578 erschien die bis heute maßgebliche Ausgabe von Henricus Stephanus. Die ausgestellte Platon-Ausgabe vereinte erstmals die Stephanus-Ausgabe mit Ficinos Übersetzung. Die zweite Auflage unserer Ausgabe erschien Frankfurt 1602; sie befand sich in Mendelssohns Besitz, vgl. Katalog-Nr. 146.

Am 5. Juli 1763 schrieb Mendelssohn an Isaak Iselin (Jubiläumsausgabe Bd. 12.1, S. 15): "Eine von diesen Arbeiten bestehet in einer Uebersetzung, und zwar von Platons Republik. Es ist eine Schande für die Deutschen, daß sie von den Schriften dieses Weltweisen fast noch gar nichts in ihre Sprache übersetzt haben, und besonders daß dieses göttliche Werk, die Republik, das blos in Absicht auf Erfindung und Composition betrachtet, ein Meisterstück genannt zu werden verdient, noch keinen Liebhaber unter uns gefunden zu haben scheint. Ich habe zur Probe 3 Bücher davon übersetzt, zweifele aber, ob die Gesellschaft auch Übersetzungen annehmen dürfte.

Die zwote Arbeit bestehet in einer Idee, die ich schon seit vielen Jahren liebkose. Es ist, einen P h ä d o n, oder G e s p r ä c h v o n d e r U n s t e r b l i c h k e i t d e r m e n s c h l i c h e n S e e l e nach der Anlage des Plato zu schreiben, aber ausdrücklich von Plato eigentlich nichts als die Anlage zu borgen, welche in der That vortreflich ist."

Die Arbeit an einer Politeia-Übersetzung, die vielleicht schon in die Jahre 1758 - 1760 fällt, wurde nicht abgeschlossen; einige Stücke sind erhalten (Jubiläumsausgabe Bd. 6.2, S. 205 - 210). Dagegen konnte das Phädon-Projekt auf glanzvolle Weise ausgeführt werden, vgl. Katalog-Nr. 62.

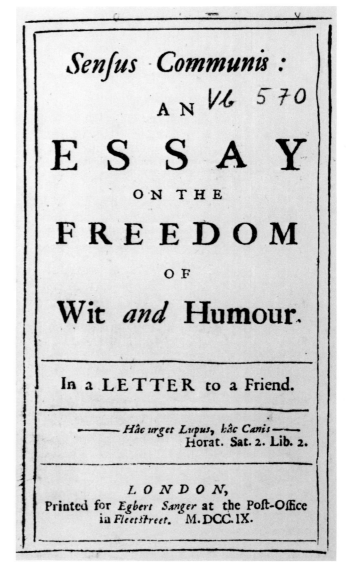

Nr. 27

27

[Anthony Ashley-Cooper, 3rd Earl of Shaftesbury:] Sensus Communis: An Essay on the Freedom of Wit and Humour. In a Letter to a Friend. - London 1709: Egbert Sanger.
HAB: Vb 570

120 S. 8°. Erstausgabe - Ausgabe: Characteristics of Men, Manners, Opinions, Times, etc., ed. by John M. Robertson. Vol. 1, Gloucester, Mass. 1963, S. 41-99.

Mit seinen ästhetischen, moral- und religionsphilosophischen Anschauungen wurde Shaftesbury (1671 - 1713) einer der ganz großen Anreger für das geistige Leben des 18. Jahrhunderts. Die Begründung der Ethik und Ästhetik im Gefühl und das Ineinanderfallen der Liebe zur Tugend und zur Schönheit, der Begriff des als Naturkraft schöpferischen Genies, der Verzicht auf die geoffenbarte Religion zugunsten des religiösen Erlebnisses der Weltharmonie - dies beeinflußte Pope wie Rousseau, die deutsche Aufklärung, den Sturm und Drang bis hin zur Klassik, vgl. Christian Friedrich Weiser: Shaftesbury und das deutsche Geistesleben, Leipzig und Berlin 1916 (Nachdruck Darmstadt 1969).

Mendelssohn, Nicolai und Abbt arbeiteten seit 1761 an einer Shaftesbury-Übersetzung, die aber nicht weit gedieh. Mendelssohns Übersetzung des Anfanges vom "Versuch über die Freyheit des Witzes und der Laune" ist erhalten (Jubiläumsausgabe Bd. 6.2, S. 213 - 223). - Shaftesburys Werke wurden im 18. Jahrhundert vollständig ins Deutsche übersetzt; neuere Übersetzungen gibt es nicht.

IV. Neue Ästhetik (1757/1758)

Nr. 28

28

[Moses Mendelssohn:] Betrachtungen über die Quellen und die Verbindungen der schönen Künste und Wissenschaften. In: Bibliothek der schönen Wissenschaften und der freyen Künste. Ersten Bandes zweytes Stück. - Leipzig 1757: Johann Gottfried Dyck, S. 231-268. HAB: Za 96

8°. Erstdruck. Meyer Nr. 388 a). - Ausgabe: Jubiläumsausgabe Bd. 1, S. 165-190, 425-452. - Literatur: Meier Bd. 1, S. 144 ff.

Die "Bibliothek der schönen Wissenschaften und der freyen Künste" (vollständiger Nachdruck der 12 Bde. 1757 - 1765 in 6 Bdn. Hildesheim und New York 1979) wurde 1757 - 1759 von Nicolai herausgegeben; die Artikel stammten ausschließlich von ihm und von Mendelssohn. Hauptaufgabe der 'Bibliothek' war es, durch eingehende, aber streng unparteiliche Rezensionen die Sprache und den Geschmack in der deutschen Literatur verbessern zu helfen. Mit dieser Zeitschrift begann im deutschen Sprachraum "für systematische Kritik, für Kunst- und Literaturwissenschaft, für Komparativistik, die Moderne" (Jubiläumsausgabe Bd.4, S. XLV der informativen Einleitung von Eva J. Engel. Vgl. Eva J. Engel-Holland: Die Bedeutung Moses Mendelssohns für die Literatur des 18. Jahrhunderts, in: Mendelssohn-Studien 4 (1979), S. 111 - 159).

Der inhaltsreiche Anfang von Mendelssohns Abhandlung hat programmatischen Charakter (Jubiläumsausgabe Bd. 1, S. 167): "Die schönen Künste und Wissenschaften sind für den Virtuosen eine Kunst, für den Liebhaber eine Quelle des Vergnügens, und für den Weltweisen eine Schule des Unterrichts. In den Regeln derselben, welche der Künstler, von seinem Genie geleitet, ausübt und der Kritikus durch Nachdenken absondert, liegen die tiefsten Geheimnisse unsrer Seele verborgen. Denn wenn sie auf die Natur unsers Geistes, in welchen sie so angenehm wirken, zurückgeführt, und aus dessen Eigenschaften erklärt werden; so wird nicht nur der Geschmack geläutert, und die sonst schwankenden Urtheile über die Schönheit, auf sichern Grund

I.

Betrachtungen über die Quellen und die Verbindungen der schönen Künste und Wissenschaften.

Die schönen Künste und Wissenschaften sind für den Virtuosen eine Kunst, für den Liebhaber eine Quelle des Vergnügens, und für den Weltweisen eine Schule des Unterrichts. In den Regeln derselben, welche der Künstler, von seinem Genie geleitet, ausübt, und der Kritikus durch Nachdenken absondert, liegen die tiefsten Geheimnisse unsrer Seele verborgen. Denn wenn sie auf die Natur unsers Geistes, in welchen sie so angenehm wirken, zurückgeführt, und aus dessen Eigenschaften erklärt werden; so wird nicht nur der Geschmack geläutert, und die sonst schwankenden Urtheile über die Schönheit, auf sichern Grund gebauet; sondern die Lehre von der Seele selbst, hat sich von dieser Vereinigung wichtige Entdeckungen zu versprechen. Die menschliche Seele ist so unerschöpflich als die Natur; das bloße Nachdenken kann unmöglich al-

Bibl. I. B. II. St.   O   les

Nr. 28

gebauet; sondern die Lehre von der Seele selbst, hat sich von dieser Vereinigung wichtige Entdeckungen zu versprechen."

Der Einfluß, den die 'Bibliothek' auf Lessing ausübte, ging viel tiefer, als es die folgenden Briefstellen, die sich auf "Miß Sara Sampson" beziehen, erkennen lassen: "In Ihrer Abhandlung von den Quellen und Verbindungen der schönen Künste etc. haben Sie beyläufig meiner gedacht; und ich muß Ihnen für ihre freundschaftliche

Anmerkung Dank sagen. Da ich Ihnen aber etwas näher verwandt bin, als das Publikum, so glaube ich auch auf eine nähere Erklärung Recht zu haben. Welches sind die Stellen, die Sie für indeclamabel halten? Ich frage nicht, um mich mit Ihnen in einen Streit darüber einzulassen; ich frage blos, um künftig aufmerksamer seyn zu können." (Aus Lessings Brief an Mendelssohn vom 9. August 1757, Jubiläumsausgabe Bd. 11, S. 145. Nachdem ihm Mendelssohn am 23. August geantwortet hatte, schrieb Lessing am 14. September, ebd., S. 160:) "Haben Sie aber, mein lieber Moses, hier nicht ganz Recht, so haben Sie es doch in Ansehung der schändlichen Perioden, S. 123. 124. 154. 158., die so holpricht sind, daß die beste Zunge dabey anstoßen muß. Sobald meine Schriften wieder gedruckt werden, will ich sie gewiß verbessern."

29

[Moses Mendelssohn:] Betrachtungen über das Erhabene und das Naive in den schönen Wissenschaften. In: Bibliothek der schönen Wissenschaften und der freyen Künste. Zweyten Bandes zweytes Stück. - Leipzig 1758: Johann Gottfried Dyck, S. 229 - 267.
HAB: Za 96

8°. Erstdruck. Meyer Nr. 388 b). - Ausgabe: Jubiläumsausgabe Bd. 1, S. 191 - 218, 453 - 494. - Literatur: Meier Bd. 2, S. 819 ff.

Aufgeschlagen: S. 243: Übersetzung des Hamlet-Monologs (auf S. 244 noch zwei Zeilen), erste deutsche Blankversübertragung aus einem Shakespeare-Drama (Jubiläumsausgabe Bd. 1, S. 202; vgl. Bd. 6.2, S. 260). Verbesserte Fassung Bd. 1, S. 468 f.; vgl. Bd. 6.2, S. 275:
"S e y n, oder N i c h t s e y n; dieses ist die Frage!
Ists edler, im Gemüth des Schicksals Wuth
Und giftige Geschoß zu dulden; oder
Sein ganzes Heer von Quaalen zu bekämpfen,
Und kämpfend zu vergehn. - Vergehen? - Schlafen!
Mehr heißt es nicht. Ein süsser Schlummer ists,
Der uns von tausend Herzensangst befreyt,
Die dieses Fleisches Erbtheil sind. - Wie würdig
Des frommen Wunsches ist vergehen, schlafen! -
Doch schlafen? - Nicht auch träumen? Ach, hier liegt
Der Knoten! Träume, die im Todesschlaf
Uns schrecken, wenn einst dieß Fleisch verwest,
Sind furchtbar. Diese lehren uns geduldig
Des langen Lebens schweres Joch ertragen.
Wer litte sonst des Glückes Schmach und Geißel,
Der Stolzen Uebermuth, die Tyranney
Der Mächtigen, die Quaal verschmäher Liebe,
Den Mißbrauch der Gesetze, und jedes Schalks

Verspottung der Verdienste, mit Geduld?
Könnt uns ein bloßer Dolch die Ruhe schenken,
Wo ist der Thor, der unter dieser Bürde
Des Lebens länger seufzete? - Allein
Die Furcht vor dem, was nach dem Tode folgt,
Das Land, von da kein Reisender zurück
Auf Erden kam, entwaffnen unsern Muth.
Wir leiden lieber hier bewußte Quaal,
Eh wir zu jener Ungewißheit fliehen. -
- So macht uns alle das Gewissen feige!
Die Ueberlegung kränkt mit bleicher Farbe
Das Angesicht des feurigsten Entschlusses.
Dieß unterbricht die größte Unternehmung
In ihrem Lauf, und jede wichtige That
Erstirbt - - -"

Die Bedeutung Shakespeares wurde von Nicolai entdeckt; er war der erste Fürsprecher Shakespeares in Deutschland! Ästhetisch betrachtet, wurde Shakespeare zur Inkarnation des Genie-Begriffs, woran besonders Mendelssohn maßgeblichen Anteil hatte, vgl. Eva J. Engel: "Gedanck und Empfindung". Zur Entwicklung des Geniebegriffs, in: Wissen aus Erfahrungen. Werkbegriff und Interpretationen heute. Festschrift für Hermann Meyer zum 65. Geburtstag, hrsg. von Alexander von Bormann, Tübingen 1976, S. 91 - 106.

In den 'Betrachtungen über das Erhabene und Naive' dient der Hamlet-Monolog als Beleg für das Erhabene, das Mendelssohn in Deutschland als erster einer gründlichen Untersuchung würdigte. Daß Mendelssohns Übersetzung eine bahnbrechende Leistung darstellte (vgl. Daniel Jacoby: Der Hamlet-Monolog III, 1 und Lessing's Freunde Mendelssohn und Kleist, in: Jahrbuch der Deutschen Shakespeare-Gesellschaft 25 (1890), S. 113 - 121), scheint von den Zeitgenossen erkannt worden zu sein: Als Johann Franz Hieronymus Brockmann, der bereits der Hamburger Erstaufführung des 'Hamlet' in der Textbearbeitung durch Friedrich Ludwig Schröder am 20. September 1776 zu einem sieghaften Erfolg verholfen hatte, im Dezember 1777 und Januar 1778 mit dieser Rolle in Berlin gastierte, vorher nie dagewesene Triumphe feierte und damit entscheidend zum Ausbruch eines wahren Shakespeare-Fiebers beitrug (so "daß so gar in allen Küchen und Bedientenstuben von nichts anders gesprochen ward", Jubiläumsausgabe Bd. 12.2, S. 107), erwies er Mendelssohn die Aufmerksamkeit, den Monolog in seiner Übersetzung zu sprechen. Mendelssohn war, wie alle, 'völlig hingerissen' (ebd.).

Literatur: Rudolph Genée: Geschichte der Shakespeare'schen Dramen in Deutschland, Leipzig 1870 (Nachdruck Hildesheim 1969), S. 237 ff., 247 ff. Wilhelm Widmann: Hamlets Bühnenlaufbahn (1601 - 1877), Leipzig 1931 (Schriften der Deutschen Shakespeare-Gesellschaft NF 1), S. 60 ff., 92 ff.

in den schönen Wissenschaften. 243

des Aeneas in des Metastasio Oper Dido (Act. I. Sc. XIX.) sind Meisterstücke in ihrer Art. Jedoch werden sie alle von der berühmten Monologe des Hamlet beym Shakespear in dem dritten Aufzuge (Sc. II.) übertroffen. Wir wollen diese letztere zum Behuf derjenigen von unsern Lesern, die der englischen Sprache nicht kundig sind, übersetzen.

Seyn, oder nicht seyn, das ist die Frage;
Ists edler, im Gemüth des strengen Schicksals
Blutdürstige Pfeile zu erbulden; oder
Sein ganzes Heer von Qvaalen zu bekriegen
Und sie im Kampf zu endigen? — Zu sterben —
Nicht mehr zu schlafen — Ists mehr denn ein Schlaf,
Das uns von tausend Herzensangst befreyt,
Die dieses Fleisches Erbtheil sind? — Wie würdig
Des frommen Wunsches ist, verwesen! schlafen! —
Noch schlafen! Nicht auch träumen? Ach hier liegt
Der Knoten! Träume, die im Todesschlaf
Uns schrecken, wenn einst dieses Fleisch vermodert,
Sind furchtbar. Diese lehren uns geduldig
Des langen Lebens schweres Joch ertragen:

— — — — —

Könnt uns ein bloßer Dolch die Ruhe schenken,
Wo ist der Thor, der unter dieser Bürde
Des Lebens länger seufzete? — Allein
Die Furcht für das, was nach dem Tode folgt,
Das Land, von da kein Reisender zurück
Auf Erden kam, entwaffnen unsern Muth.
Wir leiden lieber hier bewußte Quaal,
Eh wir zu jener Ungewißheit fliehen —
So macht uns alle das Gewissen feige
Die Ueberlegung kränkt mit bleicher Farbe
Das Angesicht des feurigsten Entschlusses.
Dieß unterbricht die größte Unternehmung

Zu

Nr. 29

30

Friedrich Nicolai. Brustbild nach links. Kupferstich von Meno Haas (1752 - 1833) nach Nikolaus Lauer (um 1800). 1800.
HAB: P I 9549

18 x 12,5 cm. - Literatur: Thieme-Becker Bd. 22, S. 435. Horst Möller: Aufklärung in Preußen. Der Verleger, Publizist und Geschichtsschreiber Friedrich Nicolai, Berlin 1974 (Einzelver-

öffentlichungen der Historischen Kommission 15). Friedrich Nicolai. Essays zum 250. Geburtstag, hrsg. von Bernhard Fabian, Berlin 1983. Friedrich Nicolai. Leben und Werk. Ausstellung zum 250. Geburtstag, 7. Dezember 1983 bis 4. Februar 1984, hrsg. von Peter Jörg Becker, Tilo Brandis, Ingeborg Stolzenburg, Berlin 1983 (Staatsbibliothek Preußischer Kulturbesitz, Ausstellungskataloge 21). Friedrich Nicolai 1733 - 1811. Die Verlagswerke eines preußischen Buchhändlers der Aufklärung 1759 - 1811, bearbeitet von Paul Raabe, Wolfenbüttel 1983 (Ausstellungskataloge der Herzog August Bibliothek 38).

1783 oder 1785 widmete Mendelssohn Nicolai ein Buch mit den Worten (Jubiläumsausgabe Bd. 6.1, S. 201):

"Dem
Freunde seiner frühesten
Jugend, HE Fr. Nicolai,
der nach Lessing, ihm alles
war,
        Moses Mendelssohn."

Am 2. August 1756 schrieb Mendelssohn an Lessing (Jubiläumsausgabe Bd. 11, S. 55): "Ich bin der grübelnden Metaphysik auf einige Zeit ungetreu worden. Ich besuche Hrn. Nicolai sehr oft in seinem Garten. (Ich liebe ihn wirklich, theurester Freund! und ich glaube, daß unsre Freundschaft noch dabey gewinnen muß, weil ich in ihm Ihren wahren Freund liebe.) Wir lesen Gedichte, Herr Nicolai liest mir seine eignen Ausarbeitungen vor, ich sitze auf meinem kritischen Richterstuhl, bewundre, lache, billige, tadle, bis der Abend herein bricht. Dann denken wir noch einmahl an Sie, und gehen, mit unsrer heutigen Verrichtung zufrieden, von einander. Ich bekomme einen ziemlichen Ansatz zu einem Belesprit. Wer weiß, ob ich nicht gar einst Verse mache? Madame Metaphysik mag es mir verzeihen. Sie behauptet, die Freundschaft gründe sich auf eine Gleichheit der Neigungen, und ich finde, daß sich, umgekehrt, die Gleichheit der Neigungen auch auf die Freundschaft gründen könne. Ihre und Nicolai Freundschaft hat es dahin gebracht, daß ich dieser ehrwürdigen Matrone einen Theil meiner Liebe entzogen, und ihn den schönen Wissenschaften geschenkt habe."

Das enge Einvernehmen zwischen Mendelssohn und Nicolai zeigte sich nicht nur z. B. in der gemeinsamen Arbeit an der 'Bibliothek' (Katalog-Nr. 28) und den 'Literaturbriefen' (Katalog-Nr. 35), es zeigte sich auch in der Korrespondenz mit auswärtigen Freunden: Deren Briefe waren vielfach an Mendelssohn und Nicolai gemeinsam gerichtet, so wie auch die beiden Berliner Freunde gemeinsam Briefe verfaßten. So schrieben Mendelssohn und Nicolai z. B. im Januar 1757, also während des Siebenjährigen Krieges, an Lessing (Jubiläumsausgabe Bd. 11, S. 98): "Kommen Sie zu uns, wir wollen in unserm einsamen Gartenhause vergessen, daß

die Leidenschaften der Menschen den Erdball verwüsten. Wie leicht wird es uns seyn, die nichtswürdigen Streitigkeiten der Habsucht zu vergessen, wenn wir unsern Streit über die wichtigsten Materien, die wir schriftlich angefangen, mündlich fortsetzen werden!" Mit den "wichtigsten Materien" ist die Diskussion zwischen Mendelssohn, Nicolai und Lessing über das Trauerspiel gemeint. Sie knüpfte an die Briefe "über die Empfindungen" (Katalog-Nr. 17) und an Nicolais "Abhandlung vom Trauerspiele" (1756; 1757 im ersten Stück des ersten Bandes der "Bibliothek der schönen Wissenschaften und der freyen Künste" gedruckt) an und fand im 'Briefwechsel über das Trauerspiel' (1756/57) ihren Niederschlag. Literatur: Forschungsbericht S. 81, 124 f. Ergänzend dazu: Jost Schillemeit: Lessings und Mendelssohns Differenz. Zum Briefwechsel über das Trauerspiel (1756/57), in: Digressionen. Wege zur Aufklärung. Festgabe für Peter Michelsen. Hrsg. von Gotthardt Frühsorge u. a., Heidelberg 1984, S. 79 - 92.

FRIEDRICH NICOLAI.

Nr. 30

Nr. 31

Mendelssohns nachhaltig wirksamer Beitrag zur Entwicklung der deutschen Ästhetik, der insbesondere die Autonomie der Kunst und des künstlerischen Genies (Shakespeare!) hervorhob, ist erst in jüngster Zeit zutreffender bearbeitet worden (Meier). Literatur: Forschungsbericht S. 80 f., 115 - 126. Ergänzend dazu: Klaus-Werner Segreff: Moses Mendelssohn und die Aufklärungsästhetik im 18. Jahrhundert, Bonn 1984 (Abhandlungen zur Philosophie, Psychologie und Pädagogik 187).

31

Johann Christoph Gottsched: Historische Lobschrift des ... Herrn Christians ... Freyherrn von Wolf. - Halle 1755: Renger.
HAB: Q 378 Helmst 4°

[8], 152, 108 S. 4°. Erstausgabe. - Das Titelkupfer (17,3 x 15,7 cm) zeigt das bekannte Wolff-Portrait in Halbfigur nach rechts von Johann Martin Bernigeroth (1713 - 1767) von 1755. - Nachdruck in: Christian Wolff: Gesammelte Werke. Abt. 1:

Deutsche Schriften, Bd. 10: Biographie, hrsg. von Hans Werner Arndt. Hildesheim und New York 1980.

Johann Christoph Gottsched (1700 - 1766) war zuerst Professor der Poesie, dann Professor der Logik und Metaphysik in Leipzig. Als Schüler Christian Wolffs machte er Leipzig zum Mittelpunkt einer aufgeklärt-vernünftigen Reform der deutschen Sprache, Literatur und Bildung (Reinigung vom barocken Schwulst auf allen Gebieten). Sein besonderes Interesse galt der Erneuerung des deutschen Dramas. Die Zeit seiner großen, erfolgreichen Wirksamkeit endete allerdings schon um 1740. Unter seinen zahlreichen Schriften: "Erste Gründe der gesammten Weltweisheit" (1733 f.), "Versuch einer critischen Dichtkunst vor die Deutschen" (1730), "Ausführliche Redekunst" (1736), "Die deutsche Schaubühne nach den Regeln und Exempeln der Alten" (1741 - 1745), "Grundlegung einer Deutschen Sprachkunst" (1748). - Ausgewählte Werke. 12 Bde. Hrsg. von Joachim und Brigitte Birke, Berlin 1968 ff.

Mendelssohn besprach das Buch 1757 im ersten Stück des zweiten Bandes der 'Bibliothek' (Jubiläumsausgabe Bd. 4, S. 118 - 123) - oder ist vielleicht Lessing der Verfasser (ebd., S. LIX)? Textauszug (ebd., S. 118 f.): "Das Schicksal des seligen Freyherrn von *Wolfs* ist noch seltsamer gewesen. So lange seine Lehren von seinen Widersachern angefeindet worden sind, so lange noch ein Theil der Menschen aus Mangel der Einsicht, oder aus Leidenschaften seine Weltweisheit verketzert haben; so lange bemüheten sich Gelehrte und Ungelehrte um nichts eiferiger als um den Namen *Wolfianer*. Die Unterdrückung schien der Unschuld einen Glanz zu geben, den sie in dem größten Glücksstande nicht erlangt haben würde. Die Wahrheit ist endlich durchgedrungen; sie hat über Verfolgung und niederträchtigen Haß gesiegt. Nichts kann glänzender seyn, als dieser Triumph Anfangs gewesen ist. Allein eben dieser Triumph war die Ursache, daß die wolfische Weltweisheit einen Theil ihres Ansehens verlohren hat. Man begnügte sich die Bedrängte in ihre Rechte eingesetzt zu haben; man ward kaltsinniger gegen sie, und endlich scheinet ein Geist der Spötterey, mehr wider die Wolfische Philosophie vermocht zu haben, als der grimmigste Haß der sogenannten Eiferer für die Sache Gottes. Er starb zum großen Leidwesen aller derer, die unsterbliche Verdienste zu schätzen gewußt haben ...".

Ewald von Kleist schrieb am 28.11.1757 an Nicolai (ebd., S. LIX, aus: Ewald von Kleist's Werke. Teil 2: Briefe von Kleist, hrsg. von August Sauer. Berlin 1882 [Nachdruck Bern 1968], S. 455 f.): "Die Rezension von Gottsched's Leben des Freiherrn v. Wolff ist vermuthlich von Herrn Moses, dem ich gelegentlich mein großes Compliment zu machen bitte. Er fordert darin zuletzt Herrn Sulzern oder Kästnern auf, das Leben dieses großen Philosophen zu schreiben. Ich glaube, daß sie Beide, besonders Ersterer es sehr gut machen würde; allein meiner Meinung nach würde Herr Moses selber es fürtrefflich machen, und er ist accurat Der, der es schreiben müßte. Herr Lessing könnte es auch thun, wenn er nicht lieber Schauspiele bearbeitete."

32

Georg Friedrich Meier: Auszug aus den Anfangsgründen aller schönen Künste und Wissenschaften. - Halle im Magdeburgischen 1758: Carl Hermann Hemmerde (Vorwort: 4.8.1757).
Staatsbibliothek Preußischer Kulturbesitz Berlin: Nh 332 - 5

176 S. 8°. Erstausgabe. - Die dem Auszug zugrundeliegenden "Anfangsgründe aller schönen Wissenschaften" (1748 - 1750) sind im Nachdruck der zweiten Auflage (1754 - 1759) greifbar (Hildesheim und New York 1976). - Literatur: Uwe Möller: Rhetorische Überlieferung und Dichtungstheorie im frühen 18. Jahrhundert. Studien zu Gottsched, Breitinger und Georg Friedrich Meier. München 1983.

Schon als Schüler war Meier (1718 - 1777) ein fleißiger Anhänger Wolffs. Als Student wurde er zum Anhänger Baumgartens (Katalog-Nr. 34), löste sich aber zunehmend vom Wolffianismus und vertiefte die Ästhetik und Hermeneutik ("Versuch einer allgemeinen Auslegunskunst", 1757) durch die Aufnahme psychologischer Einsichten, wie sie besonders bei englischsprachigen Autoren zu finden waren. Damit vollzog er eine Entwicklung, die durchaus Ähnlichkeit mit derjenigen Mendelssohns aufweist. Den unmittelbaren Zeitgenossen galt Meier aber als bloßer Schüler des überragenden Baumgarten. Auch Mendelssohn meinte "das *baumgartische System* nach des Herrn Prof. *Meyers* Schriften beurtheilen" zu sollen (Jubiläumsausgabe Bd. 4, S. 196). In seiner Besprechung von 1758 (ebd., S. 196 - 201; 'Bibliothek' Bd. 3, Stück 1) rühmte er Baumgarten und dessen Etablierung der Ästhetik als Wissenschaft (ebd., S. 197): "Man müßte auf die Erfindung dieser Wissenschaft neidisch seyn, oder sie nicht verstehen, wenn man an dem Nutzen und an der Vortrefflichkeit derselben zweifeln wollte. Die Verbesserung des Geschmacks und der untern Kräfte der Seele überhaupt, sind für die schönen Wissenschaften, für die Sittenlehre und vielleicht für alle Wissenschaften überhaupt, von allzugrosser Wichtigkeit, als daß sie nicht einem jeden in die Augen leuchten sollte. Wer nun überdem bemerkt, wie seicht, unbestimmt und gleichsam obenhin die größten Kunstrichter zu philosophiren pflegen, wenn sie von den Urtheilen ihres Geschmacks Grund anzeigen wollen, und auf die ersten Grundsätze der schönen Erkenntniß zurück kommen, der kann es unserm Weltweisen nicht genug verdanken, daß er den philosophischen und systematischen Geist in eine Wissenschaft eingeführt hat, in welcher man nur zu schwatzen gewohnt war, und daß er uns richtige Erklärungen und gründliche Beweise, statt der sonst üblichen Umschreibungen und flüchtigen Raisonnements, geliefert hat."

33

[Edmund Burke:], A Philosophical Enquiry into the Origin of our Ideas of the Sublime and Beautiful. With an Introductory Discourse concerning Taste, and several oder Additions. - London 1787: J. Dodsley.
HAB: Ua 12

IX, [7], 342 S. 8°. - Zuerst 1757 anonym erschienen, erlebte das Buch bis 1782 neun Auflagen und mehrere Nachdrucke. - Ausgabe: A Philosophical Enquiry into the Origin of our Ideas of the Sublime and Beautiful. Edited with an introduction and notes by James Thompson Boulton. London 1958. - Übersetzung: Philosophische Untersuchungen über den Ursprung unserer Ideen vom Erhabenen und Schönen, übersetzt von

Edmund Burke (handwritten)

A
Philofophical Enquiry
INTO THE
ORIGIN of our IDEAS
OF THE
SUBLIME
AND
BEAUTIFUL.

With an Introductory DISCOURSE concerning TASTE, and feveral other Additions.

A NEW EDITION.

LONDON:
Printed for J. DODSLEY, in Pall-mall
M.DCC.LXXXVII.

Nr. 33

Friedrich Bassenge, Hamburg 1980 (Philosophische Bibliothek Bd. 324).

Der spätere große Kritiker der französischen Revolution, Edmund Burke (1729 - 1797), führte mit seinem vieldiskutierten Buch insbesondere den Begriff des 'Erhabenen' erfolgreich in die Ästhetik ein, und zwar gerade als Gegenbegriff zum Schönen; das Erhabene beruht auf dem Erleben von Furcht und Schrecken in der Dichtung. Auch Mendelssohn wurde von diesem Buch, das Lessing übersetzen wollte, vielfältig angeregt. Er beschäftigte sich jahrelang gründlich mit Burke.

Im zweiten Stück des dritten Bandes der 'Bibliothek' (1758; Jubiläumsausgabe Bd. 4, S. 216 - 236) versuchte Mendelssohn, seiner Faszination durch dieses Buch Zügel anzulegen (ebd., S. 216 f.): "Gegenwärtige Schrift enthält so viel neue und seltsame Bemerkungen, daß sie einen unvorsichtigen Weltweisen in Versuchung führen können, an ihrer Wahrheit zu zweifeln, oder sein System fahren zu lassen. Der ungenannte Herr Verfasser suchet auch alle bekannte Systeme nieder zu reißen. Allein seine Philosophie scheint uns an vielen Orten nicht gründlich genug, und er, die Systeme nicht recht untersuchet zu haben, die er zu widerlegen glaubet. Es wäre zu wünschen, daß die Engländer so fleißig unsere Philosophie studirten, als wir ihre Beobachtungen zu Rathe ziehen. Von denenjenigen, welche unser Verfasser gemacht hat, glauben wir, so hartnäckig sie auch anfangs scheinen mögen, daß sie, von der rechten Seite angegriffen, sich willig in das Joch des Systems bequemen dürften."

34

Alexander Gottlieb Baumgarten: Aesthetica. - Frankfurt an der Oder 1750: Johann Christian Kleyb.
HAB: Vb 38

[12], 623 S. kl.8°. Erstausgabe. - Bd. 2 1758 (Nachdruck der beiden Bände Hildesheim 1961, ²1970). - Auswahlübersetzungen und Literatur: Hans R. Schweizer: Ästhetik als Philosophie der sinnlichen Erkenntnis. Eine Interpretation der "Aesthetica" A.G. Baumgartens mit teilweiser Wiedergabe des lateinischen Textes und deutscher Übersetzung, Basel 1973. Michael Jaeger: Kommentierende Einführung in Baumgartens "Aesthetica", Hildesheim und New York 1980 (Philosophische Texte und Studien 1). Alexander Gottlieb Baumgarten: Theoretische Ästhetik. Die grundlegenden Abschnitte aus der "Aesthetica" (1750 / 58), übersetzt und hrsg. von Hans Rudolf Schweizer. Lateinisch-deutsch, Hamburg 1983 (Philosophische Bibliothek Bd. 355).

Obwohl selbst von Wolffs Schriften - er studierte sie, von der Mathematik über die Logik aufsteigend, streng nach der von Wolff angegebenen Methode - tief geprägt, überwand Baumgarten (1714 - 1762) dennoch Gottscheds (Katalog-Nr. 31) von der Logik ausgehende, auf allgemeine Regeln zielende vernunftgemäße Betrachtung der Kunst. Im Gegensatz dazu erkannte Baumgarten die Bedeutung der unteren (sinnlichen) Erkenntniskräfte für den Kunstgenuß und die Interpretation der Kunst. Dieser Systematik des sinnlichen Erkennens gab er den Titel 'Ästhetik'; er schuf damit eine neue wissenschaftliche Disziplin. Mendelssohns

Nr. 34

rühmende Worte sind bereits (Katalog-Nr. 32) zitiert worden. Seine Besprechung des zweiten Bandes der "Aesthetica" im ersten Stück des vierten Bandes der 'Bibliothek' (1758; Jubiläumsausgabe Bd. 4, S. 263 - 275) schließt mit den Worten (a.a.O., S. 275): "Möchte doch der Himmel unserm großen Weltweisen Kräfte genug verleihen, den theoretischen Theil der Aesthetik zu vollenden, und auch den praktischen Theil mit der ihm eigenen Gründlichkeit auszuarbeiten! Wie vieles würde sich alsdann aufklären, das uns ietzt dunkel und unbegreiflich ist."

Der geplante dritte Band erschien aber nicht mehr; Baumgarten starb 1762. Mendelssohn war tief erschüttert, kritisierte aber die überlieferten letzten Worte des von ihm hochverehrten Gelehrten (Jubiläumsausgabe Bd. 12.1, S. 32): "Wer von den Wissenschaften mit mir spricht, ist mein Feind! Dieser Ausdruck ist meines Erachtens auf keinerley Weise zu entschuldigen. Wenn die Vernunft nicht heilig genug ist, uns in der Todesstunde Gesellschaft zu leisten, und nach unserem Erblassen, die Augen zuzudrücken, warum warten wir so lange? Lieber frühzeitig die Widerspänstige aus seinem Umgange verbannet, und so gelebt, wie man zu sterben gedenkt. Wenn ich wüßte, daß mir die Todesstunde eine solche Meynung von der Vernunft beybringen könnte, den Augenblick wollte ich den ganzen Plunder, Weltweisheit genannt, von mir werfen, und mich zum Tode bereiten."

Im Gegensatz dazu hatte Mendelssohn 1761 Anlaß zu der Vermutung, "die Luft der republikanischen Freyheit" könnte Voltaires "ganze Denkungsart verändert haben." "Es sollte mich freuen, wenn Voltaire noch auf der Schwelle des Todes bewiese, daß ein großes Genie nicht alt werden kann, ohne weise zu werden. Was für ein Triumph für die Wissenschaften!" (Bd. 11, S. 194). (Voltaire starb übrigens erst 1778.)

V. Literaturkritik (1759 - 1762)

Nr. 35

35

[Moses Mendelssohn:] Rezension zu: Johann David Michaelis: Beantwortung der Frage von dem Einfluss der Meinungen in die Sprache und der Sprache in die Meinungen ... welche den von der königl. Academie der Wissenschaften für das Jahr 1759. gesetzten Preis erhalten hat. Berlin 1760. In: Briefe, die Neueste Litteratur betreffend. IIIter Theil (= 72. - 74. Brief). - Berlin 1759: Friedrich Nicolai, S. 364 - 389.
HAB: Za 112

kl.8°. Erstdruck. Auf dem Titel der Kopf des blinden Homer als Signet des Verlages Friedrich Nicolai. - Ausgabe: Gesammelte Schriften Bd. 4.1, S. 585 - 596.

Die 'Literaturbriefe' ("Briefe, die Neueste Litteratur betreffend") stellen Nicolais erstes eigenes Verlagsobjekt dar. Von 1759 bis 1765 in 24 Teilen mit 333 Briefen erschienen, überstrahlen sie wegen Lessings anfänglicher reger Mitarbeit (55 Briefe) die 'Bibliothek', obwohl sie eigentlich die Fortsetzung zu Nicolais und Mendelssohns Mitarbeit an der 'Bibliothek' bilden (diese erschien noch bis 1765). Man sollte auch die von Nicolai und Mendelssohn herausgegebene "Sammlung vermischter Schriften zur Beförderung der schönen Wissenschaften und der freyen Künste" nicht übersehen, die 1759 - 1763 (6 Bde.) ebenfalls in Nicolais Verlag herauskam.

Da Lessing schon 1760 Berlin wieder verließ und Nicolai sich zunehmend auf sein Geschäft als Verleger konzentrierte, ruhte die Last der redaktionellen Arbeit hauptsächlich auf Mendelssohns Schultern; sein Anteil an den 'Literaturbriefen' geht also über die 112 von ihm verfaßten Briefe noch weit hinaus, hielten doch Mendelssohn und Nicolai die sachkundige und unparteiliche Würdigung der Neuerscheinungen für viel wichtiger als mögliche Eitelkeiten der anonym bleibenden Rezensenten. Mendelssohn griff daher korrigierend und ergänzend in eingesandte Rezensionen ein, um sie dem besprochenen Werk gerechter werden zu lassen (vgl. Katalog-Nr. 71).

Johann David Michaelis (1717 - 1791), Professor für orientalische Sprachen in Göttingen, war eine der glanzvollsten Gelehrtenpersönlichkeiten seiner Zeit, der mit seinen Arbeiten zur Textkritik des Alten Testaments und zur biblischen Altertumskunde (z. B. zur mosaischen Gesetzgebung) wichtige Schritte in Richtung auf eine historische, nicht an den Maßstäben der christlichen Kirche messende Interpretation der Bibel vornahm, die er auch neu übersetzte. Interkonfessionell und international bewundert, verfügte der 'Regent von Göttingen' über weitreichende Macht. Sein Fall - nicht nur durch die stürmische Weiterentwicklung der Orientalistik und Theologie (vgl. z. B. Katalog-Nr. 42), sondern auch durch seine eigene Herrschsucht verursacht - war umso tiefer. Er mußte z. B. aus der Göttinger Gesellschaft der Wissenschaften, deren Direktor er einst gewesen war, ausscheiden. Literatur: Emanuel Hirsch: Geschichte der neuern evangelischen Theologie. Bd. 4, Gütersloh 1952, S. 32 ff. Karlfried Gründer: Figur und Geschichte. Johann Georg Hamanns 'Biblische Betrachtungen' als Ansatz einer Geschichtsphilosophie, Freiburg und Müchen 1958, S. 173 ff.

Die Frage nach dem Ursprung der Sprache, für das Jahr 1759 von der Berliner Akademie als Preisaufgabe gestellt, war eines der großen Themen der Zeit, hatte doch z. B. Rousseau den glücklichen Urmenschen für sprachlos oder besser: sprachfrei gehalten. Mendelssohns Rezension der preisgekrönten Schrift von Michaelis belegt, daß er die Anonymität nicht als Deckmantel für gewagte Angriffe auffaßte, sondern mit ganz vorurteilsfreier Sachlichkeit urteilte (Gesammelte Schriften Bd. 4.1, S. 585 f.): "So wenig die Augen in ihrem natürlichen Zustande das Werkzeug des Sehens, die Lichtstrahlen, deutlich wahrnehmen, eben so wenig mag vielleicht die Seele das Werkzeug ihrer Gedanken, die Sprache, bis auf ihren Ursprung untersuchen können. Dieses mag uns so lange zur Entschuldigung dienen, bis ein glücklicheres Genie die Entschuldigungen unnöthig macht. Da ich ein Freund von dergleichen Speculationen bin, so können Sie sich leichtlich vorstellen, daß ich die Preisschrift der königl. Academie für dieses Jahr, die eine philosophische Untersuchung der Sprachen zum Gegenstande hat, mit ungemeiner Begierde in die Hände genommen hatte. Die gekrönte Abhandlung des Hrn. Prof. M i c h a e l i s in Göttingen ist meines Bedünkens eine von den wichtigsten Schriften, die wir in dieser Materie haben. Die Aufgabe erforderte weit mehr als eine bloße Sprachgelehrsamkeit, sie erforderte auch eine gründliche Kenntniß der Meinungen und eine philosophische Beurtheilungs-

Briefe,
die neueste Litteratur betreffend.

XI. Den 13. December. 1759.

Zwey und siebenzigster Brief.

Warum mag es doch so schwer seyn, über den Ursprung der Sprachen mit einiger Gründlichkeit zu philosophiren? Ich weis wohl, daß sich von geschehenen Dingen, davon wir keine urkundliche Nachrichten haben, selten mehr als Muthmaßungen herausbringen lassen. Allein warum will den Weltweisen auch keine Muthmaßung, keine Hypothese glücken? Wenn sie uns nicht sagen können, wie die Sprachen wirklich entstanden, warum erklären sie uns nicht wenigstens, wie sie haben entstehen können? — Sollte es nicht daher kommen, weil uns die Sprachen so natürlich geworden, daß wir nicht ohne dieselben denken können? So wenig die Augen in ih-

Aa   rem

Nr. 35

kraft; - Talente, die man selten in einer Person beisammen findet. Man sieht auch, daß unter allen Mitwerbern des Preises der einzige Michaelis der Sache gewachsen scheint ...".
Zu Michaelis vgl. Katalog-Nr. 14, 92, 108, 120.

Es versteht sich, daß Mendelssohns literarische Aktivitäten sich nur durch eine große Arbeitsleistung mit seinem Hauptberuf als Buchhalter einer Seidenfabrik vereinbaren ließen. Schon Anfang 1758 schrieb Mendelssohn an Lessing (Jubiläumsausgabe Bd. 11, S. 180 f.):

"Liebster Freund!
Ein guter Buchhalter ist gewiß ein seltnes Geschöpf. Er verdient die größte Belohnung; denn er muß Verstand,

rem natürlichen Zustande, das Werkzeug des Sehens, die Lichtstrahlen, deutlich wahrnehmen, eben so wenig mag vielleicht die Seele das Werkzeug ihrer Gedanken, die Sprache bis auf ihren Ursprung untersuchen können. — Dieses mag uns so lange zur Entschuldigung dienen, bis ein glücklicheres Genie die Entschuldigungen unnöthig macht. — Da ich ein Freund von dergleichen Speculationen bin; so können Sie Sich leichtlich vorstellen, daß ich die Preißschrift der königl. Academie für dieses Jahr, * die eine philosophische Untersuchung der Sprachen zum Gegenstande hat, mit ungemeiner Begierde in die Hände genommen hatte. Die gekrönte Abhandlung des Herrn Professor Michaelis in Göttingen, ist meines Bedünkens, eine von den wichtigsten Schriften, die wir in dieser Materie haben. Die Aufgabe erforderte weit mehr als eine bloße Sprachgelehrsamkeit, sie erforderte auch eine gründliche Kenntnis der Meinungen und eine philosophische Beurtheilungskraft. Da

* Ueber den Einfluß der Sprachen in die Meinungen und der Meinungen in die Sprachen.

Witz und Empfindung ablegen, und ein Klotz werden, um richtig Buch zu führen. Verdient ein solches Opfer zum Besten der Finanzen nicht die größte Belohnung?
Wie ich heute auf diesen Einfall komme, fragen Sie? Sie können es wohl unmöglich errathen, daß mir des Hrn. von Kleist neue Gedichte dazu Anlaß gegeben. Ich ließ sie mir des Morgens um 8 Uhr kommen. Ich wollte unserm lieben Nicolai eine unvermuthete Freude damit machen, und sie mit ihm durchlesen. Allein ich ward verhindert - die ungestümen Leute! Was bringt Er, mein Freund? und Sie Gevattern? und Er, Geselle? Lassen Sie mich heute, ich kann nicht. 'Sie haben ja nicht irgend Feyertage?' - Das wohl eigentlich nicht, aber ich bin

krank. Es verschlägt Ihnen ja nichts. Kommen Sie morgen wieder. - Diese Leute waren gefällig, allein mein Principal war es nicht. Ich bekam Arbeit bis gegen Mittag. Ich las indessen unter der Arbeit hier und da ein Fleckchen, und da merkte ich es, wie schwer es ist, Empfindung zu haben, und ein Buchhalter zu seyn. Ich fing an, in Handlungssachen schön zu denken, und machte in meine Bücher eine von den Schönheiten, die man von einer Ode zu rühmen pflegt. Ich verwünschte meinen Stand ...".

Aus demselben Brief stammt das Bonmot (a.a.O., S. 181): "Die Franzosen philosophiren mit dem Witze, die Engländer mit der Empfindung, und nur die Deutschen haben kaltes Blut genug, mit dem Verstande zu philosophiren."

36

[Friedrich II., König von Preußen:] Poesies diverses. - Berlin 1760: Christian Friedrich Voß.
HAB: P 495 Helmst 4°

[10], 444 S. 4°. - Das Titelkupfer (19,6 x 15,7 cm) von Johann Wilhelm Meil (1733 - 1805) zeigt die Verbindung des Helden mit dem Dichter: Herkules sitzt noch in der Höhle, in der er soeben den Nemäischen Löwen umgebracht hat, und spielt auf seiner Leier. - Die Titelvignette (11,5 x 13,2 cm) desselben Künstlers zeigt, auf Wolken in die Höhe getragen und von Strahlen umgeben, Minerva, in deren Schoß die Wahrheit liegt; ein Genius hängt eine Leier an eine Waffen-Trophäe (Dorn: Meil, S. 43 f.). - Ausgabe: Oeuvres de Frédéric le Grand, hrsg. von Johann David Erdmann Preuß. Bd. 10: Oeuvres poétiques I, Berlin 1849. - Übersetzung (Auswahl): Die Werke Friedrichs des Großen. In deutscher Übersetzung, hrsg. von Gustav Berthold Volz. Bd. 9: Dichtungen, Erster Teil, Berlin 1914. - Literatur: Jürgen Ziechmann: Friedrichs poetische Produktion, in: Panorama der friderizianischen Zeit. Friedrich der Große und seine Epoche. Ein Handbuch, hrsg. von Jürgen Ziechmann, Bremen 1985 (Forschungen und Studien zur friderizianischen Zeit 1), S. 2521 - 259 (nennt die ältere Literatur).

Die reichlich verwickelte Editions- und Druckgeschichte der Dichtungen Friedrichs II. läßt sich grob so zusammenfassen: Schon 1750 ließ Friedrich Privatdrucke seiner Gedichte an ausgewählte Freunde verteilen, jedoch mit der Bitte um äußerste Diskretion. Zehn Jahre danach erschienen jedoch unerlaubte französische Nachdrucke, die sofort auf den Index kamen und den König nötigten, zu ihrer Abwehr in aller Eile eine von satirischen und persönlichen Passagen gereinigte, aber authentische Fassung in den Handel zu bringen, die u. a. um eine Ode gegen die Verleumdung bereichert

Nr. 36

wurde. Mit Hilfe des Marquis d'Argens gelang dies auch, doch war der erste Druck so fehlerhaft, daß noch im selben Jahr 1760 ein zweiter, verbesserter, in größerer Auflage erscheinen mußte. Diese Ausgabe, von der hier ein Exemplar gezeigt wird, stieß verständlicherweise auf große Resonanz.

Die verbreitete Meinung über die Dichtungen Friedrichs II., in der sich hohe Bewunderung für den poetischen Gedankenreichtum und die Echtheit der Empfindungen mit starker Zurückhaltung vor der pessimistischen Lebensphilosophie des Königs verband, wurde auch von Mendelssohn geteilt und in schönen Worten zum Ausdruck gebracht (98. - 101. Literaturbrief, 1760. Gesammelte Schriften Bd. 4.2, S. 66 - 98; S. 67 f. und S. 70): "Sie werden selten bei einem Dichter so viel Philosophie, erhabene Gesinnungen, Kenntniß des menschlichen Herzens, Natur in den Gemälden und Gleichnissen, und so viel Zartheit in den Empfindungen angetroffen haben; und, was an einem Werke des Genies die größte und seltenste Zierde ist, die reine Sprache des Herzens, welche sich nie verläugnet, und

nie durch die Kunst nachahmen läßt. Jeder Vers beinahe ist ein Zug von dem Charakter dieses Prinzen; und das Ganze ist das wahre Portrait, worin seine große Seele, sein noch größeres Herz, und seine Schwachheiten selbst, auf das natürlichste geschildert sind. ...

Selbst die Gründe, die hier wider die Unsterblichkeit der Seele angeführt werden, scheinen mir so unerheblich, daß sie ... zu unsern Zeiten ... in der Philosophie eine so schlechte Figur machen, daß sie kaum beantwortet zu werden verdienen."

Literatur: Moriz Türk: Friedrichs des Großen Dichtungen im Urteile des achtzehnten Jahrhunderts. Erster Teil (Wissenschaftliche Beilage zum Jahresbericht der 8. Städtischen Realschule zu Berlin. Ostern 1897 [Programm Nr. 123 b]), Berlin 1897. Ernst Benz: Der Philosoph von Sans-Souci im Urteil der Theologie und Philosophie seiner Zeit (Oetinger, Tersteegen, Mendelssohn), in: Akademie der Wissenschaften und der Literatur. Abhandlungen der geistes- und sozialwissenschaftlichen Klasse, Jg. 1971, Nr. 10. Mainz 1971, S. 66 - 73, 113 - 125.

37

Friedrich der Große. Brustbild nach links. Kupferstich von Johann Friedrich Bause (1738 - 1814). 1759.

32,3 x 24,9 cm. - Literatur: Keil: Bause, S. 78 (Nr. 123). Thieme-Becker Bd. 3, S. 93 - 95. Edwin von Campe: Die graphischen Porträts Friedrichs des Großen aus seiner Zeit und ihre Vorbilder, München 1958, S. 10 und 33 (Nr. 32).

Teils weil er sich nicht für schön hielt, teils weil er es als Zeitverschwendung ansah, stundenlang einem Protraitmaler zu sitzen, ließ sich Friedrich II. seit seiner Thronbesteigung 1740 nicht mehr malen. Die Künstler mußten sich also anders behelfen. So griff Antoine Pesne auf sein Portrait von 1739 zurück, um gegen 1750 denselben Darstellungstyp, jetzt aber mit etwas älter gemachten Gesichtszügen zu malen. Dieses Gemälde diente wiederum dem Stecher Johann Georg Wille (1715-1808; Thieme-Becker Bd. 36, S. 11 f.) als Vorlage, der den König nochmals altern ließ. Bause fertigte eine Kopie dieses Stiches an. Ähnlichkeit ließ sich auf diese Weise natürlich kaum erreichen, solange der König lebte. Seine Totenmaske war es dann, die ab 1786 zum Vorbild zahlreicher Darstellungen (z. B. zum Gemälde von Anton Graff) wurde.

Literatur zur Judenpolitik Friedrichs II.: Selma Stern: Der preussische Staat und die Juden. Teil 3: Die Zeit Friedrichs des Grossen. 2 Abtlgn. in 3 Bdn.. Tübingen 1971 (Schriftenreihe wissenschaftlicher Abhandlungen des Leo Baeck Instituts 24/1 - 2). Gerd Heinrich: Religionstoleranz in Brandenburg-Preußen. Idee und Wirklichkeit, in: Preußen. Versuch einer Bilanz. Bd. 2: Preußen. Beiträge zu einer politischen Kultur, Reinbek 1981, S. 61 - 88. Heinz Duchhardt: Die Juden, in: Panorama der fridericianischen Zeit. Friedrich der Große und seine Epoche. Ein Handbuch, hrsg. von Jürgen Ziechmann, Bremen 1985 (Forschungen und Studien zur fridericianischen Zeit 1), S. 565 - 570.

38

Johann Georg Hamann: Gedanken über meinen Lebenslauf. Zeitgenössische Abschrift.
Christian-Albrechts-Universität zu Kiel, Universitätsbibliothek: Cod. M.S. 72

26 Folioseiten. - Ausgabe: Sämtliche Werke, hrsg. von Josef Nadler. Bd. 2, Wien 1950, S. 9 - 54.

Nr. 37

In London und Riga schrieb Hamann 1758/59 die bekenntnishaften "Gedanken über meinen Lebenslauf" nieder, in denen er seine Jugend und seine am 1. Oktober 1756 begonnene Geschäftsreise schilderte, mehr aber noch seine Zweifel und Depressionen, die im Erlebnis der Bekehrung ihre Wende fanden (London 1757/58). Vom 14. Oktober bis zum 23. November hatte er in Berlin Station gemacht (a.a.O., S. 31): "Ich ließ mir diesen Ort als den ersten großen, den ich gesehn hatte, außerordentlich gefallen und fand daselbst einige alte gute Freunde, Rutzen, Pastor Reinbek, Reusch, die alle vergnügt waren mich zu sehen; ich lernte meinen Freund Sahme kennen; und unter Gelehrten den Juden Moses nebst einem andern seines Glaubens und seiner Fähigkeit oder Nacheyferung, den Prof. Sulzer, der mich in die Akademie führte, Ramler, ...".

39

Johann Georg Hamann. Brustbild nach links mit Kopf-
tuch. Kupferstich nach dem Gemälde eines unbekann-
ten Malers von 1765.
HAB: P I 5574

16,2 x 13,5 cm.

Mit seinen genialisch-dunkelen Schriften, in denen sich
theologische, sprach- und geschichtsphilosophische
Gedanken auf eigenwillige Art mischen, gab Hamann
(1730 - 1788) nicht nur dem 'Sturm und Drang' nach-
haltige Impulse. Er war der Freund vieler Aufklärer,
zugleich aber Gegner der Aufklärung und wirkte wie
der mystische Prophet einer neuen, nicht mehr vom
vernünftigen Nachdenken geleiteten Richtung des Geistes.
   Literatur: Sven-Aage Jørgensen: Johann Georg Hamann, Stuttgart 1976 (Sammlung Metzler 143). Johann
Georg Hamann, hrsg. von Reiner Wild, Darmstadt 1978
(Wege der Forschung 511). Johann Georg Hamann.
Acta des [ersten] (zweiten) internationalen Hamann-
Colloquiums in Lüneburg 1976 (Marburg 1980), hrsg.
von Bernhard Gajek, Frankfurt am Main 1979 (Marburg
1983).

Nr. 39

40

[Johann Georg Hamann:] Sokratische Denkwürdigkeiten / für die lange Weile des Publicums zusammenge-
tragen von einem Liebhaber der langen Weile. Mit einer
doppelten Zuschrift an Niemand und an Zween. -
Amsterdam 1759 [Königsberg: Hartung].
HAB: Lo 2543.1

64 S. 12°. Erstausgabe. - Das lateinische Motto belegt bloß die
'Zuschrift' ("... vielleicht zwei, vielleicht niemand") aus Persi-
us, Satira I, v. 1 - 3. - Ausgabe: Sämtliche Werke, hrsg. von Josef
Nadler. Bd. 2, Wien 1950, S. 57 - 82. Sokratische Denkwürdigkeiten - Aesthetica in nuce. Mit einem Kommentar hrsg. von
Sven-Aage Jørgensen, Stuttgart 1968 (Universalbibliothek
926/926a). Dazu: Johann Georg Hamanns Hauptschriften
erklärt. Bd. 2: Sokratische Denkwürdigkeiten, erklärt von
Fritz Blanke, Gütersloh 1959.

Hamann stattete Sokrates mit seinen eigenen Charak-
tereigenschaften aus, setzte aber gleichzeitig das sokratische Daimonion in Beziehung zum Geniebegriff und
zum Heiligen Geist. In seiner Rezension im 113. Literaturbrief (1760; Gesammelte Schriften Bd. 4.2, S. 99 -
105) lobte Mendelssohn (noch) den 'körnigen, aber
etwas dunklen Stil' des Verfassers, besonders aber dessen Eindringen in den Charakter des Sokrates (a.a.O.,
S. 99). Hamann erwiderte darauf mit den "Wolken"

(Katalog-Nr. 41). Nach diesem Vorgeplänkel entzünde-
te sich der eigentliche Streit zwischen Hamann und
Mendelssohn, den Hamann als Haupt der Aufklärung
ansah, schätzte und bekämpfte, an Mendelssohns
Rezension der "Nouvelle Héloïe" (vgl. Katalog-Nr. 43).
Mendelssohn verstand Hamann letztlich nicht, aber er
hatte Gründe dafür, so z. B. Hamanns absichtliches
Bemühen um Unverständlichkeit. 1762 schrieb Mendelssohn (Gesammelte Schriften Bd. 4.2, S. 404): "Ich
habe jetzt einen Schriftsteller vor mir, der eine feine
Beurtheilungskraft besitzt, viel gelesen und verdauet
hat, Funken von Genie zeigt, und den Kern und Nachdruck der deutschen Sprache in seiner Gewalt hat; der
also vermöge dieser Eigenschaften einer unsrer besten
Schriftsteller hätte werden können, aber, durch diese
Begierde, ein Original zu seyn, verführt, einer der tadel-
haftesten Schriftsteller geworden ist. Sie werden sich
eines kleinen Aufsatzes unter dem Titel 'S o k r a t i -
s c h e   D e n k w ü r d i g k e i t e n' erinnern, welchen
ich Ihnen einst angepriesen."
   Die Grenzen seiner Bereitschaft, sich mit Hamann
auseinanderzusetzen, zeigen sich in Mendelssohns vor-
angehenden Sätzen (ebd., S. 403 f.): "Daher scheinen die
großen Genies bald für Engel, bald für Kinder zu

schreiben. Hingegen lehrt uns der G e s c h m a c k , unser Absehen allezeit auf eine gewisse Reihe von Lesern zu richten, durch Beobachtung und Nachdenken die höchsten und niedrigsten Stufen von Einsichten zu erfahren, welche man ihnen zutrauen kann; und endlich im Durchschnitt denjenigen Ausdruck zu wählen, bei welchem der Geringste aus dieser Reihe n i c h t w e n i g e r , der Aufgeklärteste aber w e i t m e h r denkt, als geschrieben steht.

Wer sich von dieser glücklichen Mittelstraße verliert, ist in Gefahr, desto mehr davon abzukommen, je mehr Genie er hat; so wie ein edles Roß weiter vom Wege abführen kann, als ein gemeines Zugpferd. Besonders pflegt die Begierde sich einen eigenen Weg zu bahnen, um ein Original zu seyn, die besten Köpfe zu verführen."

Literatur zum Streit zwischen Hamann und Mendelssohn, in den noch und gerade "Jerusalem" (Katalog-Nr. 117) von Hamann einbezogen wurde: Götz Ebell: Moses Mendelssohn und die deutsche Literatur. Züricher Phil. Diss. 1966, Hannover 1966, S. 21 ff. Meier Bd. 2, S. 597 - 670. Ze'ev Levy: Johann Georg Hamann's Concept of Judaism and Controversy with Mendelssohn's "Jerusalem", in: Leo Baeck Institute Yearbook 29 (London 1984), S. 295 - 329.

1777 war Mendelssohn im Rahmen einer Geschäftsreise in Königsberg gewesen. Im November schrieb Hamann (Briefwechsel, hrsg. von Walther Ziesemer und Arthur Henkel. Bd. 3, Wiesbaden 1957, S. 384 f.): "Die gröste und vielleicht einzige Freude, die ich diesen Sommer gehabt, ist gewesen unsern lieben Philosophen Moses Mephiboseth - Er wird seinem Freund Jonathan diesen Eckelnamen vergeben ... - hier in Preußen zu umarmen. Ich habe ihn alle Tage nolens volens, zur Zeit und zur Unzeit besucht - und ihn bis zum Thor hinaus begleitet."

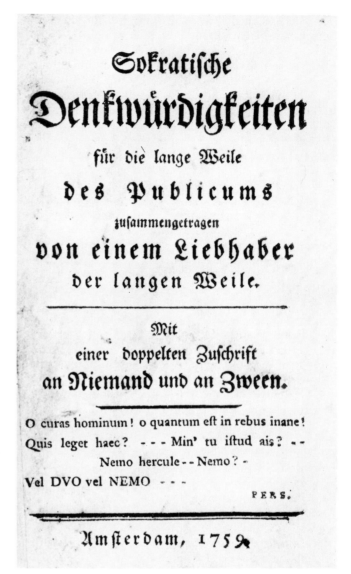

Nr. 40

41

[Johann Georg Hamann:] Wolken. Ein Nachspiel Sokratischer Denkwürdigkeiten. Cum notis variorum in usum Delphini. - Altona 1761 [Königsberg: Kanter].
Staatsbibliothek Preußischer Kulturbesitz Berlin, Handschriftenabteilung: Yy 5256R.

71, [1] S. 8°. Erstausgabe. - Das griechische Motto stammt aus Aristophanes' "Wolken" (358). - Ausgabe: Sämtliche Werke, hrsg. von Josef Nadler. Bd. 2, Wien 1950, S. 83 - 109. Aufgeschlagen: S. XX

In seinem satirischen "Nachspiel" zu den "Sokratischen Denkwürdigkeiten" (Katalog-Nr. 40) entwickelte Hamann den Geniebegriff auf polemisch-prophetische Weise. Er verspottete auch Mendelssohns wohlwollende Rezension der "Denkwürdigkeiten": "Daß ich nicht meine eigene Ehre suche, hätten Sie [= Lindner] wahrnehmen können, wie ich mit dem Lob in den Briefen der Literatur umgegangen bin. Diese Herren haben im Geist gesehen, daß L o b e n eine g e f ä h r l i c h e Sache ist, wenn man nicht recht damit umzugehen weiß und daß jeder Autor nicht mit e i n e m k a h l e n L o b satt gemacht wird. Die Geißel womit diese Briefsteller gezüchtet worden ist e m p f i n d l i c h e r als die der Nachrichter hat fühlen müssen" (Briefwechsel, hrsg. von Walther Ziesemer und Arthur Henkel. Bd. 2, Wiesbaden 1956, S. 71 f.; mit dem 'Nachrichter' ist der Verriß der "Sokratischen Denkwürdigkeiten" in den "Hamburgischen Nachrichten" von 1760 gemeint).

Am Anfang des 'Zweiten Aufzuges' vergleicht sich Hamann mit der Hexe von Endor, weil es ihm gelungen sei, Sokrates zu beschwören - selbst die "Philosophen" (= Mendelssohn) müßten das zugeben: "Jene verjährte Erzählung von der Hexe zu Endor, die einen todten Propheten herauf brachte, hat mit dem Gauckelspiel eines Schriftstellers viel Aehnlichkeit, den man gleichfalls zu fragen nöthig gehabt: was siehest du? und wie ist er gestaltet? Sein Zauberwitz erzählt etwas, nicht halb nicht ganz, von einem alten Mann in einem seidenen Rock gekleidet; und Philosophen, deren Scepter die Wahrsager und Zeichendeuter aus dem Lande der Vernunft und des Geschmacks auszurotten befiehlt, geben seiner schwarzen Kunst das seltsame Zeugniß, daß es Sokrates sey, den er sich rühmt gesehn zu haben, und deßen Gestalt er ihnen durch einen Spiegel im Rätzel gewiesen haben soll" (a.a.O., S. 91).

Hier handelt es sich noch um eine recht leicht verständliche Passage. Die folgende ist schon etwas schwieriger: Weil Sokrates die Philosophie als Hebammenkunst verstand, wird hier der Gebärstuhl gegen die "Philosophen" ausgespielt: "Wenn Sokrates so viel verstanden hätte als die Philosophen, denen er aus der Schule gelaufen war; so würde er nicht nöthig gehabt haben, die Heimlichkeiten der Natur auf dem Stuhl kennen zu lernen, sondern hätte eben so gut als andere die Einsichten der Philosophie in der Liebe und im Genuß der Wahrheiten selbst schöpfen können, nicht aber in den Nachwehen und Würkungen ihres züchtigen Umganges. Das Unvermögen, dessen sich Sokrates bewußt war, verbot ihm von selbst Vater oder Lehrer zu werden" (S. 96 f.).

Auf diesen Angriff erwiderte Mendelssohn nicht; er schrieb an Hamann (Jubiläumsausgabe Bd. 11, S. 301): "Von den Wolken haben wir aus Nachsicht für den geschätzten Verfasser der Denkwürdigkeiten niemals ein Urteil gefällt." Hamann erwiderte (ebd., S. 308): "Die Nachsicht, aus der Sie sich ein Verdienst machen, ist eben die Beleidigung, die unerkannte Sünde, die ich Ihnen nicht vergeben kann, noch vergeben will."

42

Hermann Samuel Reimarus: Allgemeine Betrachtungen über die Triebe der Thiere, hauptsächlich über ihre Kunst-Triebe: zum Erkenntniß des Zusammenhanges der Welt, des Schöpfers und unser selbst, vorgestellt von

Nr. 42

Hermann Samuel Reimarus. - o.O. [Hamburg] 1760: Johann Carl Bohn.
HAB: Nh 43

[16], 410, [22] S. Anhang: 104 S. kl.8°. Erstausgabe (mit dem Anhang der 2. Aufl.). - Ausgabe: Allgemeine Betrachtungen über die Triebe der Thiere, hauptsächlich über ihre Kunsttriebe. 2 Bde. hrsg. von Jürgen von Kempski, Göttingen 1982 (Veröffentlichungen der Joachim Jungius-Gesellschaft der Wissenschaften 46). Literatur: Gerhard Alexander: Moses Mendelssohn und Hermann Samuel Reimarus, in: Judentum im Zeitalter der Aufklärung, Bremen und Wolfenbüttel 1977 (Wolfenbütteler Studien zur Aufklärung 4), S. 187 - 209.

Die 'Triebe der Tiere' nannte man später ihre Instinkte. Reimarus versuchte sie systematisch zu ordnen und auch im Menschen nachzuweisen. Mendelssohn äußerte in seiner Rezension im 130. und 131. Literaturbrief (1760, Gesammelte Schriften Bd. 4.2, S. 176 - 197) eine ganze Reihe von Einwänden. An diesem Beispiel wird deutlich, wie stark diese neue Form der Kritik beachtet wurde und welche bedeutende Funktion sie für die gelehrte Diskussion gewann: Reimarus beschäftigte sich in der zweiten Auflage seines Buches (1762) in einem eigenen Anhang von 104 Seiten mit Mendelssohns Einwänden und suchte sie zu widerlegen. Auf den gereizten, persönlichen Ton dieses Anhangs erwiderte Mendelssohn im 242. Literaturbrief (1762, a.a.O., S. 390 - 402; S. 390 f.): "Der A n h a n g, mit welchen Hr. R e i m a r u s sein Werk 'v o n   d e n   T r i e b e n   d e r   T h i e r e' vermehrt hat, ist, wie alles, was aus dieser Feder fließt, überaus lesenswerth. Er handelt in demselben 'von den verschiedenen Determinationen der Naturkräfte, und ihren mancherley Stufen', bei welcher Gelegenheit er die Erinnerungen, welche ich in den Briefen wider sein System einfließen lassen, umständlich widerlegt. Ich hoffe mich für die Mühe, welche ich mir bei der Beurtheilung dieses Werks gegeben, sattsam belohnt, da ich durch meine Einwürfe den Herrn Verfasser veranlaßt habe, seine Gedanken mehr ins Licht zu setzen, und dem Publico einige Bogen zu liefern, welche es mit Nutzen und Vergnügen lesen wird. Ob ich nunmehr völlig überzeugt sei, und mein Unrecht so erkenne, wie es der Hr. Verf. mir zu erkennen geben will, daran ist nichts gelegen. Genug! das Publikum, welches meine Einwürfe gelesen, kann nunmehr auch des Hrn. Verf. Widerlegung lesen, und urtheilen." Johann Albert Heinrich Reimarus gab nach Tod seines Vaters eine dritte Auflage heraus (1772), wobei er aus dem Anhang alle persönlichen Schärfen herausnahm.

Hermann Samuel Reimarus (1694 - 1768) war ein gleichermaßen entschiedener Anhänger einer natürlichen, vernunftgemäßen Religion wie ein Kritiker einer bloß geglaubten, übernatürlichen Offenbarungsreligion. Seine "Apologie oder Schutzschrift für die vernünftigen Verehrer Gottes" wurde postum und anonym (manche hielten Mendelssohn für den Verfasser) von Lessing teilweise veröffentlicht, und zwar als sieben "Fragmente des Wolfenbüttelschen Ungenannten". Im sich daran anschließenden 'Fragmentenstreit' (1777 ff.) wurden Reimarus' Thesen zwar scharf angegriffen, aber dadurch auch weiter verbreitet. Zugleich waren die Gegner genötigt, sich stärker auf eine historische Erforschung der Bibel einzulassen.

Literatur zu Reimarus: Hermann Samuel Reimarus (1694 - 1768). Ein "bekannter Unbekannter" der Aufklärung in Hamburg, Göttingen 1973 (Veröffentlichun-gen der Joachim Jungius-Gesellschaft der Wissenschaften 18). Günter Gawlick, Hermann Samuel Reimarus, in: Die Aufklärung, hrsg. von Martin Greschat, Stuttgart, Berlin, Köln, Mainz 1983 (Gestalten der Kirchengeschichte 8), S. 299 - 311.

An Lessing schrieb Mendelssohn 1761 (Jubiläumsausgabe Bd. 11, S. 192 f.): "Sie müssen nunmehr alle Briefe über die Litteratur, die nicht ganz leer von neuen Gedanken sind, ansehen, als wenn sie an Sie gerichtet wären. Für meinen Theil kann ich Sie versichern, daß ich weder den eingebildeten Officier, noch das Publikum in den Gedanken habe, so oft ich nicht bloß abschreibe, sondern selbst zu denken wage. Sie sind der Mann, den ich anrede, und dessen Urtheile ich meine unreifen Einfälle unterwerfe. Da ich des Glücks beraubt bin, sie mündlich mit Ihnen überlegen zu können; so ists immer einerley, ob sie Ihnen gedruckt, oder geschrieben unter die Augen kommen."

43

Jean-Jacques Rousseau: [Vortitel:] Julie, ou La Nouvelle Héloïse. Tome premier. [Titelblatt:] Lettres de deux Amans, Habitans d'une petite Ville au pied des Alpes. Première Partie. - Amsterdam 1761: Marc Michel Rey.
HAB: Lm 3153

[14], 407 S. ,2 nachträglich gelieferte und eingebundene Kupfertafeln. 8°. Erstausgabe. Erster von sechs Bänden. - Ausgabe: La Nouvelle Héloïse. Nouvelle édition ... par Daniel Mornet. 4 Bde., Paris 1925. - Übersetzung: Julie oder Die neue Héloïse, übersetzt von Johann G. Gellius, überarbeitet von Dietrich Leube. München 1978.

Aufgeschlagen: Kupfertafel zu S. 87: "Le premier baiser de l'amour" (Der erste Kuß der Liebe), gezeichnet von Hubert-François Gravelot (1699 - 1773; Thieme-Becker Bd. 14, S. 548 f.), gestochen von Nicolas van Frankendaal (nachweisbar bis 1775; Bd. 12, S. 381) (= 2. Ausgabe). Rousseau schrieb: "Julie hat soeben ihrem Freund einen Kuß cosi saporito gegeben, weswegen sie in eine Art Ohnmacht fällt. Man sieht, wie sie sich in einem Zustand der Mattigkeit in die Arme ihrer Cousine gleiten läßt und wie diese sie diensteifrig auffängt, was sie nicht hindert, zu lächeln, indem sie aus dem Augenwinkel zu ihrem Freund blickt. Der junge Mann streckt beide Arme nach Julie aus; mit dem einen hat er sie soeben umarmt, und der andere streckt sich vor, um sie zu unterstützen; sein Hut liegt auf der Erde. ... Das ganze Bild soll einen Rausch der Lust atmen, die durch eine gewisse Sittsamkeit noch anrührender wird" (ed. Mornet, a.a.O., Bd. 4, S. 370).

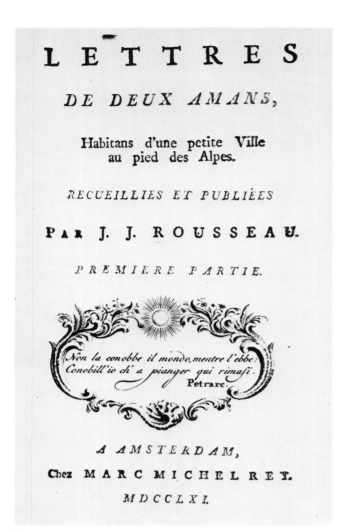

Nr. 43

Le premier baiser de l'amour.

Literatur: Alexis François: Le premier baiser de l'a-mour ou Jean-Jacques Rousseau inspirateur d'estampes, Genf und Paris 1920. Bibliographie der Ausgaben und Abbildungen: Théophile Dufour: Recherches bibliographiques sur les Oeuvres imprimées de J.-J. Rouseau. Bd. 1, Paris 1925 (Nachdruck New York 1971), Nr. 87 und 88 (S. 81 - 84).

In seinem großen Roman pflegt Rousseau den Kult, aber auch die Kultur der Leidenschaft und der Liebe; das seelische Erleben wird, besonders im Einssein mit der Natur, auf eine ganz neue Weise geschildert. Inhaltlich wie formal war das Werk von größtem Einfluß.

Mitte Mai 1761 hatte Mendelssohn an Lessing geschrieben (Jubiläumsausgabe Bd. 11, S. 207): "Das erste, das mir zum Lesen in die Hände fiel, waren einige Briefe in Rousseaus nouvelle Heloise, die vom Selbstmorde handelten. Sie haben mir gefallen, so gefallen, daß ich Sie um Rath fragen muß, ob ich in der zwoten Auflage von meinen Empfindungen nicht von diesen schönen Briefen Gebrauch machen soll. Er hat diese Materie so spitzfindig nicht behandelt, als ich; allein er hat sie näher ans Herz gelegt, und ich glaube, daß dieses die rechte Seite sey, von welcher diese Angelegenheit betrachtet werden muß. Der Schluß seines 22ten Briefes hat mich ungemein frappirt. Ich merke wohl, daß Rousseau die Kunst zu schreiben besser versteht, als ich."

Nach gründlicherer Lektüre hieß es dann jedoch in der Rezension (166. - 170. Literaturbrief, Juni 1761; Gesammelte Schriften Bd. 4.2, S. 260 - 278; S. 260 f.):

"Sie wissen, mit welcher Begierde ich sonst zuzugreifen pflege, sobald ich nur den Namen des G e n f e r B ü r g e r s auf der Stirne eines kleinen Aufsatzes glänzen sehe.

Aber hätte Rousseau lieber philosophische Aufsätze, als einen Roman geschrieben! Sie können nicht glauben, wie sehr ich mich in meiner Erwartung betrogen fand. Es hat mir nicht wenig Überwindung gekostet, alle sechs Bücher dieses Romans mit ununterbrochener Aufmerksamkeit durchzulesen. Man trauet sich Anfangs selber nicht. Seiner eigenen Empfindung zum Trotze, zwingt man sich, gewisse Dinge schön zu fin-

den, die ein allgemeiner Beifall dafür erkannt hat. Durch das Ansehen des Verfassers und des Publikums getäuscht, liest man, ermüdet die Geduld, und macht sich noch immer Hoffnungen, bis man endlich am Rande ist und sich betrogen sieht." Hier tut sich ein Abgrund zwischen der deutschen und der französischen Aufklärung auf: Dominique Bourel: Les réserves de Mendelssohn. Rousseau, Voltaire et le Juif de Berlin, in: Revue internationale de Philosophie 32 (1978), S. 309 - 326. Die Rousseau-Kritik war der Anlaß für Hamanns Streit mit Mendelssohn, vgl. Katalog-Nr. 40.

Moses Mendelssohn, der sanfteste ruhigste Mann, hatte in seinem Charakter entschiedene Festigkeit und Würde, wenn es darauf ankam Standhaftigkeit zu zeigen. Zwischen ihm und dem Generalfiskal erhob sich folgendes Gespräch. Dieser, der ihn noch gar nicht kannte, sah ihn als er eintrat mit finsterer Amtsmiene an, und fuhr heraus:

„Hör Er! wie kann Er sich unterstehen wider „Christen zu schreiben?

M. „Wenn ich mit Christen Kegel spiele, so „werfe ich alle Neune, wenn ich kann.

U. „Untersteht Er sich zu spotten? Weiß Er „wohl mit wem Er redet?

M. „O ja! Ich stehe vor dem Herrn Ge-„heimenrath und Generalfiskal Uhden, vor einem „gerechten Manne.

U. „Ich frage Ihn noch Einmal: wer hat „Ihm erlaubt, wider einen Christen, und noch dazu „wider einen Hofprediger *), zu schreiben?

M. „Ich muß nochmal wiederholen, und wahr-„lich ohne allen Spott: Wenn ich mit einem Chri-„sten Kegel schiebe, wäre es auch ein Hofprediger, „so werfe ich alle Neune, wenn ich kann. Das „Kegelspiel ist eine Erholung für den Leib, wie „die Schriftstellerei eine Erholung für meinen Geist

*) Diesen Vorwurf verstand damal weder Men-delssohn noch ich. Unten wird er deutlicher werden.

„ist; jeder welcher schreibt, macht es so gut wie „er immer kann. Uebrigens wüßte ich nicht, daß „ich je wider einen Hofprediger noch einen andern „Prediger geschrieben hätte.

U. „O! ich merke, Er will läugnen; man „wird Ihm schon die Künste abfragen. Er hat „wider die christliche Religion geschrieben.

M. „Wer Ihnen dieses gesagt hat, hat Ih-„nen eine große Unwahrheit gesagt.

U. „Läugne Er nur nicht! Man weiß es „schon besser. Dies ist wider das Judenprivile-„gium. Er hat den Schutz verwirkt.

M. „Ach! ich habe hier keinen Schutz zu ver-„wirken. Ich habe kein Privilegium; ich bin Buch-„halter bei dem Schutzjuden Bernhard.

U. „Desto schlimmer! Die geringste Strafe „für Seinen Frevel wird sein, daß man Ihn aus „dem Lande weiset.

M. „Wenn man mich gehen heißt, so werde „ich gehen. Ich habe mich nie den Gesetzen wi-„dersetzen wollen; und der Gewalt kann ich mich „noch weniger widersetzen.''

Auf ähnliche Art dauerte das Gespräch noch einige Zeit fort, ohne daß der Generalfiskal, auch auf Moses's Verlangen, sich über die eigentliche Ursache oder über die Anklage deutlich erklären wollte.

Indeß, während über meinen Freund dies dunkle Verhör gehalten ward, erfuhr ich zufäl-

Nr. 44

44

Friedrich Nicolai: Fortsetzung der Berlinischen Nachlese. XXII., in: Neue Berlinische Monatsschrift. Herausgegeben von [Johann Erich] Biester. Achtzehnter Band: Julius bis Dezember 1807. - Berlin und Stettin 1807: Friedrich Nicolai, S. 340 - 359.
HAB: Za 305.

kl.8°. Erstdruck.

Aufgeschlagen: S. 347.

Nachdem Lessing in den 'Literaturbriefen' eine dezidiert christliche Zeitschrift angegriffen hatte, wurden die 'Literaturbriefe' als antichristlich denunziert, wobei die anonymen Herausgeber insoweit 'entlarvt' wurden, als sie als Jude, Buchführer (Nicolai) und Freigeist (Lessing) gebrandmarkt wurden. Dies führte 1762 zum vorübergehenden (nur wenige Tage dauernden) Verbot der 'Literaturbriefe', worüber Nicolai hier berichtet. Natürlich war dabei die Stellung des Juden, der angeblich das Christentum verlästert hatte, am stärksten bedroht. Sein Verhör ist eine klassische Mendelssohn-Anekdote (a.a.O., S. 347 f.:) "Moses Mendelssohn, der sanfteste, ruhigste Mann, hatte in seinem Charakter entschiedene Festigkeit und Würde, wenn es darauf ankam, Standhaftigkeit zu zeigen. Zwischen ihm und dem Generalfiskal erhob sich folgendes Gespräch. Dieser, der ihn noch gar nicht kannte, sah ihn, als er eintrat, mit finsterer Amtsmiene an, und fuhr heraus:

U.: Hör Er! wie kann Er sich unterstehen, wider Christen zu schreiben?

M.: Wenn ich mit Christen Kegel spiele, so werfe ich alle Neune, wenn ich kann.

U.: Untersteht Er sich zu spotten? Weiß Er wohl, mit wem Er redet?

M.: O ja! Ich stehe vor dem Herrn Geheimenrath und Generalfiskal Uhden, vor einem gerechten Manne.

U.: Ich frage Ihn noch Einmal: wer hat Ihm erlaubt, wider einen Christen, und noch dazu wider einen Hofprediger, zu schreiben?

M.: Ich muß noch mal wiederholen, und wahrlich ohne allen Spott: Wenn ich mit einem Christen Kegel schiebe, und wäre es auch ein Hofprediger, so werfe ich alle Neune, wenn ich kann. Das Kegelspiel ist eine Erholung für den Leib, wie die Schriftstellerei eine Erholung für meinen Geist ist; jeder welcher schreibt, macht es so gut wie er immer kann. Übrigens wüßte ich nicht, daß ich je wider einen Hofprediger noch einen andern Prediger geschrieben hätte.

U.: O! ich merke, Er will läugnen. Man wird Ihm schon die Künste abfragen. Er hat wider die christlichen Religion geschrieben.

M.: Wer Ihnen dieses gesagt hat, hat Ihnen eine große Unwahrheit gesagt.

U.: Läugne Er nur nicht! Man weiß es schon besser. Dies ist wider das Judenprivilegium. Er hat den Schutz verwirkt.

M.: Ach! ich habe hier keinen Schutz zu verwirken, ich habe kein Privilegium; ich bin Buchhalter beim Schutzjuden Bernhard.

U.: Desto schlimmer! Die geringste Strafe für Seinen Frevel wird sein, daß man Ihn aus dem Lande weiset.

M.: Wenn man mich gehen heißt, so werde ich gehen. Ich habe mich nie den Gesetzen widersetzen wollen; und der Gewalt kann ich mich noch weniger widersetzen."

Literatur: Dan L. Flory: Lessing, Mendelssohn and Der nordische Aufseher. A Study in Lessing's Critical Procedure, in: Lessing Yearbook 7 (1975), S. 127 - 148. Marilyn K. Torbruegge: On Lessing, Mendelssohn and the Ruling Powers, in: Humanität und Dialog: Lessing und Mendelssohn in neuer Sicht. Beiträge zum Internationalen Lessing-Mendelssohn-Symposium, veranstaltet im November 1979 in Los Angeles, Kalifornien. Beiheft zum Lessing Yearbook, hrsg. von Ehrhard Bahr, Edward P. Harris und Laurence G. Lyon, Detroit und München 1982, S. 305 - 318.

VI. Der Preis der Akademie (1763)

Nr. 45

45

(Hebräisch) Biur Millot ha-Higgajon ... (Kommentar zu den "Termini der Logik" von Moses Maimonides). Logica R. Mosis Maimonidis, cum explicatione R. Samson Kalir ... - (Frankfurt an der Oder) 1761.

Staatsbibliothek Preußischer Kulturbesitz Berlin, Mendelssohn-Archiv: MA 168 191

[3], 36 Blätter. 8°. Erstausgabe. Meyer Nr. 93. - Ausgabe: Jubiläumsausgabe Bd. 14, S. 23 - 119. - Auswahl-Übersetzung: Ebd., Bd. 2, S. 197 - 230. - Literatur: James H. Lehmann: Maimonides, Mendelssohn and the Me'asfim. Philosophy and the Biographical Imagination in the Early Haskalah, in: Leo Baeck Institute Yearbook 20 (London 1975), S. 87 - 108. Ausgabe der "Termini der Logik" von Maimonides (arabisch/hebräisch/englisch): Israel Efros, Maimonides' Treatise on Logic, New York 1938.

Nicht Kalir, sondern Mendelssohn verfaßte diesen Kommentar, der zusammen mit der um 1150 entstandenen 'Logik' des Maimonides (in der hebräischen Übersetzung von Samuel ibn Tibbon) abgedruckt ist; Kalir war nur der Herausgeber. Er arbeitete aber so mangelhaft, daß erst die zweite Auflage von 1765 einen lesbaren Text bietet. Dieser Auflage fügte Mendelssohn eine Vorrede hinzu, in der er sich an seinen jüdischen Leserkreis wendete (Jubiläumsausgabe Bd. 2, S. 203): "In der Folge wirst Du sehen, daß diese Wissenschaft die Arten, den Schluß und den Beweis herzustellen, zum Stoff hat, so daß man sagen kann: die Logik lehrt den Menschen die Regeln des Schlusses und des Beweises und die Arten ihres Gebrauchs. Der Nutzen dieser Untersuchung ist vielfältig und bedeutend, und nur ein Verstockter oder, wer jeder Wissenschaft bar ist, kann sie verachten. Hat doch Gott dem Menschen ein Herz gegeben, um die unendlich großen und gewaltigen Wunder der Schöpfung zu begreifen, auf daß er Gottes Größe und Erhabenheit erkenne und ihm danke für seine große Güte, die er zu jeder Stunde und in jedem Augenblick an seinen Geschöpfen übt, vom erhabenen Engel in der Höhe bis zu dem Gewürm, das auf der Erde kriecht ...". "Nur durch die Verbindung mit diesem Kommentar konnte diese Schrift des Maimonides zu einer jüdischen Logik der Art von Port-Royal und zu einem Volksbuch werden" (Bd. 14, S. V).

Nr. 46

46

[Moses Mendelssohn:] Philosophische Schriften. Erster
Theil / Zweyter Theil. - Berlin 1761: Christian Friedrich
Voß.

Niedersächsische Staats- und Universitätsbibliothek
Göttingen: 8° Philos. I 1775

[10], 256 S.; 228 S. kl.8°. Erstausgabe. Meyer Nr. 108. - Ausgabe:
Jubiläumsausgabe Bd. 1, S. 227 - 515 (legt die 2. Aufl. 1771
zugrunde). - Das Titelkupfer und die beiden Titelvignetten
stammen von Johann Wilhelm Meil (Dorn: Meil, S. 64 - 66).
Zum Titelkupfer schrieb Mendelssohn seiner Braut (Moses
Mendelssohn: Brautbriefe. Berlin 1936 [Bücherei des Schok-
ken Verlags 49/50], S. 90 f.): "Das Titelkupfer stellt einen

Tempel vor, mit der griechischen Inschrift: erkenne dich
selbst. Man hat damit sagen wollen, daß niemand weise sey
oder Gott recht dienen könne, wer sich selbst nicht erkennt.
Der weise Socrates steht davor, und erklärt die Überschrift
seinem Schüler, dem jungen Alcibiades, welchen er durch
seine guten Vermahnungen hat zur wahren Selbsterkenntniß
bringen wollen."

Zur Titelvignette des ersten Teils (Jubiläumsausgabe Bd. 1,
S. 311, vgl. Mendelssohns Brief an Meil, Bd. 11, S. 246): "In
demselben Gespräche erzählet Socrates im Namen der Wahr-
sagerinn D i o t i m a, eine andere Fabel von der Liebe, die
eines noch weit philosophischern Sinnes fähig ist. An dem
Geburtstage der Venus, sagt er, schmauseten die Götter alle,
und unter ihnen auch des F l e i ß e s Sohn, der U e b e r f l u ß.
Die D ü r f t i g k e i t stand vor der Thüre und bettelte. Der

Ueberfluß berauscht vom Nektar, (denn Wein war damals noch nicht) begab sich in den Garten Jupiters, und sank in einen tiefen Schlaf. Die Dürftigkeit gerieth auf den Anschlag, von dieser Trunkenheit Vortheil zu ziehen, und es gelang ihr. Sie umarmte den Ueberfluß, und gewann die Liebe. - Wenn wir unter der Dürftigkeit des Bestreben unserer Vorstellungskraft, und unter dem Ueberflusse die schöne, oder vollkommene Mannigfaltigkeit verstehen; so läßt es sich gar wohl erklären, wie von ihrer Umarmung die Liebe herkam."

Zur Titelvignette des zweiten Teils (ebd., Bd. 11, S. 247): "Das Zelt des persischen Königs Cyrus. Der König und sein Vertrauter und Feldherr Araspes vor dem Zelte. Araspes bestürzt mit niedergesenktem Haupt wie ein Beschämter; der König in der Stellung eines Tröstenden halte die linke Hand auf der Schulter des Araspes und reiche ihm die Rechte zum Zeichen der Verzeihung." Araspes ist deswegen beschämt, weil er "sich gleichsam wider seinen Willen von einer sträflichen Liebe hat besiegen lassen," obwohl er "einige Zeit vorher wider Cyrus behauptet [hatte], der Wille wäre in Ansehung der Liebe und des Hasses vollkommen frey, und wer den festen Entschluß gefaßt hat, nicht zu lieben, litte nicht die mindeste Gefahr, wenn er mit einer Schönheit umgehet ..." Durch diese Erdichtung kann man "die Lehre von der mittelbaren und unmittelbaren Freyheit ins Licht" setzen (ebd., Bd. 1, S. 409).

Die Ausgabe enthält in überarbeiteter Form:
- Über die Empfindungen (Katalog-Nr. 17)
- Gespräche (Nr. 15)
- Rhapsodie, oder Zusätze zu den Briefen über die Empfindungen (1761)
- Ueber die Hauptgrundsätze der schönen Künste und Wissenschaften (Nr. 28)
- Ueber das Erhabene und Naive in den schönen Wissenschaften (Nr. 29)
- Ueber die Wahrscheinlichkeit (Nr. 25)

Ein Zitat aus der 'Rhapsodie' (Bd. 1, S. 407): "Weit gefehlt, daß der Grundsatz der Vollkommenheit das gegenseitige Interesse moralischer Wesen aufheben, oder nur im geringsten schwächen sollte; er ist vielmehr die Quelle der allgemeinen Symphatie, dieser Verbrüderung der Geister, wenn man mir diesen Ausdruck erlaubt, die ihr eigenes und gemeinsames Interesse dergestalt in einander verschlinget, daß sie ohne Zernichtung nicht mehr getrennet werden können. Es kann kein lebloses Ding vollkommener werden, ohne daß dadurch im Reiche der Geister ein Element der Glückseligkeit hervorgebracht würde, und dieses Element vervielfältiget sich durch die Theilnehmung bis ins Unendliche, und entzündet sich selbst, je mehr es andere entzündet."

———————

Aus dem Briefwechsel des Jahres 1762: Isaak Iselin hatte Mendelssohn eingeladen, Mitglied der 'Patriotischen Gesellschaft' zu werden. Mendelssohn lehnte ab, indem

Philosophische Schriften.

Zweyter Theil.

Siehe S. 42

Berlin,
bey Christian Friedrich Voß 1761.

er an den Schweizer schrieb: "Der glükliche Republikaner übersiehet die menschliche Gesellschaft aus einem weit höhern Gesichtspunkte, als der monarchische Unterthan, und der monarchische Unterthan ist noch weit über den Standort hinweg, der mir im bürgerlichen Leben angewiesen worden. Zwar blühet unter der Regierung eines Friderichs die Freyheit zu denken fast in republikanischer Schönheit; allein Sie wissen, wie wenig Antheil meine Glaubensbrüder an allen Landesfreyheiten zu haben pflegen. Die bürgerliche Unterdrükung, zu welcher uns ein zu sehr eingerissenes Vorurtheil verdamt, liegt wie eine todte Last auf den Schwingen des Geistes, und macht sie unfähig, den hohen Flug des Freygebohrnen jemals zu versuchen."

Iselin bemühte sich nochmals: "Um die Menschen glücklich zu machen muß man nothwendig den Geist und das Gemüth derselben kennen. Ihre psychologischen Schriften zeigen wie tiefe Einsichten Sie da besitzen und wie vortreffliche Anleitungen Sie denjenigen geben können welche das Labyrinth der unzählbaren Abweichungen derselben durchirren und aus der Erkenntniß der Unordnungen die Mittel entdecken

Nr. 47

wollen Ordnung und Harmonie allgemeiner zu machen. Die schönen Wißenschaften sehen wir als das vornehmste Werkzeug unsrer Bemühungen an. Welche unendliche Dienste werden Sie nicht der Menschheit leisten, schätzbarer Freund! wenn Sie indem Sie die Grundsätze derselben durch Ihre aesthetischen Einsichten entwickeln einen jeden Theil derselben zu seiner wahren und großen Bestimmung leiten. Sie sollen die Menschen zu der Liebe der Tugend vorbereiten und ihre Leidenschaften in die Harmonie bringen die zu der Gemüthsruhe eines jeden und zu der allgemeinen Glückseligkeit so nöthig ist." Mendelssohn trat dennoch nicht bei (Jubiläumsausgabe Bd. 11, S. 338 und 343 f.). Zu Iselin vgl. Katalog-Nr. 68.

47

Abhandlung über die Evidenz in Metaphysischen Wissenschaften, welche den von der Königlichen Academie der Wissenschaften in Berlin auf das Jahr 1763. ausgesetzten Preis erhalten hat, von Moses Mendelssohn aus

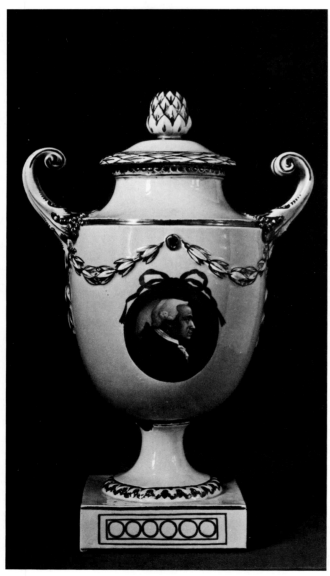

Nr. 49

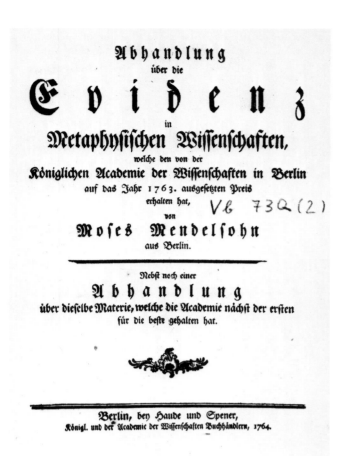

Nr. 47

Berlin. Nebst noch einer Abhandlung [von Immanuel Kant] über dieselbe Materie, welche die Academie nächst der ersten für die beste gehalten. - Berlin 1764: Haude und Spener.
HAB: Vb 730 Sl. - Bd. 1 (2)

8°. S. 1 - 66: Mendelssohns Preisschrift, S. 67 - 99: Kants "Untersuchung über die Deutlichkeit der Grundsätze der natürlichen Theologie und Moral". 1 S. Druckfehler. Erstausgabe. Meyer Nr. 133. - Ausgabe: Jubiläumsausgabe Bd. 2, S. 267 - 330. - Die Ausgabe der HAB enthält, wie fast alle anderen, als ersten Titel die von Johann Bernhard Merian verfaßte und der Akademie vorgetragene französische Zusammenfassung: Dissertation, qui a remporté le prix proposé par l'Académie Royale des Sciences et Belles-Lettres de Prusse, Sur la Nature, les Espèces, et les Degrés de l'Évidence. Avec les Pieces qui ont concouru. - Berlin 1764: Haude und Spener. XX S. 8°. Meyer Nr. 132. - Literatur: Frühschriften S. 252 - 391. Sylvain Zac: Le prix et la mention (Les Preisschriften de Mendelssohn et de Kant), in: Revue de Métaphysique et de Morale 79 (1974), S. 473 - 498.

Mit der 1762 verfaßten Preisschrift wird die Periode der metaphysischen Frühschriften, in denen sich Mendels-

sohn häufig an den Ansichten von Akademikern gerieben hatte, auf eine für beide Seiten anerkennenswerte Weise beendet. Daß die Wahl der Akademie auf Mendelssohn fiel, ist um so bemerkenswerter, als die Preisschrift des 'vorkritischen' Kant mit all ihrem überlegenen Scharfsinn durchaus die Würdigung der Akademie fand.

In einer wichtigen Passage beantwortet Mendelssohn die Frage, wie der Mensch zu den richtigen moralischen Entschlüssen kommen kann, ohne seine (in Entschei-

Nr. 48

dungsfällen in der Regel zu langsam arbeitende) Vernunft befragen zu müssen (Jubiläumsausgabe Bd. 2, S. 325): "Das G e w i s s e n und ein glücklicher W a h r h e i t s s i n n (Bon-sens), wenn man mir dieses Wort erlauben will, müssen in den meisten Angelegenheiten die Stelle der Vernunft vertreten, wo uns nicht die Gelegenheit den kahlen Nacken zuwenden soll, bevor wir sie ergreiffen. Das G e w i s s e n ist eine F e r t i g k e i t, d a s G u t e v o m B ö s e n, und der W a h r h e i t s s i n n, e i n e F e r t i g k e i t, das W a h r e v o m F a l s c h e n durch undeutliche Schlüsse richtig zu unterscheiden. Sie sind in ihrem Bezirke das, was der Geschmack in dem Gebiethe des Schönen und Häßlichen ist. Ein geübter Geschmack empfindet in einem Nu, was die langsame Kritik nur nach und nach ins Licht setzet. Eben so schnell entscheidet das Gewissen, beurtheilet der Warheitssinn, was die Vernunft nicht ohne mühsames Nachdenken, in deutliche Schlüsse auflöset."

Im Mai 1763 schrieb Mendelssohn an Lessing (ebd., Bd. 12.1, S. 9): "Aber die Geschäfte! die lästigen Geschäfte! Sie drücken mich zu Boden, und verzehren die Kräfte meiner besten Jahre. Wie ein Lasesel schleiche ich mit beschwertem Rücken meine Lebenszeit hindurch, und zum Unglück sagt mir die Eigenliebe oft ins Ohr, daß mich die Natur vielleicht zum Paradepferd geschaffen hat. Was ist zu thun, mein lieber Freund? Wir wollen uns einander bedauern, und zufrieden seyn. So lange die Liebe zu den Wissenschaften bey uns nicht erkaltet, haben wir noch eine gute Hofnung."

Kant schrieb 1766 an Mendelssohn (ebd., S. 105): "Ich bin so weit entfernet die Methaphysik selbst, objectiv erwogen, vor gering oder entbehrlich zu halten daß ich ich vornemlich seit einiger Zeit nachdem ich glaube ihre Natur und die ihr unter den Menschlichen Erkenntnissen eigenthümliche Stelle einzusehen überzeugt bin daß sogar das wahre und dauerhafte Wohl des Menschlichen Geschlechts auf ihr ankomme, eine Anpreisung die einem jeden andern als Ihnen phantastisch und verwegen vorkommen wird. Solchen genies wie Ihnen mein Herr kommet es zu in dieser Wissenschaft eine neue Epoche zu machen, die Schnur gantz

aufs neue anzulegen und den Plan zu dieser noch immer aufs bloße Gerathewohl angebauten disciplin mit Meisterhand zu zeichnen."

48

Prunkvase mit den Portraits von Moses Mendelssohn und Johann Jakob Bodmer. Fürstenberger Porzellan, ca. 1785 - 1790.
Herzog Anton Ulrich Museum Braunschweig: Inventar-Nr. 1572

Höhe 39 cm. Die Mendelssohn-Darstellung auf dem Portraitmedaillon geht auf den 'großen Frisch' zurück, vgl. Katalog-Nr. 99.

Derartige Vasen wurden ebenso wie Portraitbüsten (vgl. Katalog-Nr. 147) zu gehobenen Dekorationszwecken verwendet. Fürstenbergische Vasen und Büsten waren seinerzeit sehr beliebt und trugen wesentlich zum Erfolg der Porzellanmanufaktur bei.

49

Potpourrivase mit zwei Portraits Immanuel Kants. Fürstenberger Porzellan, nach 1791.
Kestner-Museum Hannover: Inventar-Nr. 1920,16

Höhe 29,9 cm. - Das Bildnis geht auf den Kupferstich (1791) von Johann Friedrich Bause zurück (nach der Zeichnung von Hans Veit Friedrich Schnorr von Carolsfeld [1764 - 1841; Thieme-Becker Bd. 30, S. 206 f.] von 1789). - Literatur: Volker Gerhardt, Friedrich Kaulbach: Kant, Darmstadt 1979 (Erträge der Forschung 105). Akten des 4. (5.) Internationalen Kant-Kongresses Mainz 1974 (1981), hrsg. von Gerhard Funke. 4 Bde., Berlin und New York 1974 f. (3 Bde. Bonn 1981 f.) Otfried Höffe: Immanuel Kant, München 1983 (Beck'sche schwarze Reihe - Große Denker 506).

Immanuel Kant (1724 - 1804), der bedeutendste deutsche Denker, stellte mit seiner "Kritik der reinen Vernunft" (1781), einem Jahrhundertwerk, die abendländische Philosophie auf eine völlig neue Grundlage.

Bei einer Potpourrivase ist der Deckel durchbrochen, damit der Duft von hineingelegten Kräutern oder Essenzen entweichen kann.

VII. Die Bestimmung des Menschen (1764 - 1766)

Nr. 50

50

Johann Joachim Spalding. Halbfigur nach links. Kupferstich von Johann Friedrich Bause (1738 - 1814) nach dem Gemälde von Anton Graff (1736 - 1813), 1778.
HAB: P I 12713b

25 x 18 cm. - Literatur: Keil: Bause, S. 102 (Nr. 165). Ekhart Berckenhagen: Anton Graff. Leben und Werk, Berlin 1967, S. 338, Nr. 1280.

In der langen Zeit seines Wirkens sah Spalding (1714 - 1804) die natürliche, der gesunden Vernunft entsprechende Religion stets als identisch mit dem Christentum. Was man, von traditionellen Lehrmeinungen her gesehen, bei Spalding als Reduktion einordnen könnte, verstand er selbst als Konzentration der Religion auf wirksame, den ganzen Menschen erfassende Wahrheiten. Dem Predigtamt galten daher seine schriftstellerischen und praktischen Bemühungen in besonderem Maße.

Literatur: Reinhard Krause: Die Predigt der späten deutschen Aufklärung (1770 - 1805), Stuttgart 1965 (Arbeiten zur Theologie, Reihe 2, Bd. 5). Joseph Schollmeier: Johann Joachim Spalding. Ein Beitrag zur Theologie der Aufklärung, Gütersloh 1967. Henri Plard: Un "père conscrit" du Lutheranisme éclairé: Johann Joachim Spalding (1714 - 1804), in: Études sur le XVIIIe siècle 10 (1983), S. 43 - 60.

51

[Johann Joachim Spalding:] Die Bestimmung des Menschen. Siebente, vermehrte Auflage mit einigen Zugaben. - Leipzig 1763: Weidmanns Erben und Reich.
Landesbibliothek Oldenburg: Theol. III Eb 72

[6], 132, [3] S. 8°. - 1748 erstmals erschienen, erlebte dieses Buch, das von Spalding mehrfach erweitert wurde, bis 1794 nicht weniger als dreizehn rechtmäßige Auflagen, zu denen noch zahlreiche unerlaubte Nachdrucke hinzukamen. Nur die kurze Erstfassung wurde neu gedruckt: Spaldings Bestimmung des Menschen (1748) und Wert der Andacht (1755). Mit Einleitung neu hrsg. von Horst Stephan, Gießen 1908 (Studien zur Geschichte des neueren Protestantismus, 1. Quellenheft), S. 13 - 31.

Aus der Einleitung (S. 1 und 3): "Der Mensch, der in dem Folgenden spricht, ... fasset also, nachdem er lange

Die
Bestimmung
des
Menschen.

— — quod — ad nos
Pertinet et nescire malum est, agitamus —
HOR.

Siebente, vermehrte Auflage
mit einigen Zugaben.

Leipzig,
bey Weidmanns Erben und Reich. 1763.

Nr. 51

genug die Plage eines unbefestigten und von entgegengesetzten Eindrücken beunruhigten Gemüths erfahren
hatte, den unpartheyischen und ernsthaften Entschluß,
die Untersuchung dessen, was er seyn soll, von vorne
anzufangen ... und also ein System des Lebens bey sich
feste zu setzen, woran er sich zu allen Zeiten halten
könne. Er glaubt, daß, in der Entscheidung einer so
wichtigen Angelegenheit, die Wahrheit auch für den
blossen gesunden Menschenverstand ihre zuverläßigen

Merkzeichen an sich haben werde, die den aufrichtigen
Forscher in Gewißheit und Ruhe zu setzen vermögen."
Die Etappen dieser Besinnung führen über die Sinnlich-
keit, die Vergnügen des Geistes und die Tugend bis hin
zur Religion und zum Gedanken der Unsterblichkeit.

Die hier gezeigte siebente Auflage war es, die der
anschließenden Diskussion zwischen Abbt und Mendelssohn (vgl. Katalog-Nr. 52) zugrundelag (vgl. Jubiläumsausgabe Bd. 6.1, S. XV; Bd. 12.1, S. 29 f., 147,
305).

52

[Thomas Abbt:] Zweifel über die Bestimmung des Menschen [Moses Mendelssohn:] Orakel / die Bestimmung
des Menschen betreffend. In: Briefe, die Neueste Litteratur betreffend. XIXter Theil (287. Brief). - Berlin 1764:
Friedrich Nicolai, S. 5 - 7 (Nicolais Einleitung), 8 - 40
(Abbt), 41 - 60 (Mendelssohn).
HAB: Za 112

kl.8°. Erstdruck. - Ausgabe: Jubiläumsausgabe Bd. 6.1, S. 7 - 18
(Abbt), 19 - 25 (Mendelssohn). - Literatur: Alexander Altmann: Die Entstehung von Moses Mendelssohns Phädon
(1969), in: ders: Die trostvolle Aufklärung, S. 84 - 108. Louis
Frison: Thomas Abbt et la destinée de l'homme. Un singulier
apologue de l'absence de Dieu, in: Recherches Germaniques 3
(1973), S. 3 - 15. Altmann, S. 130 ff.

Der junge Thomas Abbt war von Spaldings sinnerfüll-
tem Menschenbild (Katalog-Nr. 51) nicht überzeugt;
ihn quälten tiefe Zweifel am Sinn und Zweck der
Absurditäten des menschlichen Daseins (Jubiläumsausgabe Bd. 6.1, S. 10): "... ach nein, so bequem läßt sich
meine Frage nicht beantworten. Ich muß vorher auf
dem ganzen Erdraume durch die vielen Jahrhunderte
hindurch herum irren; ich muß mit dem schwarzen
Truppe faullenzen, um ihre Handlungsweise zu sehen;
in den Lappländlischen Hütten vom Dampfe fast ohn-
mächtig den Winter aushalten, um dieses Menschengeschlecht näher zu kennen; ich darf den Eckel der
Schlachten, des Unsinnes, der Schandthaten in der
Europäischen Geschichte nicht achten, nicht müde
werden, der Unwissenheit, der Dummheit, dem Aberglauben, den Irrthümern nachzuschleichen; mich es
nicht verdriessen lassen, dem frühen Abschiede der
zarten neugebohrnen Menschen aufmerksam zuzuse-
hen; die Unbedachtsamkeit der anderen zu begleiten,
und die geringe Anzahl derer, die über meine Frage
nachdenken können, auszulesen. Nun, mores multo-
rum vidi et urbes [die Sitten vieler habe ich gesehen, und
ihre Städte; Odysee I 3] und alles dieses darum, damit
ich daraus etwa das Licht erhaschen möchte, das mir die
Bestimmung des Menschen beleuchtete."

Briefe,

die

Neueste Litteratur

betreffend.

ΟΜΗΡΟΣ

XIXter Theil.

Berlin, 1764.

bey Friedrich Nicolai.

Zweifel

über die

Bestimmung des Menschen

Orakel

die

Bestimmung des Menschen

betreffend

Gedruckt zu Schinznach, 1763.

Nachricht.

In den Zusammenkünften schätzbarer Freunde, deren Unterredungen, die Beförderung der Wahrheit und Tugend zum einigen Entzwecke haben, hatten fast alle Anwesende, bey Gelegenheit der Schrift eines

A 3

5

Nr. 52

Die Zweifel des Freundes bewegten Mendelssohn tief, ohne ihn aber in seinen grundlegenden Überzeugungen wankend zu machen (ebd., S. 20 f.): "Die eigentliche Bestimmung des Menschen hienieden, die der Thor und der Weise, aber in ungleichem Maaße, erfüllen, ist also die Ausbildung der Seelenfähigkeiten nach göttlichen Absichten; denn hierauf zielen alle seine Verrichtungen auf Erden. ...

Dieser allerweiseste Wohlthäter hat uns hieher geschickt, unsere Kräfte durch beständige Uebungen zu verbessern. Daß dieses sein Wille sey, lehret uns die Natur unserer Begierden, Wünsche, Leidenschaften; lehrt uns unser Wohlgefallen, Mißfallen, Geschmack, Eigensinn, und unsere Eitelkeit selbst. Der ungebildete Mensch empfindet die Kraft aller dieser Triebfedern, ohne sie in Worten ausdrücken zu können. Der Ausgebildete vernünftelt darüber, und ist desto glückseliger, je genauer sein freyer Wille mit der wahren Bestimmung seiner Naturtriebe, mit den Absichten Gottes übereinstimmet."

Abbts "Zweifel" und Mendelssohns "Orakel" erwuchsen aus der brieflichen Diskussion über Spaldings Buch bzw. die Idee der Bestimmung des Menschen überhaupt. Diese Diskussion wurde mit großer Intensität bis zu Abbts frühen Tod (1766) fortgesetzt. In mancher Hinsicht stellt der "Phädon" von 1767 (Katalog-Nr. 62), der ursprünglich Abbt gewidmet werden sollte, eine Antwort auf diesen Briefwechsel dar, den Mendelssohn 1782 noch einmal kommentierte (Katalog-Nr. 112).

Daß Mendelssohns Ansichten eine wahrhafte 'Philosophie für das Leben' waren, zeigt sich in einem - etwa zwei Monate nach "Zweifel" und "Orakel" geschriebenen - Brief, in dem Mendelssohn Abbts Meinung, dem Sterben Neugeborener sei kein Sinn abzugewinnen, indirekt widerlegt (Jubiläumsausgabe Bd. 12.1, S. 43): "Einige häusliche Zufälle haben mich zeither so erschüttert, daß ich zu meiner angenehmsten Beschäftigung, an meine Freunde zu schreiben, nicht einmal Lust hatte. Der Tod hat an meine Hütte gepocht, und mir ein Kind geraubt, das nur eilf unschuldige Monathe, aber diese Gottlob! munter und unter hoffnungsvollen Versprechungen, auf Erden gelebt hat. - Mein Freund! Die Unschuldige hat die eilf Monathe nicht vergebens gelebt. Ihr Geist hat in dieser kurzen Zeit ganz erstaunliche Progressen gemacht. Von einem Thierchen, das weint und schläft, ist sie der Keim eines vernünftigen Geschöpfs geworden. Wie die Spitzen des jungen Grases im Frühlinge durch den harten Erdboden dringen; so sahe man bey ihr die ersten Leidenschaften anbrechen. Sie zeigte Mitleiden, Haß, Liebe, Bewunderung, verstand die Sprache des redenden Menschen, und war bemühet ihre Gedanken anderen zu erkennen zu geben. Ist von allem diesem keine Spur mehr in der ganzen Natur anzutreffen?

Sie werden über meine Einfalt lachen, und in diesem Raisonnement die Schwachheit eines Menschen erkennen, der Trost sucht, und ihn nirgend findet, als in seiner Einbildung. Es kann seyn! Ich besitze Eigenliebe genug, eine jede Lehre zu adoptiren, die meine Gemüthsruhe befördert, ohne meinen Fehlern zu schmeicheln. Ich kann nicht glauben, daß uns Gott auf seine Erde, etwa wie den Schaum auf die Welle gesetzt hat: und da ich in der entgegengesetzten Meinung weniger Ungereimtheit und mehr Trost finde; so umarme ich sie, und erwarte festes Fußes den grausamen Freund, der sie mir entreissen will."

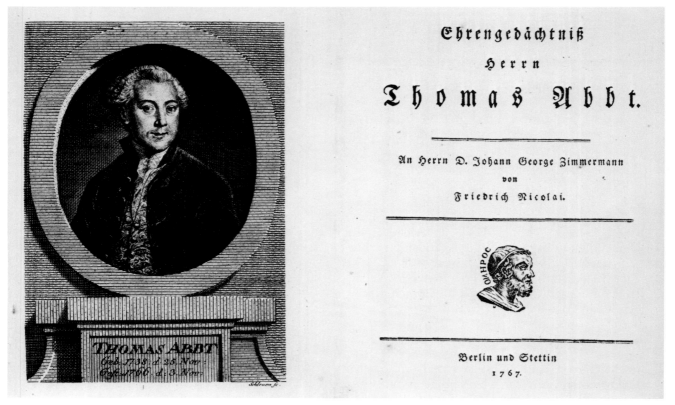

Nr. 53

53

Friedrich Nicolai: Ehrengedächtniß Herrn Thomas Abbt. An Herrn D. Johann George Zimmermann. - Berlin und Stettin 1767.
HAB: Q 379 Helmst. 4°

34 S. 8°. - Das Titelkupfer (18,5 x 13,5 cm) von Johann David Schleuen (gestorben um 1774) zeigt Abbt im Halbfigur nach rechts. Literatur: Thieme-Becker Bd. 30, S. 106 f. - Literatur zu Abbt: Altmann S. 100 ff. Hans Erich Bödeker: Thomas Abbt: Patriot, Bürger und bürgerliches Bewußsein, in: Bürger und Bürgerlichkeit im Zeitalter der Aufklärung, hrsg. von Rudolf Vierhaus, Heidelberg 1981 (Wolfenbütteler Studien zur Aufklärung 7), S. 221 - 253.

Am Anfang von Mendelssohns Bekanntschaft mit Abbt (1738 - 1766) stand seine begeisterte Besprechung von Abbts patriotischer Schrift "Vom Tode für das Vaterland" (von Nicolai 1761 gedruckt) im 181. und 182. Literaturbrief (August 1761). In der Folgezeit beteiligte sich Abbt selbst an den 'Literaturbriefen'. Die Philosophie-Professur in Frankfurt an der Oder, die er seit 1760 innehatte, gab er 1761 auf, um Mathematik-Professor in Rinteln zu werden. 1765 ernannte ihn Graf Wilhelm zu Schaumburg-Lippe (vgl. Katalog-Nr. 87) zum Hof-, Regierungs- und Consistorialrat in seiner Residenzstadt Bückeburg. An der sprachlichen Gestaltung von Abbts Schrift "Vom Verdienste" (Katalog-Nr. 54 f.) arbeiteten Mendelssohn und Nicolai mit. Sie erschien 1765 ebenso in Nicolais Verlag wie das "Ehrengedächtniß" und eine sechsbändige Werkausgabe ("Vermischte Werke", [1]1768 - 1781; Nachdruck Hildesheim und New York 1978).

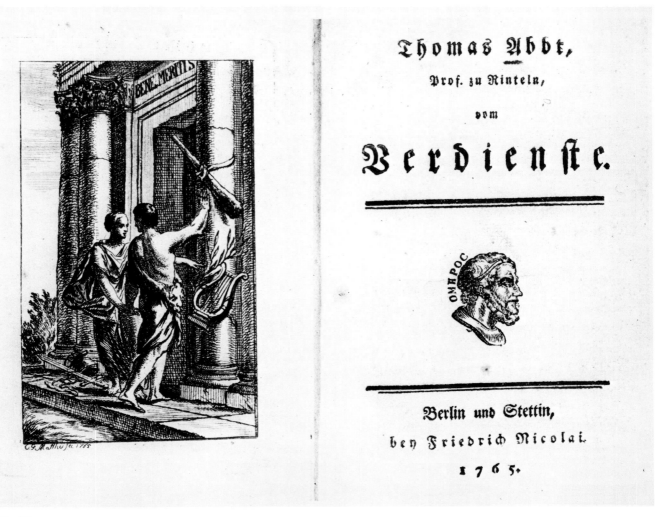

Nr. 54

Nicolai verfaßte zahlreiche Lebensbeschreibungen seiner Freunde und Bekannten, wobei er den Ton freundschaftlicher Nähe mit gründlicher, auf den Quellen beruhender Sachlichkeit verband. So erhielt die schriftstellerische Gattung der Biographie durch Nicolai wichtige Verbesserungen.

54

Thomas Abbt: vom Verdienste. - Berlin und Stettin 1765: Friedrich Nicolai.
HAB: Lo 4

[16], 429 S. kl.8°. Erstausgabe. - Das gleichzeitige Titelkupfer von Christian Gottfried Matthes (1733 - 1785; Thieme-Becker Bd. 24, S. 261 f.) zeigt den Eingang zu einem Tempel für diejenigen, die sich Verdienste erworben haben ("bene meritis"). Herkules will nach der Keule greifen (kriegerisches Verdienst), wird aber von der Tugend auf das gesetzgeberisch-politische (Ölzweig) und geistig-musische Verdienst (Leier) hingewiesen. - Ausgabe: Vermischte Werke. Bd. 1. Berlin und Stettin 1772 (Nachdruck Hildesheim und New York 1978).

55

Moses Mendelssohn: Zu Abbts Abhandlung vom Verdienste. Autograph.
Hausarchiv des Fürsten zu Schaumburg-Lippe, Bückeburg: F I A XXXV 18.95a, Bd. IX, Nr. 27.

Ein Quartbogen, vierseitig beschrieben. - Ausgabe: Jubiläumsausgabe Bd. 2, S. 331 - 335.

Die Arbeit von Mendessohn und Nicolai am Buch ihres Freundes wurde auch nach dem Erscheinen desselben fortgesetzt; sie schlug sich später in der Ausgabe der "Vermischten Werke" (Katalog-Nr. 54) nieder.
Aus Mendelssohns Bemerkungen (Jubiläumsausgabe Bd. 2, S. 333): "Sobald ein Wort, und sollte es auch der Etymologie zum Trotz geschehen seyn, von vielen guten Schriftstellern oder auch von einem großen Theil der Nation gebraucht worden; so muß man es nicht aus Puristerey so schlechterdings verwerfen; sondern vielmehr eine ihm eigene Bedeutung festsetzen, wodurch es des Bürgerrechts, das ihm ertheilt worden, würdig wird."

56

Brief von Mendelssohn an Thomas Abbt, 13. August 1756. Autograph.
Hausarchiv des Fürsten zu Schaumburg-Lippe, Bückeburg: F I A XXXV 18.95a, Bd. IX, Nr. 27.

Fünf Seiten gr.8°. - Unveröffentlicht.

Auszug (S. 1): "Sie sollen nicht umsonst meinen Grübelkopf gereizt haben, der so gerne in Ruhe auf sein System setzet und Hirngespinste aus brütet.
...
Unsere Seele ist eine Substanz, die empfindet und denkt. In dem Inbegriffe aller unserer Empfindungen und Gedanken ist zuweilen manches deutlich und aufgeklärt, aber allzeit vieles verworren und dunkel. - Unsere Seele ist eine eingeschränkte Substanz - Ihre Schranken bleiben nicht immer ebendieselbe. Manches verworrene wird deutlich, manches dunkele klärt sich auf, da unterdessen andere Begriffe ihre Deutlichkeit verlieren, oder aus dem Lichte in den Schatten zurück weichen."

Aus einem Brief Mendelssohns von 1767 an Abbts Dienstherren, den Grafen Wilhelm zu Schaumburg-Lippe (vgl. Katalog-Nr. 87) (Jubiläumsausgabe Bd. 12.1, S. 133): "Im vorigen Jahre war ich der Hofnung sehr nahe, in kurzem unter Ew. Durchl. gnädigem Schutz, neben meinem Freunde, Dero R.R. Abbt, in otio litterario [in gelehrter Muße] leben zu können. Allein seit der Zeit haben sich meine besonderen Umstände dermaßen geändert, daß ich mich aufs Neue mit dem Kaufmanne, dessen Geschäfte ich versehe, habe verbinden müssen. So lange muss ich mich noch begnügen, den Musen, die ich liebe, nur Nebenstunden zu widmen, und einen Prinzen, den ich bewundere, nur von Ferne zu verehren."

57

Mendelssohn: [Gedanken über Dichtung]. Autograph.
Privatbesitz.

Ein Doppelblatt, 33 x 20,5 cm, vierseitig beschrieben. - Unveröffentlicht.

Die Ausführungen Mendelssohns stammen, wie auch die Nummern 10 und 11 auf der ersten und dritten Seite zeigen, aus einem umfangreicheren Manuskript, das aber noch nicht ermittelt werden konnte. Darum ist bisher auch noch keine genaue Datierung (1764?) möglich. Auszug aus S. 2: "Es kan selten fehlen, daß man bey einer merkwürdigen Begebenheit, eines Sieges, einer Eroberung, sich eines ähnlichen Vorfalles von dem irgend ein griechischer od römischer Dichter geschrieben hat, eriñert, man niñt alsdeñ deren Haupt-Person mit [?] jenes griechischen Namen, man täuft die Länder, die Flüsse die Berge, u kriecht unter einer griechischen Maske erhaben genug für einen Deutschen."

Neues Organon

oder

Gedanken

über die

Erforschung und Bezeichnung

des

Wahren

und deffen

Unterscheidung

vom

Irrthum und Schein.

durch

J. H. Lambert.

Erster Band.

Leipzig,
bey Johann Wendler, 1764.

Nr. 58

58

Johann Heinrich Lambert: Neues Organon oder Gedanken über die Erforschung und Bezeichnung des Wahren und dessen Unterscheidung vom Irrthum und Schein. Erster Band. - Leipzig 1764: Johann Wendler. HAB: Vb 354

[18], 592 S. Bd. 2: ebd., 435 S. 8°. Erstausgabe. - Ausgabe: Philosophische Schriften, hrsg. von Werner Arndt. Bd. 1 und 2: Neues Organon, Bd. 1 und 2. Hildesheim 1965. - Literatur: Colloque international et interdisciplinaire Jean-Henri Lam-

bert. Mulhouse, 26 - 30 septembre 1977, Paris 1979. Gereon Wolters: Basis und Deduktion. Studien zur Entstehung und Bedeutung der Theorie der axiomatischen Methode bei J. H. Lambert (1728 - 1777), Berlin 1980 (Quellen und Studien zur Philosophie 15). Norbert Hinske: Lambert-Index. Bd. 1 und 2: Stellenindex zu Johann Heinrich Lambert "Neues Organon" Bd. 1 und 2, Stuttgart - Bad Cannstatt 1983 (Forschungen und Materialien zur deutschen Aufklärung, Abt. 3, Bd. 1 und 2).

Das philosophische Hauptwerk Lamberts (1728 - 1777), der auch ein hochbedeutender Mathematiker und Physiker war, wurde von Mendelssohn in seinem vollen Wert sogleich erkannt. Im Juli 1764 schrieb er an Abbt (Jubiläumsausgabe Bd. 12.1, S. 49 f.): "Hätte ich des Herrn Lambert neues Organon vor einigen Jahren gelesen; so wäre meine Preisschrift sicherlich im Pulte liegen geblieben, oder hätte vielleicht den Zorn des Vulkans empfunden. Nur ein Lambert weis die verborgenste Wege der Vernunft, die geheimsten Zugänge zum Tempel der Wahrheit auszusuchen. Sein Werk ist das vortreflichste von dieser Art. ... Lesen Sie das Werk, um des Himmels willen, so bald als möglich, damit wir ein mehreres davon sprechen können."

Mendelssohn besprach dann Bd. 1 in der Allgemeinen deutschen Bibliothek von 1766 (Bd. 3, Stück 1), Bd. 2 1767 in Bd. 4, Stück 2 (Gesammelte Schriften Bd. 4.2, S. 486 - 500 und 501 - 520). Seine Rezension beginnt mit den Worten: "Wir zeigen unsern Lesern hiermit ein Werk an, das, so kaltsinnig ihm auch von einigen Recensenten begegnet worden, in unsern Augen eines der vortrefflichsten ist, welche in diesem Jahrhundert zum Vorschein gekommen sind. Nachdem man sich lange genug begnügt, den erworbenen Bezirk von der Kunst zu denken bald bequemer, bald nützlicher einzutheilen, und hier und da eine Verbesserung im Kleinen vorzunehmen; so war es Zeit, daß einmal wieder ein Eroberer aufstand, der diesen Bezirk selbst erweitert; ein schaffendes Genie, das zu den Gränzen spricht: entweiche! und sie entweichen. Solche erfindsame Geister machen alsdann in der Geschichte der Wissenschaft Epoche."

Mendelssohn nennt dann als Beispiele Aristoteles, Bacon, Locke, Wolff und Malebranche, um fortzufahren: "Herr L a m b e r t, der sich in andern Werken der Welt schon als Erfinder gezeigt, läßt in diesem Werke alle seine Vorgänger hinter sich. Er wagt bei allen Gelegenheiten kühne Schritte in das Gebiet der Erfindungskunst, handelt die Lehre von der Bezeichnung in ihrer größten Allgemeinheit ab; und in die Lehre vom Schein dringt er mit solcher Scharfsichtigkeit ein, daß, wenn er sie gleich nicht erschöpft, man die vornehmsten Grundsätze derselben für erfunden halten kann. In der Syllogistik selbst, auf einer Bahn, welche so oft betreten worden, daß man der Mühe kaum mehr werth

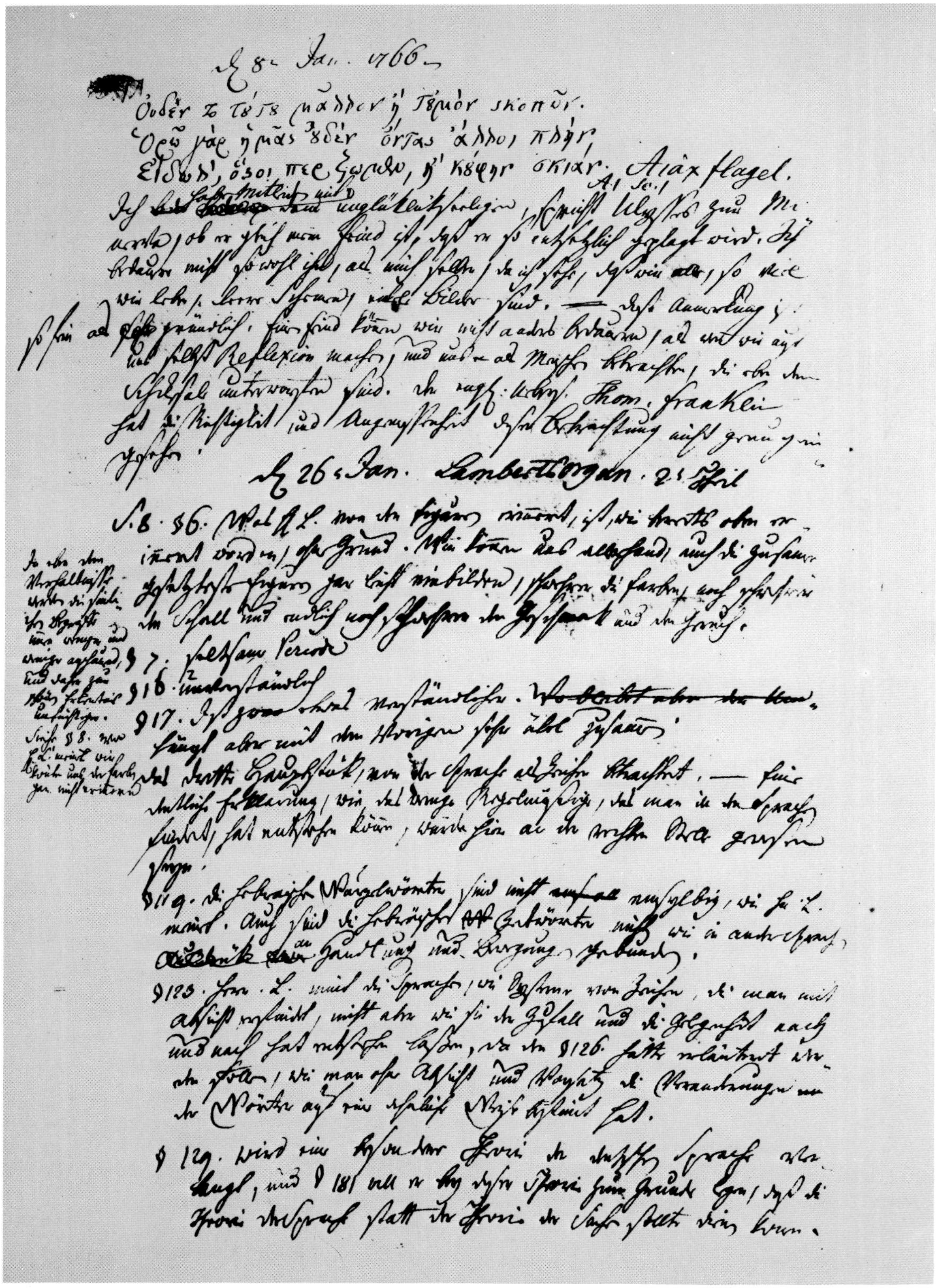

d. 8. Jan. 1766.

Οὐδὲν τὸ τούτου μᾶλλον ἢ τοὐμὸν σκοπῶν.
Ὁρῶ γὰρ ἡμᾶς οὐδὲν ὄντας ἄλλο πλὴν
Εἴδωλ', ὅσοιπερ ζῶμεν, ἢ κούφην σκιάν. Aiax flagel.

d. 26. Jan. Lamberts Organon. 2. Theil

Nr. 59

geachtet, sich auf derselben umzusehn, legt er fast keinen Schritt zurück, ohne Entdeckungen zu machen; und die dornigsten Subtilitäten verwandelt sein Genie in fruchtbare Wahrheiten."

59

Aus einem Kollektaneenbuch Mendelssohns vom Januar 1766. Autograph. Fotografie.
Biblioteka Jagiellońska, Krakau.

Eine Seite 4°. - Ausgabe: Jubiläumsausgabe Bd. 2, S. 19.

Mendelssohn hatte die Gewohnheit, seine Gedanken, kleinere Entwürfe (z. B. Katalog-Nr. 13), Auszüge aus Büchern, Bemerkungen dazu usw. in Kollektaneenbücher einzutragen, von denen leider nur ganz wenige Blätter erhalten sind. Auf der hier gezeigten Seite beschäftigt er sich unter dem Datum des 8. Januar 1766 mit einer Stelle aus Sophokles' Aiax und unter dem 26. Januar mit dem zweiten Band von Lamberts 'Neuem Organon'. Auszug: "§ 123. Herr L. nimmt die Sprache, wie Systeme von Zeichen, die man mit Absicht erfindet, nicht aber wie sie der Zufall und die Gelegenheit nach und nach hat entstehen laßen, da im § 126. hätte erläutert werden sollen, wie man ohne Absicht und Vorsatz die Veränderungen der Wörter auf eine ähnliche Weise bestimt hat." Diese Notizen stellen also Vorarbeiten zu den Lambert-Rezensionen dar (in diesem Fall zu: Gesammelte Schriften Bd. 4.2, S. 504).

VIII. Der deutsche Sokrates (1767/1768)

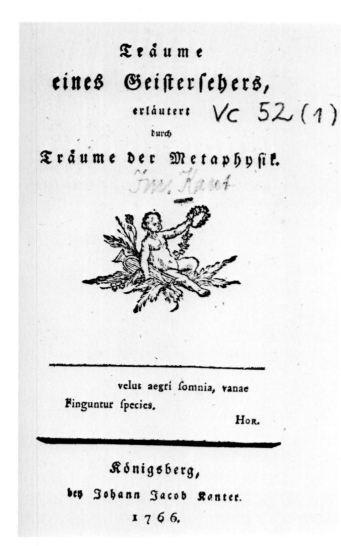

Nr. 60

60

[Immanuel Kant:] Träume eines Geistersehers, erläutert durch Träume der Metaphysik. - Königsberg 1766: Johann Jacob Kanter.
HAB: Vc 52

128 S. kl.8°. Erstausgabe, erster Druck. Motto auf dem Titel ("veluti aegri somnia, vanae Finguntur species"): "Wie Träume eines Kranken werden Wahngebilde erdichtet." - Ausgabe: Kant's gesammelte Schriften. Hrsg. von der Preußischen Akademie der Wissenschaften. Bd. 2. Berlin 1912, S. 315 - 373. - Literatur: Richard Adolf Hoffmann: Kant und Swedenborg, Wiesbaden 1909 (Grenzfragen des Nerven- und Seelenlebens 69). Ernst Benz: Swedenborg in Deutschland. F. C. Oetingers und Immanuel Kants Auseinandersetzung mit der Person und Lehre Emanuel Swedenborgs, Frankfurt am Main 1947.

In Kants schwierigem Buch mischen sich die Kritik an der traditionellen Metaphysik und an Emanuel Swedenborgs (des 'Geistersehers') Kundgebungen visionärer Erfahrungen auf teils satirische, teils ernsthafte Weise, wobei Kant zwischen einer bloß vorgetäuschten sinnlich-mystischen Geistergemeinschaft und jener geistigen Welt unterscheidet, der sich alle Menschen kraft ihres sittlichen Gefühls zugehörig wissen.

61

[Moses Mendelssohn:] Rezension zu: Immanuel Kant: Träume eines Geistersehers, erläutert durch Träume der Metaphysik. Königsberg 1766. In: Allgemeine deutsche Bibliothek. Des vierten Bandes zweytes Stück. - Berlin und Stettin 1767: Friedrich Nicolai, S. 281.
HAB: Za 73

8°. Erstdruck. - Ausgabe: Gesammelte Schriften Bd. 4.2, S. 529.

Allgemeine deutsche Bibliothek.

ΟΜΗΡΟΣ

Des vierten Bandes zweytes Stück.

Mit Königl. Preußl. und Churfürstl. Sächßl. allergnädigsten Freyheiten.

Berlin und Stettin,
verlegts Friedrich Nicolai,
1767.

„oder die Betrügereyen der Priester stützen, oder aus „Erscheinungen eines wilden Schwärmers hergeflossen „sind, können gleichsam das Tageslicht nicht ertragen.„ Wenn wir die Religionen wegnehmen, die sich auf den Aberglauben oder die Betrügereyen der Priester stützen, oder aus den Erscheinungen eines wilden Schwärmers hergeflossen sind, wie viel mehr als Eine kann denn übrig bleiben? Mithin galt ja nur jener allgemeine Satz von der einzigen wahren Religion?

J. Kants Träume eines Geistersehers, erläutert durch Träume der Metaphysik. Königsberg, im Kanter. Verlage, 1766. 8 Bog. in 8.

Ein gewisser Herr Schredenberg zu Stockholm, der in unsern ungläubigen Zeiten höchst unglaubliche Wunderdinge verrichtet, und acht Quartbände voll Unsinn, die er Arcana coelestia nennet, geschrieben, ist der Geisterseher, dessen Träumereyen Herr Kant, durch metaphysische Hypothesen, die er selbst Träume nennt, zu erläutern sucht. Der scherzende Tiefsinn, mit welchem dieses Werkchen geschrieben ist, läßt den Leser zuweilen in Zweifel, ob Herr Kant die Metaphysik hat lächerlich, oder die Geisterseherey glaubhaft machen wollen. Indessen enthält es den Saamen zu wichtigen Betrachtungen, einige neue Gedanken über die Natur der Seele, so wie einige Einwürfe wider die bekannten Systeme, die eine ernsthaftere Ausführung verdienen.

Discours sur la Metaphysique, par Mr. Merian, lû dans l'assemblée publique de l'Academie Royale des sciences et belles lettres de Prusse du 6 Juin 1765. à Berlin chès Chrétien Frederic Voss, 1765.

S 5   Eine

Nr. 61

Text: "Ein gewisser S c h r e d e n b e r g zu Stockholm, der in unsern ungläubigen Zeiten höchst unglaubliche Wunderdinge verrichtet, und acht Quartbände voll Unsinn, die er Arcana coelestia [Himmlische Geheimnisse] nennt, geschrieben hat, ist der Geisterseher, dessen Träumereien Herr K a n t durch metaphysische Hypothesen, welche er selbst Träume nennt, zu erläutern sucht. Der scherzende Tiefsinn, mit welchem dieses Werkchen geschrieben ist, läßt den Leser zuweilen in Zweifel, ob Hr. Kant die Metaphysik hat lächerlich oder die Geisterseherei glaubhaft machen wollen. Indessen enthält es den Saamen zu wichtigen Betrachtungen, einige neue Gedanken über die Natur der Seele, so wie einige Einwürfe wider die bekannten Systeme, die eine ernsthaftere Ausführung verdienen." ("Schredenberg" ist verdruckt für "Schwedenberg", Kants Schreibweise für Swedenborg.)

Schon im April 1766 hatte Kant auf kritische Äußerungen Mendelssohns geantwortet, die dieser ihm in einem - leider verlorenen - Brief mitgeteilt hatte (Jubiläumsausgabe Bd. 12.1, S. 104 f.): "Die Befremdung die Sie über den Ton der kleinen Schrift äußern ist mir ein

Beweis der guten Meinung die Sie sich von meinem Charakter der Aufrichtigkeit gemacht haben und selbst der Unwille, denselben hierinn nur zweydeutig ausgedrückt zu sehen, ist mir schätzbar und angenehm. ... Ich weis nicht ob Sie bey Durchlesung dieser in ziemlicher Unordnung abgefaßten Schrift einige Kennzeichen von dem Unwillen werden bemerkt haben womit ich sie geschrieben habe; denn da ich einmal durch die Vorwitzige Erkundigung nach den visionen des Schwedenbergs sowohl bey Persohnen die ihn Gelegenheit hatten selbst zu kennen als auch vermittelst einiger Correspondenz und zuletzt durch die Herbeyschaffung seiner Werke viel hatte zu reden gegeben, so sahe ich wohl daß ich nicht eher vor die unabläßige Nachfrage würde Ruhe haben als bis ich mich der bey mir vermutheten Kenntnis aller dieser Anecdoten entlediget hätte. In der That wurde es mir schweer die Methode zu ersinnen nach welcher ich meine Gedanken einzukleiden hätte ohne mich dem Gespötte auszusetzen. Es schien mir also am rathsamsten andren dadurch zuvorzukommen daß ich über mich selbst zuerst spottete wobey ich ganz aufrichtig verfahren bin indem wirklich der Zustand meines Gemüths hiebey wiedersinnisch ist und so wohl was die Erzehlung anlangt ich mich nicht entbrechen kan eine kleine Anhänglichkeit an die Geschichte von dieser Art als auch was die Vernunftgründe betrift einige Vermuthung von ihrer Richtigkeit zu nähren ungeachtet der Ungereimtheiten welche die erstere, und der Hirngespinste und unverstandlichen Begriffe welche die letztere um ihren Werth bringen.”

Mit der “Allgemeinen deutschen Bibliothek” (ADB) setzte Nicolai die ‘Literaturbriefe’ auf wesentlich verbreiterter Grundlage fort: Nun sollte die gesamte deutschsprachige Literatur angezeigt, alle wichtigeren Bücher besprochen werden. Die ADB erschien von 1765 - 1792 in 128 Bänden und 21 umfangreichen Anhang-Bänden mit Ergänzungen und Registern. Sämtliche Mitarbeiter (Mendelssohn steuerte 13 Rezensionen bei) blieben anonym. Der Einfluß der ADB war zeitweise gewaltig. Auch die “Neue Allgemeine Deutsche Bibliothek” (1793 - 1805), die anfänglich von anderen, ab 1801 wieder von Nicolai herausgegeben wurde, brachte es auf 107 Bände und 10 Anhang-Bände, jedoch mit schwindendem Erfolg und Einfluß.

62

Moses Mendelssohn: Phaedon oder über die Unsterblichkeit der Seele / in drey Gesprächen. - Berlin und Stettin 1767: Friedrich Nicolai.
HAB: Vc 81

[10], 309, [1] S. kl.8°. Erstausgabe. Meyer Nr. 138. - Das Titel-

kupfer wird vom Künstler, Johann Wilhelm Meil, selbst folgendermaßen erläutert (Dorn: Meil, S. 118 f.): “Sokrates, dieser große Weltweise sitzt hier im Gefängniss und denkt nach über die Unsterblichkeit der Seele, welches der Todtenkopf so vor ihm auf den Stein steht, über welchen ein Schmetterling schwebt, ausdrücken soll; bey den alten Griechen war es schon ein Gebrauch, die Seele des Menschen durch einen Schmetterling abzubilden. Der Abt Winkelmann hat den Schmetterling auf einen Todtenkopf gesetzt, um damit die Unsterblichkeit der Seele vorzustellen. Ich habe aber geglaubt, das Allegorische Bild dadurch noch deutlicher zu machen, wenn ich den Schmetterling nicht auf den Todtenkopf festsetze, weil es doch der unsterbliche Theil seyn soll, sondern ich habe ihn über denselben gelassen, zumal da in dem Phädon die Rede ist von der Seele, wenn sie von dem Körper geschieden.” - Ausgabe: Jubiläumsausgabe Bd. 3.1, S. 5 - 159 (Nachdruck, hrsg. von Dominique Bourel, in der Philosophischen Bibliothek Bd. 317, Hamburg 1979). - Literatur: Altmann, S. 140 ff. Jean-Louis Vieillard-Baron: Le Phédon de Moses Mendelssohn, in: Revue de Métaphysique et de Morale 79 (1974), S. 99 - 107. Dolf Sternberger: Beim Lesen von Moses Mendelssohns *Phaedon*, in: Digressionen. Wege zur Aufklärung. Festgabe für Peter Michelsen. Hrsg. von Gotthardt Frühsorge u. a., Heidelberg 1984, S. 93 - 106.

Der “Phaedon” (in den späteren Auflagen “Phädon”) war mit acht gezählten (und mehreren ungezählten) Auflagen bis 1868 nicht nur ein - Spaldings “Bestimmung des Menschen” (Katalog-Nr. 51) vergleichbares - großes deutsches Erfolgsbuch; er wurde auch in zehn andere Sprachen übersetzt und machte Mendelssohn international berühmt.

“Folgende Gespräche des Sokrates mit seinen Freunden, über die Unsterblichkeit der Seele, sollten meinem Freunde A b b t gewiedmet werden”: Mit diesen Worten beginnt die Vorrede; sie verweisen auf die Entstehungsgeschichte des “Phädon” (Katalog-Nr. 52). Weiter heißt es in der Vorrede (a.a.O., S. 8): “Nach dem Beyspiel des Plato, habe ich den Sokrates in seinen letzten Stunden die Gründe für die Unsterblichkeit der menschlichen Seele seinen Schülern vortragen lassen. Das Gespräch des griechischen Schriftstellers, das den Namen P h ä d o n führet, hat eine Menge ungemeiner Schönheiten, die, zum Besten der Lehre von der Unsterblichkeit, genutzt zu werden verdieneten. Ich habe mir die Einkleidung, Anordnung, und Beredsamkeit desselben zu Nutze gemacht, und nur die metaphysischen Beweisthümer nach dem Geschmacke unserer Zeiten einzurichten gesucht.”

Zwei Zitate aus dem dritten Gespräch (a.a.O., S. 117 und 123): “Nur alsdann läßt sich der Werth dieses Lebens angeben, und mit andern Gütern in Vergleichung bringen, wann wir es als ein Mittel zur Glückseligkeit betrachten; so bald wir aber mit dem Leben auch unser Daseyn verlieren, so hört es auf ein bloßes Mittel zu seyn, es wird der Endzweck, das letzte Ziel unserer

Nr. 62

Wünsche, das höchste Gut, wornach wir streben können, das um sein selbst willen gesucht, geliebt und verlangt wird, und kein Gut in der Welt kann mit ihm in Vergleichung kommen, denn es übertrifft alle anderen Betrachtungen an Wichtigkeit." "Wer hier mit Standhaftigkeit, und gleichsam dem Unglücke zu Trotz, seine Pflicht erfüllet, und die Widerwärtigkeiten mit Ergebung in den göttlichen Willen erduldet, muß den Lohn seiner Tugenden endlich genießen; und der Lasterhafte kann nicht dahin fahren, ohne auf eine oder die andere Weise zur Erkenntniß gebracht zu seyn, daß die Uebelthaten nicht der Weg zur Glückseligkeit sind. Mit einem Worte, allen Eigenschaften Gottes, seiner Weisheit, seiner Güte, seiner Gerechtigkeit würde es widersprechen, wenn er die vernünftigen und nach der Vollkommenheit strebenden Wesen nur zu einer zeitlichen Dauer geschaffen hätte."

Aus einem Brief an Johann Gottfried Herder vom Mai 1769 (Jubiläumsausgabe Bd. 12.1, S. 186): "Das Emporstreben ist in der menschlichen Seele, wie wir gesehen, nicht zu läugnen; und das Vergangene ist in der Natur nicht verloren. Das Gleichniß von der Raupe scheint mir so ungereimt nicht. Auch wir werden Wesen von vermischter Natur bleiben; aber von einer bessern Art als jetzo. Was wir sind und was wir seyn werden, hängt im Übrigen so genau zusammen, daß Ein Zustand aus dem andern vollkommen zu begreifen seyn wird.

Nr. 63

63

Moses Mendelssohn: Phédon, ou Entretiens sur la spiritualité et l'immortalité de l'âme. Traduit de l'Allemand, Par M. [Georges Adam] Junker. - Paris: Saillant, und Bayeux: Lepelley, 1772.
HAB:Vc 84

XXIV, 342, [1] S. 8°. Meyer Nr. 171. - Das Titelkupfer von Elie du Menil (Mesnil; Thieme-Becker Bd. 24, S. 429) nach Monet (nichts ermittelt) zeigt Sokrates im Kerker, von seinen Freunden besucht. - Literatur: Paul H. Meyer, Le Rayonnement de Moïse Mendelssohn hors d'Allemagne, in: Dix-huitème Siècle 13 (1981), S. 63- 78.

Der Übersetzer ist Georg Adam Juncker (1720 - 1805), der Professor der deutschen Sprache in Paris geworden war und neben mehreren sprachwissenschaftlichen Schriften auch Übersetzungen von Campe, Lessing und Wieland ins Französische veröffentlichte.

64

Phaedon; or, The Death of Socrates. By Moses Mendelssohn, a Jew, late of Berlin. Translated from the German. - London 1789: J. Cooper.
Prof. Dr. Felix Gilbert, New York.
VIII, LX, 212 S. 8°. Meyer Nr. 168. - Der Übersetzer ist Charles Cullen.

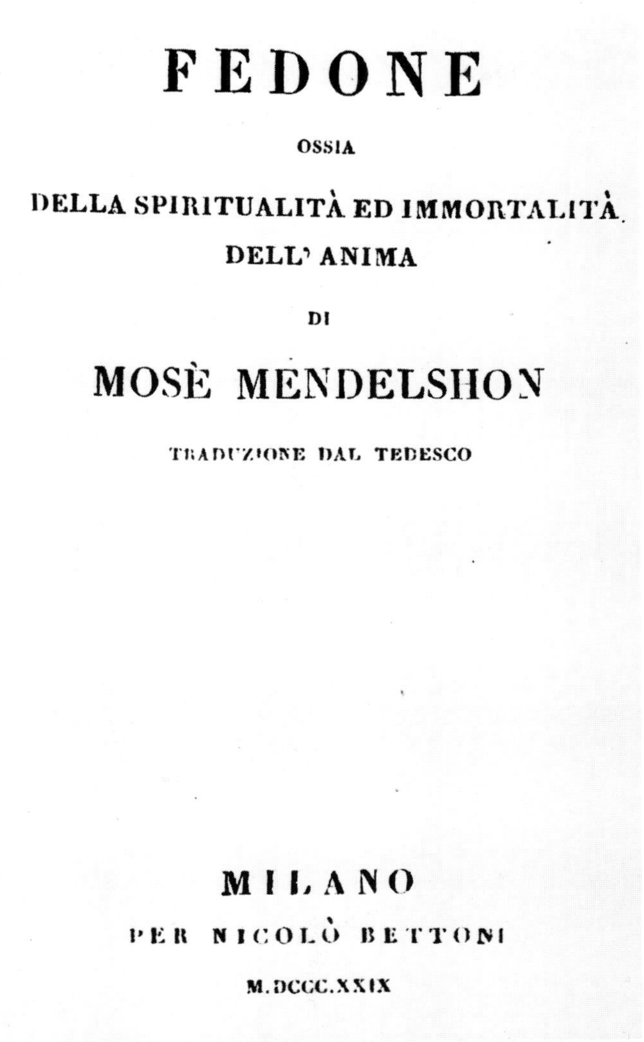

FEDONE

OSSIA

DELLA SPIRITUALITÀ ED IMMORTALITÀ DELL' ANIMA

DI

MOSÈ MENDELSHON

TRADUZIONE DAL TEDESCO

MILANO

PER NICOLÒ BETTONI

M.DCCC.XXIX

Nr. 65

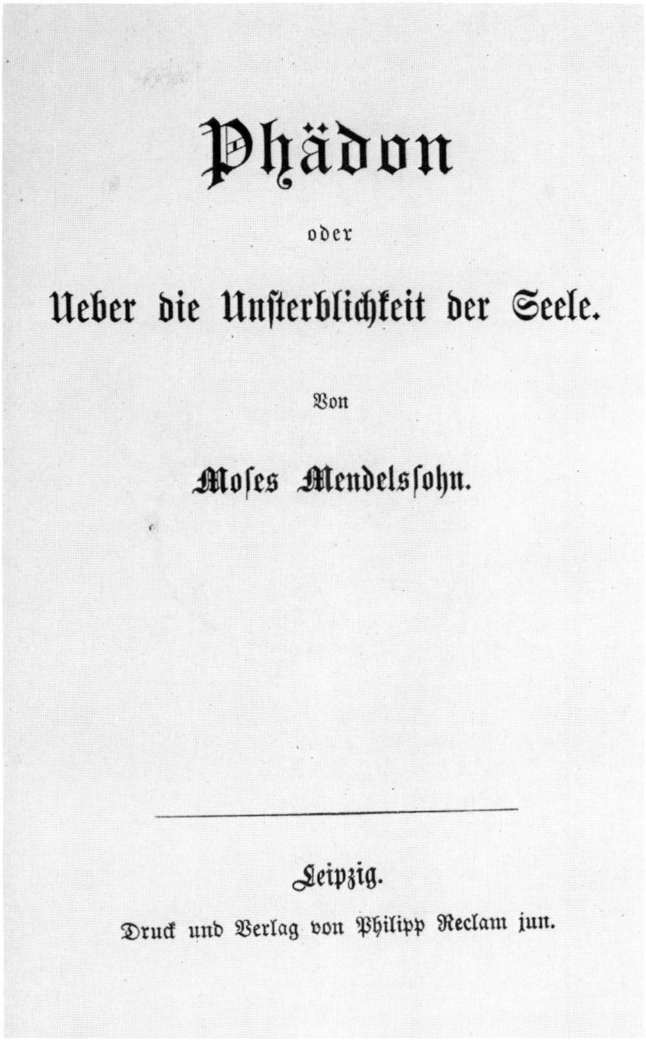

Phädon

oder

Ueber die Unsterblichkeit der Seele.

Von

Moses Mendelssohn.

Leipzig.

Druck und Verlag von Philipp Reclam jun.

Nr. 66

65

Moses Mendelssohn: Fedone ossia Della Spiritualità ed Immortalità dell'Anima (Biblioteca universale di scelta Letteratura antica e moderna, Classe Tedesca [Auf dem Rücken:] Seconda Serie, Volume unico, 2). - Mailand 1829: Nicolo Bettoni.
Prof. Dr. Norbert Hinske, Aach-Hohensonne.

259 S. 16°. Bibliographisch unbekannt. Beruht auf der Übersetzung von 1806 (Meyer Nr. 183).

66

Moses Mendelssohn: Phädon oder Ueber die Unsterblichkeit der Seele (Universal-Bibliothek 335). - Leipzig o.J.: Philipp Reclam jun.
Niedersächsische Staats- und Universitätsbibliothek Göttingen: 8° Philos IV 2785

154 S. kl.8°. - Im Jahr der Reichsgründung 1871 wurde der "Phädon" in Reclams Universal-Bibliothek aufgenommen (Meyer Nr. 163) und mehrfach ohne Jahresangabe nachgedruckt.

Nr. 67

67

Moses Mendelssohn: Sammlung theils noch ungedruckter, theils in andern Schriften zerstreuter Aufsätze und Briefe von ihm, an und über ihn. Hrsg. von J.[eremias] Heinemann. - Leipzig 1831: G. Wolbrecht.
HAB: PH 54 - 6760

X, 440 S. 8°. Erstausgabe. Meyer Nr. 66. - Titelkupfer: Kopf Mendelssohns im Profil nach links, Halbrelief im Oval. Gegenüberstehend Sokrates. Darüber eine Eule mit Nimbus, darunter ein Totenkopf mit Schmetterling. 19,5 X 14 cm. Kupferstich von Johann Daniel Laurenz (1770 - 1832; Thieme-Becker Bd. 22, S. 454) nach Michael Siegfried Lowe (1756 - 1831; Thieme-Becker Bd. 23, S. 421), 1819. Hier mit dem Datum 1831.

Wie groß der Ruhm war, den der Verfasser des "Phädon" genoß, zeigt sich auch daran, daß man ihn künstlerisch mit Sokrates zusammenstellte. Die Eule symbolisiert die Weisheit; zu Totenkopf und Schmetterling siehe Katalog-Nr. 62.

68

Brief von Isaak Iselin an Mendelssohn, Juli oder August 1767. Autograph. Fotografie.
Staatsarchiv des Kantons Basel-Stadt: Privatarchiv 98, Bd. 28, p. 269a (Fotografie)

Zwei Seiten 8°. Unveröffentlicht.

Der bedeutende Schweizer, historischer und philosophischer Schriftsteller (1728 - 1782), schätzte Mendelssohn sehr (Katalog-Nr. 46). Dennoch bewahrte er sich sein eigenes sachlich-kritisches Urteil. Leider ist der Anfang unseres Briefes mit wichtigen Einwänden gegen den "Phädon", auf die Mendelssohn am 10. September ausführlich antwortete (Jubiläumsausgabe Bd. 12.1, S. 142-145), nicht erhalten. Bevor gegen Ende einige stilistische 'Anmerkungen' vorgebracht werden, die uns schon aus einem anderen Brief Iselins bekannt waren (ebd. S. 301), schreibt Iselin hier: "Bey der ersten Durchlesung hatte mich Ihr Werk weniger überzeuget
als bey der andern - und da ich dasselbe nun zum dritten Male durchgehe
so überzeuget und rühret es mich noch mehr. Ich entdecke jedes mal neue
Schönheiten und neue [Einsichten?] und wenn auch einige Theile Ihres vortrefflichen Werkes mir zu subtil vorkommen, so ersetzen die übrigen alles mehr
als hundertfach - und so danket meine Seele vollkommen überzeugt
von der grossen Wahrheit deren Gewisheit Sie ihr noch mehr bewiesen
haben, Ihrem lieben Lehrer mit dem feurigsten Danke."

69

Moses Mendelssohn. Halbfigur nach rechts, hinter einem Tisch sitzend, darauf mit der Linken ein halbgeöffnetes Buch haltend. Im Hintergrund Bibliothek mit Globus und Totenkopf. Miniaturmalerei auf Elfenbein. Fotografie.
Prof. Dr. Felix Gilbert, New York

6,8 x 5,7 cm. Kopie nach einem mit "Dr. P. S." signierten und 1767 datierten Bild. Meyer Nr. P 1.

Wie andere berühmte Männer ist uns auch Mendelssohn fast nur durch Bildnisse bekannt, die ihn in fortgeschrittenem Alter zeigen (vgl. Katalog-Nr. 80, 85, 99, 127). Im Jahr des Erscheinens des "Phädon" blickt uns

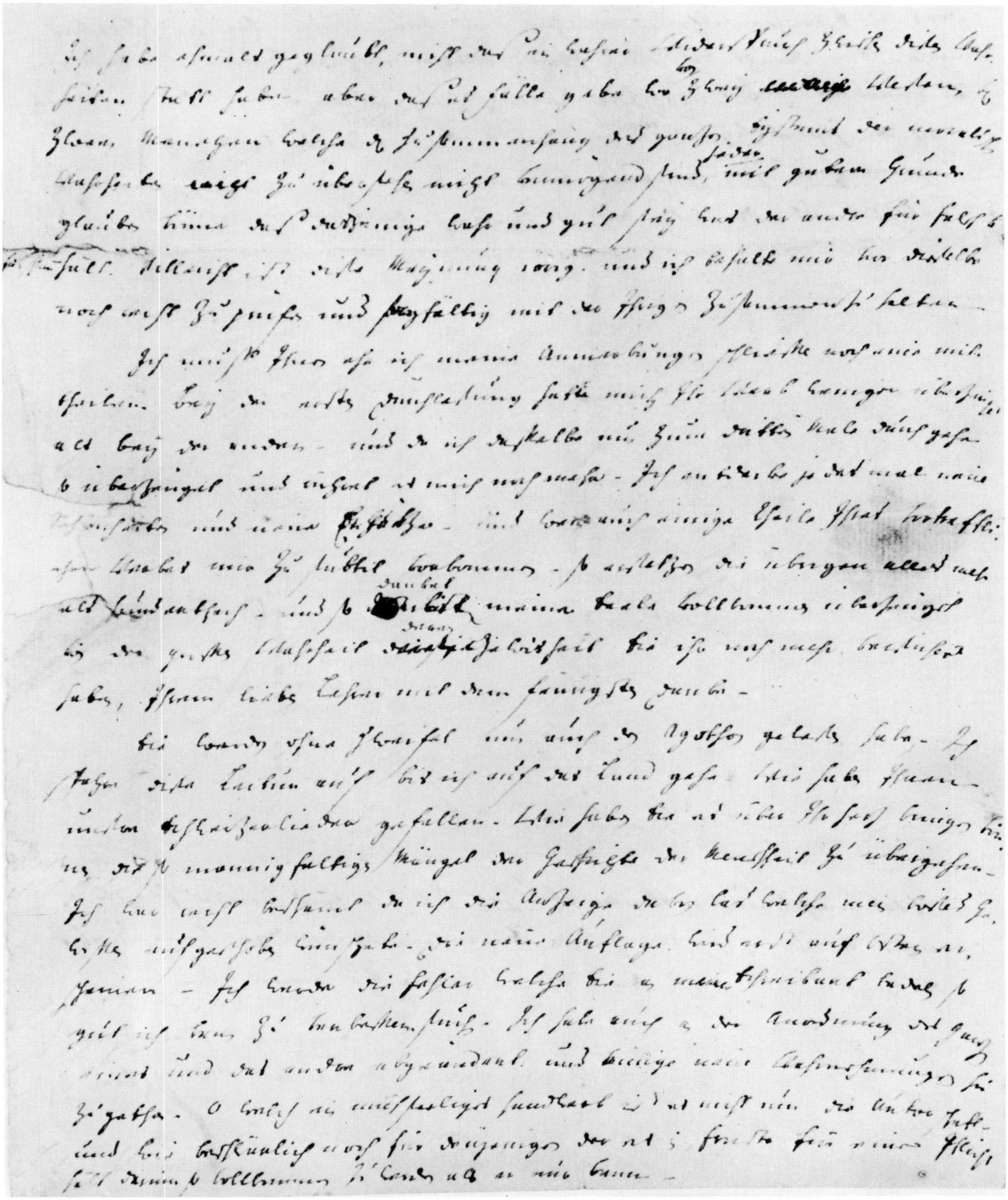

Nr, 68

Nr. 69

hier dessen immerhin schon achtunddreißigjähriger Verfasser mit einem kantigen, hohlwangigen Gesicht an. Kaum zu glauben, daß das Bild von Rode (Katalog-Nr. 72) nur ein Jahr später entstand.

Über Mendelssohn sagte Christian Garve im Jahre 1768: "Ich schätze viel Schriftsteller hoch, aber ihn liebe ich auch. Seine Philosophie nähert sich mehr dem Zwecke des Menschen, sie ist mit allem, was unter den Menschen gut und verehrungswerth ist, wahr verwandt; seine Bücher klären nicht bloß auf; sie machen auch besser." Günter Schulz: Christian Garve im Briefwechsel mit Friedrich Nicolai und Elisa von der Recke, in: Wolfenbütteler Studien zur Aufklärung 1 (1974), S. 222 - 305; S. 239.)

70

Fromet Mendelssohn geb. Gugenheim. Sitzend, leicht nach links, mit Spitzenhäubchen und Samtjacke. Miniaturmalerei, 1767. Signiert: "Dr. R. S."
Fanny Kistner-Hensel, Dr. Cécile Lowenthal-Hensel, Berlin

7,7 x 6 cm. Meyer Nr. P 75. Zu Fromet Mendelssohn vgl. Katalog-Nr. 140.

Während seiner Verlobungszeit schrieb Mendelssohn häufig an seine Hamburger Braut ("Brautbriefe", 1761 f.). Die Briefe sind in hochdeutscher Sprache, aber in hebräischen Buchstaben abgefaßt; einige Ausdrücke und formelhafte Wendungen sind in hebräischer Sprache. Damit sind sie ein Ausdruck von Mendelssohns Bemühungen, seine jiddische Muttersprache (die sich allerdings hier noch in kleinen Resten zeigt) zurückzudrängen. - Ausgabe: Moses Mendelssohn: Brautbriefe, Berlin 1936 (Bücherei des Schocken Verlags 49 - 50) (Nachdruck Königstein im Taunus 1985).

Einige Textproben: "Fahren Sie fort, liebe Fromet! gegen jeder = man gefällig und gegen Freunde liebreich zu seyn, wie Sie jeder Zeit gewesen, und wenn eine Ruptur [ein Bruch] entsteht, so bemühen Sie sich immer es dahin zu bringen, daß sich andere mehr vorzuwerfen haben, als Sie. Meine Gedanken sind alle Zeit: wer jemahls mein Freund gewesen, der kann sich nit anders als durch offenbare Niederträchtigkeiten meiner Freundschaft unwürdig machen. Kleine Neckereyen müssen keine Freunde trennen können." (S. 44 f.)
"Ich bin seit langer Zeit ein Feind von öffentlichen Vergnügungen, und bin so lang mich denkt, auf keiner *chaßuno* [Hochzeit]gewesen. Es kann seyn, daß dieses daher kommt, weil ich auf einer öffentlichen Lustbarkeit die unschicklichste Rolle spiele, genug daß ich nunmehr allen Geschmack dran verlohren habe. Ich bin jeder Zeit auf = geräumt, selten lustig, und niemahls

Nr. 70

wild vergnügt. Meine Glückseeligkeiten suche ich in den stillen Vergnügungen der Liebe und der Freundschaft, und Gott Lob! ich suche sie nit vergebens. Es ist mir so wohl in der Liebe als in der Freundschaft bisher völlig nach Herzens = Wunsch gegangen." (S. 55)
"Ich merke, daß es mir fast unmöglich wird, einen Post = Tag nit zu schreiben, oder einen Post = Tag ohne Ihre Briefe vergnügt zu seyn. Und was ist der Mensch, wenn er nit vergnügt ist? (S. 57)
"Und nun mehr habe ich Ihnen eine Neuigkeit zu melden. Gestern sind unsere *kijjumim* [Niederlassungsrechte] *be-efras ha-Schem* [mit Gottes Hilfe] accordirt worden. Nun mehr sind Sie ein preußischer Unterthan, und müssen die preußische Partey ergreifen. Sie werden also auf gut preußisch alles glauben, was zu unserm Vorteil ist. Die Russen, die Türken, die Amerikaner stehen uns alle zu Dienst, und erwarten nur unsern ersten Wink. Unsere Münz wird noch besser werden als Banco, die ganze Welt wird Sicherheit in Berlin suchen, und unsere Börs wird berühmt seyn, von dem Schloßplatz bis an unser Haus. Dieses alles müssen Sie glauben, denn Sie haben *kijjumim b'*-Berlin." (S. 125)

IX. Ein Bekehrungsversuch (1769/1770)

71

Mendelssohn: Bemerkungen zu Herders Ramler-Rezension, 1768. Autograph.
Germanisches Nationalmuseum, Nürnberg: Historisches Archiv, Autographen 40

Ein Blatt 23 x 18,5 cm, beidseitig beschrieben. Unveröffentlicht. - Ausgabe der Rezension: Gesammelte Schriften Bd. 4.2, S. 537-553.

Karl Wilhelm Ramlers "Oden", die in deutscher Sprache die horazische Ode erneuerten, waren 1767 in Berlin erschienen; die Besprechung für die "Allgemeine deutsche Bibliothek" übernahm Johann Gottfried Herder. Er äußerte sich ziemlich kritisch. Mendelssohn fixierte seine Bedenken gegen Herders Rezension in einigen für den Herausgeber Nicolai bestimmten Bemerkungen. Sie beginnen: "Die Critik des H Herder hat mir an mancher Stelle ungerecht geschienen. 'Die Tage sind entflohen, verschwunden, - die Denkmäler werden ihnen nachfolgen, die Tempel werden Ruinen sein' nicht den geringsten Schein einer gezwungenen Metapher finde ich hier. - "

Dies bezieht sich auf die Ode "An den König", in der es heißt (a.a.O., S. 1 f):
"Siehe! deiner von Ruhm trunkenen Tage sind
Zwanzig tausend entflohn! Ihnen folgt allzubald
Jedes Denkmal von dir; alle die Tempel, der
Pallas, und dem Apoll, und dem verwundeten
Kriegsgotte geweiht, werden Ruinen seyn."

Herder hatte nämlich geschrieben: "Den Tagen, welche entflohen sind, folgen die Denkmäler: dieser Ausdruck hat etwas unschickliches; und 'jedes Denkmal von dir' ist zweideutig." In der gedruckten Rezension (ADB Bd. 7, 1. Stück, 1768) hat Mendelssohn diese Passagen trotz seiner Bedenken stehen gelassen (Gesammelte Schriften Bd. 4.2, S. 546); dem Respekt vor dem Rezensenten korrespondierte allerdings der Respekt vor dem Autor, den nicht nur Lessing und Mendelssohn sehr hoch einschätzten: Mendelssohn ergänzte Herders Rezension durch eigene Passagen. Allerdings entstand auf diese Weise eine Mixtur. Die Anteile

Herders und Mendelssohns wurden auseinandersortiert von: Max Wedel: Herder als Kritiker, Berlin 1928 (Germanische Studien 55), S. 86-91. Der Abdruck in der Herder-Werkausgabe von Bernhard Suphan (Bd. 4., Berlin 1878, S. 261 - 271) wird hierdurch korrigiert.

Bei dem ausgestellten Stück handelt es sich demnach um die bisher unbekannte Beilage, von der Nicolai in seinem Brief an Herder vom 20. Februar 1768 spricht: "Inzwischen nachdem ich Ihre Recension durchgelesen hatte, so schickte ich sie Hrn. Moses. Eine kleine Probe, was er davon geurtheilet, finden sie auf gegenwärtigem Blatte. Ich gestehe es, ich glaube auch, Sie sind mit Hrn. R. zu strenge gewesen. Hätten wir das Glük, Ihre Gesellschaft zu genüßen, so gelänge es mir vielleicht Sie von verschiedenen Sachen mündlich zu überzeugen, die Schriftlich weitläufige Dißertationen erfodern würden. Inzwischen habe ich etwas gewagt, davon ich erwarten muß, ob Sie nicht darüber böse werden möchten. Sie haben mir erlaubet Ihre Recensionen zu ändern. Mit dieser aber ist eine starke Aenderung vorgegangen. Ich habe nämlich Hrn Moses vermocht eine neue Recension der Ramlerschen Oden zu machen, unter welche er einen Theil der Ihrigen verwebet hat. Einige besondere Umstände haben mich dazu vermocht. Ich will Ihnen die Veranlaßung entdecken ...". (Herder's Briefwechsel mit Nicolai, hrsg. von Otto Hoffmann, Berlin 1887, S. 15.)

Die Bemerkungen zu Herders Ramler-Rezension entstanden also zwischen Ende Januar (Jubiläumsausgabe Bd. 12.1, S. 152) und Mitte Februar 1768.

72

Moses Mendelssohn. Brustbild nach links. Kupferstich von Johann Conrad Krüger (1733 - 1791) nach dem Gemälde von Christian Bernhard Rode, 1768.
HAB: P I 8890

14,8 x 8,8 cm. - Literatur: Thieme-Becker Bd. 21, S. 599 f.; Bd. 28, S. 455 - 458.

Handschrift von Moses
    Mendelssohn.
Bezeugt von Varnhagen von Ense.
    Berlin, den 19. März 1856.

Nr. 71

hätte — welch' ein Buch müßte er uns geben können! —
Morgen gehe ich seinen dichter von dem ich gewiß vortreffliche
Sachen über den König hören werde. Von seinem Gehange er=
warte ich nicht zu hören, denn er ist so geizig und zurückhaltend
damit, daß er seinen besten Freunden niemand zeigt. —
den 28 ten December. Ich habe Ramlern nicht zu Hause getroffen,
bin aber dafür den ganzen Nachmittag in der Gesellschaft des
vortrefflichen Mendelssohn gewesen. Ein außerordentlicher Mann
in jeder Hinsicht. Man kann nicht leicht Jemand sehen
der mehr durch seine Vorzeichnungen, durch die Anmuth des Ausdrucks
und die Gründlichkeit seiner Reden gefallen müßte. Der ehrliche Mann
scheint dabei allenthalben durch. Er ist noch kleiner als ich und dabei
verwachsen. In seinem Gesichte merkt man etwas den Juden, aber in
seinem Ausdrucke nie. Ich werde ihn oft sehen, denn ich hab ihm zusagen
müssen, daß ich ihn während meines hiesigen Aufenthalts oft besuchen
will. Er ist Aufseher der Seidenfabrik eines andern Juden Isaac
Bernhard, wo er den ganzen Tag sein muß, und doch findet er noch
Zeit zum Studieren und seine Kinder zu erziehen, welches er auf eine
vorzügliche Weise thut. Alle Mittwoch kommen die hiesigen Gelehrten
Ramler, Sulzer, Mendelssohn, Lambert, Abang, Meil, Lessing der
jüngere u. a. m. zusammen und ich habe das Glück ihrer Gesellschaft
so lange ich hier bin beiwohnen zu können... Mein Mühsen abne
nach hat so viel Beifall gefunden, daß ein anderer, von der Klotzischen
Rotte, die sich Verspottungen u. Spitzfindereien in der litterarischen
Welt erlaubt, ihn cogirt, eine große Anzahl Gedichte herausgenom=
men hat, u. eher noch damit erscheint als mein langsamer Verleger
fertig wird. Ich bin den Herrn auf der Spur u. werde öffentlich die
Lumperei mit einigen Versen, die den Herrn wenig Ehre bringen
bekannt machen. In einem angehängten Verzeichniß der deutschen
dichter hab ich die Ehre mitgenannt zu werden, wegen den

Der Berliner Rode (1725 - 1797) war ein vielseitiger Maler des späten Barock in Berlin und Potsdam. Sein Mendelssohn-Portrait ist 1769 datiert (Meyer, S. 175, P 2; Thieme-Becker, a.a.O.). Allerdings schrieb Gleim schon am 28. September 1768 an Lessing, er habe "voriger Woche endlich das Porträt unsers Socrates Mendelssohn bekommen". Daß er die Worte "sehr getroffen und gut gemahlt von Roden" erst nachträglich (1795?) vor "bekommen" einfügte, bietet auch keine Auflösung: Rodes Bildnis Mendelssohns hing tatsächlich im Halberstädter Gleim-Haus, bis es von den Nationalsozialisten entfernt wurde. Also erscheint Gleims Angabe glaubwürdig. Quelle: Gotthold Ephraim Lessings sämtliche Schriften. Hrsg. von Karl Lachmann. 3. Aufl., besorgt durch Franz Muncker, Bd. 19, Leipzig 1904 (Nachdruck Berlin 1968), S. 271.

Jörgen Bracker (Moses Mendelssohn, ein Gegenbild des 'Ewigen Juden', in: Ich handle mit Vernunft ... Moses Mendelsssohn und die europäische Aufklärung, hrsg. von Norbert Hinske, Hamburg 1981, S. 15 - 44; S. 26) beschreibt Rodes Bild anhand einer Fotografie: Das Bildnis gibt "ein hohes, ausgeglichenes Oval. Zwei senkrechte feine Kniffe unter der helmartigen Stirn gerade oberhalb der Nasenwurzel und winkelig heraufgezogene Augenbrauen sowie zwei helle Glanzlichter geben der Augenzone eine schmerzlich gespannte Konzentration und skeptische Wachheit, wie sie Mendelssohn wohl zeitlebens eigentümlich war. Der Kopf aber steigt mit dem Hals so frei über den Körper hinaus, daß die Rückgratverkrümmung aufgehoben scheint. Diese Form der Steigerung hält sich noch an ein klassisches Schönheitsideal. Geschönt scheint auch der Mund ...".

Auszüge aus Briefen von Heinrich Christian Boie an seine Eltern und Geschwister. Abschrift. 29 S. 4° Schiller-Nationalmuseum Marbach, Cotta-Archiv. Ausgabe: Heinrich Christian Boie, Briefe aus Berlin 1769 /70, hrsg. von Gerhard Hay, Hildesheim 1970. Abb.: S. 7 (= S. 7 - 9 der Ausgabe).

Textauszug: "Den 28sten December [1769]. Ich habe *Ramlern* nicht zu Hause getroffen, bin aber dafür den ganzen Nachmittag in der Gesellschaft des vortreflichen *Mendelssohns* gewesen. Ein außerordentlicher Mann in jeder Hinsicht. Man kann nicht leicht jemand sehen der mehr durch seine Bescheidenheit, durch die Anmuth des Ausdrucks und die Gründlichkeit seiner Reden gefallen müßte. Der ehrliche Mann scheint dabei allendhalben durch. Er ist noch kleiner als ich und dabei verwachsen. In seinem Gesichte merkt man etwas den Juden, aber in seinem Ausdrucke nie. Ich werde ihn oft sehen, denn ich hab ihm zusagen müssen, daß ich ihn während meines hiesigen Auffenthaltes oft besuchen

Nr. 72

will. Er ist Aufseher der Seidenfabrik eines andern Juden Isaak Bernhard, wo er den ganzen Tag sein muß, und doch findet er noch Zeit zum studieren und seine Kinder zu erziehen, welches er auf eine vorzügliche Weise thut. Alle Mittwoch kommen die hiesigen Gelehrten *Ramler, Sulzer, Mendelssohn, Lambert, Quanz, Meil, Lessing der jüngere* u. a. m. zusammen und ich habe das Glück ihrer Gesellschaft, so lange ich hier bin beiwohnen zu können ...".

S. [14] (= S. 18 der Ausgabe): "Aber ein Deutscher macht hier kein Glück. Die besten Köpfe werden hier gelobt und nicht unterstützt. Die Nachwelt wird einst erstaunen, wenn sie hört, daß ein *Ramler* Knaben für 400 Thaler unterrichten, und ein *Mendelssohn* Seide für einen andern verkaufen muß."

Boie (1744 - 1806) war der Mittelpunkt des Göttinger Dichterbundes "Hain" und Mitherausgeber des ersten (Göttinger) "Musenalmanachs".

73

(Hebräisch) Sefer Megillat Kohelet 'im Biur ... (Das Buch 'Prediger Salomo' mit Kommentar von Moses Mendelssohn). - Berlin 530 [= 1770]: Itzig Speyer.
HAB: Bibel-S 630

[9], 41 Blätter. kl.8°. Erstausgabe. Meyer Nr. 231 - Mit hebräischer Widmung: "Ich habe diesen Traktat in der Wolfenbütteler Bibliothek am Dienstag, dem 11. Marcheschwan im Jahre 531 der kleinen Zählung [= 30. Oktober 1770] hinterlassen.

Der Verfasser Mose, Sohn des Herrn Menachem, aus Dessau." - Ausgabe: Jubiläumsausgabe Bd. 14, S. 145 - 207.

In seinem 1768 verfaßten Kommentar zu Kohelet ('Prediger Salomo'), der Ende 1769 oder Anfang 1770 anonym erschien, griff Mendelssohn sowohl auf ältere jüdische Kommentatoren als auch auf Zeitgenossen (wie Johann David Michaelis) zurück und trennte die Worterklärung von der Deutung des Sinnes - alles wegweisende Neuerungen in der jüdischen Bibelkommentierung.

———————

In einem Brief desselben Jahres sagt Mendelssohn (Jubiläumsausgabe Bd. 12.1, S. 212) über den "Charakter meiner Nation": "Der Druck, unter welchem wir seit so

Nr. 73

vielen Jahrhunderten leben, hat unserem Geiste alle vigueur benommen. Es ist nicht unsere Schuld; allein wir können nicht läugnen, daß der natürliche Trieb zur Freiheit in uns alle Thätigkeit verloren hat. Er hat sich in eine Mönchstugend verändert, und äußert sich bloß im B e t e n und L e i d e n, nicht im W i r k e n."

74

Der Prediger Salomo/ mit einer kurzen und zureichenden Erklärung nach dem Wort-Verstand zum Nutzen der Studierenden/ von dem Verfasser des Phädon [= Moses Mendelssohn]. Aus dem Hebräischen übersetzt von dem Uebersetzer der Mischnah [= Johann Jacob Rabe]. - Ansbach 1771: Jacob Christoph Posch. Niedersächsische Staats- und Universitätsbibliothek Göttingen: 8° Rabb. 128 - 10

[9 S. Vorrede von Rabe], [2 S. Autorisationen der Rabbiner], [19 S. Vorrede von Mendelssohn], 164 S. 8°. Meyer Nr. 232. -

Nr. 74

Den Text des 'Prediger Salomo' bringt Rabe in vier parallel gedruckten Übersetzungen:
Christian Friedrich Bauer (1732)
Peter Hansen (1737)
Antoine Vinchon Desvoeux (1760/ deutsch 1764)
Johann David Michaelis (1751)
Mendelssohns Kommentar wurde aus Katalog-Nr. 73 übersetzt. Vgl. auch Katalog-Nr. 116.

75

Johann Kaspar Lavater. Brustbild im Profil nach rechts. Kupferstich von Georg Friedrich Schmoll (gestorben 1785).
HAB: P I 7722

18,1 x 12,4 cm. Literatur: Thieme-Becker Bd. 30, S. 178. Neuere Literatur zu Lavater: Kamal Radwan: Die Sprache Lavaters im Spiegel der Geistesgeschichte, Göppingen 1972 (Göppinger Arbeiten zur Germanistik 75).

Der Züricher Pfarrer Lavater (1741 - 1801) war in der hohen Zeit des Sturm und Drang eng mit Hamann, Herder und Goethe befreundet. Seine schwärmerische Religiosität schenkte ihm den Glauben, daß er fähig sei,

Nr. 75

göttliche Offenbarungen sinnlich wahrnehmen zu können. Dies brachte ihn in Gegensatz zur Aufklärung. Sein erfolgreichstes Werk war die 'Physiognomik' (Katalog-Nr. 78), an der sich Lavaters Freund, der Bildniszeichner und Radierer Schmoll, stark beteiligte.

76

Moses Mendelssohn: Schreiben an den Herrn Diaconus Lavater zu Zürich. - Berlin und Stettin 1770: Friedrich Nicolai. 32 S.
Angebunden: Johann Caspar Lavater: Antwort an den Herrn Moses Mendelssohn zu Berlin. Nebst einer Nacherinnerung von Moses Mendelssohn. - Berlin und Stettin 1770: Friedrich Nicolai. 68 S.
HAB: Te 830

kl.8°. Erstausgaben. Meyer Nr. 197 und 207. - Ausgabe: Jubiläumsausgabe Bd. 7, S. 5 - 22; 23 - 55. - Literatur: Altmann, S. 194 ff. Barouch Mevorah: Johann Kaspar Lavaters Auseinandersetzung mit Moses Mendelssohn über die Zukunft des Judentums, in: Zwingliana 14 (1977), S. 431 - 450. Weitere Literatur im Forschungsbericht, S. 103 (Anm. 78), S. 129 - 131.

Lavater war keineswegs der einzige, der Mendelssohns Bekehrung zum Christentum für möglich hielt; er wurde von manchen Theologen (wie z. B. Spalding) in seinen Ansichten bestärkt. Darüber hinaus hielt allerdings Lavater das Tausendjährige Reich für bevorstehend. Es bricht aber erst an, wenn die Juden bekehrt sind: wenn der wiedererschienene Christus auch von ihnen als Messias erkannt wird, so daß die jüdischen Messias-Hoffnungen erfüllt sind. Die Bekehrung von Juden dient also nicht nur diesen, sondern der ganzen Menschheit. Von solchen guten Hoffnungen und Wünschen beflügelt, widmete Lavater 1769 von ihm übersetzte Auszüge aus Charles Bonnets "Palingénésie philosophique", die "Beweise für das Christenthum" enthielten, Mendelssohn mit der Aufforderung (Jubiläumsausgabe Bd. 7, S. 3): "... dieselbe öffentlich zu widerlegen, wofern Sie die w e s e n t l i c h e n Argumentationen, womit die Thatsachen des Christenthums unterstützt sind, nicht richtig finden: Dafern Sie aber dieselben richtig finden, zu thun was Klugheit, Wahrheitsliebe, Redlichkeit Sie thun heissen; - was S o c r a t e s gethan hätte, wenn er diese Schrift gelesen, und unwiderleglich gefunden hätte."

Mendelssohn dachte überhaupt nicht daran, sich taufen zu lassen. In seinem "Schreiben" attestierte er zwar Lavater, den er als "Verehrungswerther Menschenfreund" anredete, "keine andere, als liebreiche, menschenfreundliche Absichten" (ebd., S. 7). "Allein von dem W e s e n t l i c h e n meiner Religion bin ich so fest,

Schreiben
an den
Herrn Diaconus Lavater
zu Zürich.
von
Moses Mendelssohn.

Berlin und Stettin,
bey Friedrich Nicolai
1770.

Nr. 76

so unwiderleglich versichert, als Sie, oder Hr. Bonnet nur immer von der Ihrigen seyn können, und ich bezeuge hiermit vor dem Gott der Warheit, Ihrem und meinem Schöpfer und Erhalter, bey dem Sie mich in Ihrer Zuschrift beschworen haben, daß ich bey meinen Grundsätzen bleiben werde, so lange meine ganze Seele nicht eine andere Natur annimmt.
...
Ich habe gelesen, verglichen, nachgedacht, und Partey ergriffen" (S. 10).

Antwort

an den

Herrn Moses Mendelssohn

zu Berlin,

von

Johann Caspar Lavater.

Nebst einer Nacherinnerung

von

Moses Mendelssohn.

Mit Königl. Preußl. Churfürstl. Brandenb. und
Churfürstl. Sächs. allergnädigsten Freyheiten.

Berlin und Stettin,
bey Friedrich Nicolai. 1770.

Nr. 76

"In welcher glükseeligen Welt würden wir leben,
wenn alle Menschen die heiligen Wahrheiten a n n ä h -
m e n , und in A u s ü b u n g brächten, die die
b e s t e n C h r i s t e n und die b e s t e n J u d e n ge-
mein haben! Der Herr Zebaoth lasse bald die glüklichen
Tage erscheinen, da niemand böses thun,
noch v e r l e t z e n wird, denn die ganze
Erde wird voll Erkentniß des Herrn
seyn, wie W a s s e r des Meeres Tiefen be-
d e c k e n ; die Tage, von welchen es heißt: E s w i r d

kein Mann seinen Freund lehren, noch
ein Bruder den andern, und sagen: E r -
kenne den Herrn; denn alle werden ihn
kennen, beyde Klein und Groß" (S. 48; Jesaja
11,9 und Jeremias 31,34).

Diesen Vorrang der (moralischen) Praxis vor irgendwelchen Wort- und sonstigen Streitigkeiten unter-
streicht Mendelssohns Brief an einen anonymen Christen vom August 1770 (Bd. 12.1, S. 224): "Ich unter-
schreibe willig und von ganzem Herzen das Gute, was
Sie von der Sittenlehre des neuen Testaments sagen. Ich
glaube es gar gern, daß Jesus vieles von dem nicht
gelehrt hat, was die christlichen Rabbinen so viele
Jahrhunderte in seinem Namen gepredigt, und warum
sie so häufig gewürgt haben und sich haben würgen
lassen.

Ein Christenthum wie das Ihrige, mein Herr, würde
unsere Erde in ein Paradies verwandeln, wenn es allgemein angenommen werden sollte. Und wer wird bei
einer so wichtigen Sache sich bei einem Worte aufhalten? Soll man die reinste Sittenlehre Christenthum nennen? Warum nicht, wenn dieser Name Nutzen bringen
kann? Aber dieses Christenthum ist wahrlich eine
unsichtbare Kirche, die zum Theil aus Juden, Mahome-
danern und Chinesen besteht, und wohin vornehmlich
Griechen und Römer zu rechnen sind." Übrigens fand
der fromme Jude Mendelssohn, daß unter den Christen
die "Zweifler und sogenannten Freygeister ... vollends
nicht auszustehen" seyen (Bd. 11, S. 118).

77

[Georg Christoph Lichtenberg:] Timorus, das ist, Ver-
theidigung zweyer Israeliten, die/ durch die Kräftigkeit
der Lavaterischen Beweisgründe und der Göttingischen
Mettwürste bewogen/ den wahren Glauben angenom-
men haben, von Conrad Photorin, der Theologie und
Belles Lettres Candidaten. - Berlin 1773 (Königsberg:
Friedrich Nicolai).
Stadtbibliothek Hannover: BD/Q 3365

78 S. 8° - Ausgabe: Schriften und Briefe, hrsg. von Wolfgang
Promies. Bd. 3, München 1972, S. 205 - 236 (dazu: Kommentar
zu Bd. 3, München 1974, S. 82 - 94). - Literatur: Eva J. Engel:
Lavater, Mendelssohn, Lichtenberg, in: affinities. Essays in
German and English Literature. Dedicated to the Memory of
Oswald Wolff, ed. by Rex William Last, London 1971, S. 187 -
205. - Literatur zu Lichtenberg: Franz H. Mautner: Lichten-
berg. Geschichte seines Geistes, Berlin 1968. Aufklärung über
Lichtenberg. Mit Beiträgen von Helmut Heißenbüttel u.a.,
Göttingen 1974 (Kleine Vandenhoeck-Reihe 1393).

Der Göttinger Physik-Professor Lichtenberg (1742 -
1799) verstand seine bedeutenden und erfolgreichen
Schriften auf dem Gebiet der experimentellen Physik

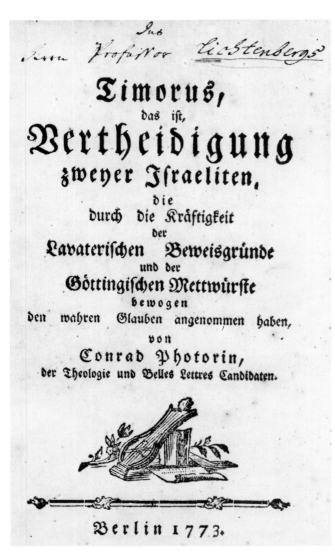

Nr. 77

wäre, würde man für seinen Nebenmenschen ansehen, ja gar vielleicht manchem Christen vorziehen. Es ist ohne Schauder nicht daran zu gedenken."

78

Johann Caspar Lavater: Physiognomische Fragmente, zur Beförderung der Menschenkenntniß und Menschenliebe. Erster Versuch. - Leipzig: Weidmanns Erben und Reich, und Winterthur: Heinrich Steiner, 1775.
HAB: Vc 4° 3

[20], 272, [8] S. 4°. Meyer Nr. 571. Erster von vier Bänden (1775 - 1778). Nachdruck Zürich und Leipzig 1968 f.

Aufgeschlagen: Tafel nach S. 240. Nr. 4: Mendelssohns Silhouette.

Schon an der Zahl von nicht weniger als 68 Kupfertafeln (in Quarto!) allein im ersten Band zeigt sich die Bedeutung dieses Werkes für seine Zeit: Die (von Bonnet angeregte) Kunst Lavaters, aus dem Äußeren eines Menschen, besonders seinem Gesicht, seine Seele zu erschließen, schien eine neue, höchst aufschlußreiche Wissenschaft zu sein, der sich übrigens jeder Lavater-Leser mit einiger Übung selber widmen konnte. Auch für Mendelssohn stand "die Wahrheit fest, daß die Tugend verschönert und das Laster verhäßlichet" (Jubiläumsausgabe Bd. 3.1, S. 332). Er nahm allerdings mehrere Differenzierungen - so z.B. zwischen formaler und Ausdrucks-Schönheit - vor, die einer auf bloße Schädel-Diagnosen beschränkten Lehre den Boden entzogen.

Der vergebliche Bekehrungsversuch hatte nichts an Lavaters Verehrung für Mendelssohn geändert - aber auch nichts an seiner Illusion, Mendelssohn ließe sich doch noch zum Christentum bekehren. Zur Mendelssohn-Silhouette von Johann Rudolf Schellenberg (1740 - 1806; Thieme- Becker Bd. 30, S. 20), die übrigens geschmeichelt sein dürfte, schrieb er (a.a.O., S. 243 f.): "Vermuthlich kennst du diese Silhouette? Ich kann dir's kaum verhelen! Sie ist mir gar zu lieb! gar zu sprechend! .... Kannst du sagen, kannst du einen Augenblick anstehen, ob du sagen wollest: 'Vielleicht ein Dummkopf! Eine rohe geschmacklose Seele!' Der so was sagen könnte, ertragen könnte, daß ein anderer es sagte, der schließe mein Buch zu, werf' es von sich - und erlaube mir, meinen Gedanken zu verwehren, daß ich nicht über ihn urtheile! Ich weide mich an diesem Umrisse! Mein Blick wälzt sich von diesem Bogen der Stirne auf den scharfen Knochen des Auges herab .... In dieser Tiefe des Auges sizt eine Sokratische Seele! Die Bestimmtheit der Nase; - der herrliche Uebergang von der Nase zur Oberlippe - die Höhe beyder Lippen, ohne daß eine über die andere hervorragt, o wie alles dieß

ebenso als Teil der Aufklärung wie sein schriftstellerisches (bekannt sind seine Aphorismen) Engagement für Vernunft und Toleranz. Als der 'Lavater-Streit' Wellen schlug, sah er die Aufklärung durch Vorurteil und Intoleranz bedroht und verfaßte seine Satire auf Lavaters (dessen 'Physiognomik' er ebenfalls ablehnte) ungebrochenen Bekehrungseifer (a.a.O., S. 233): "Was? keine Proselyten mehr machen? Keine Seelen mehr retten? Wißt ihr, was die Folgen sein würden? der Teufel würde Proselyten zu Tausenden machen. Atheisterei, Toleranz, geistliche Anarchie, allgemeiner Umgang mit Juden, Heiden und Heidamacken, würde daraus entspringen. Einen Juden, der ein natürlich ehrlicher Mann

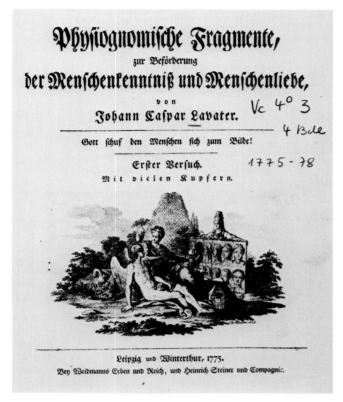

Nr. 78

Nr. 78

zusammenstimmt, mir die göttliche Wahrheit der Physiognomie fühlbar und anschaulich zu machen. Ja, ich seh ihn, den Sohn Abrahams, der einst noch mit **Plato** und **Moses** - erkennen und anbeten wird, den **gekreuzigten Herrn der Herrlichkeit!**" Angesichts eines ähnlicheren, aber auch häßlicheren Profilbildes Mendelssohns äußerte sich Lavater ziemlich ratlos (Vierter Versuch, 1778, S. 387).

————

1778 sagte Mendelssohn (Jubiläumsausgabe Bd. 12.2, S. 123): "Ich bin gewohnt, bei den Streitigkeiten ein-sichtsvoller Männer, die nicht offenbar bloß streiten, um sich sehen zu lassen, mir Rechenschaft zu geben, woher diese Disharmonie in ihrer Denkungsart wohl kommen möge: um mich von dem Mangel der Evidenz zu unterrichten, der in philosophischen Sachen eine allgemeine Übereinstimmung fast unmöglich zu machen scheint. Es ist mir sehr oft gelungen, daß ich den Grund dieser Disharmonie in einer bloßen Unbestimmtheit der ersten Urbegriffe gefunden, und am Ende den ganzen Disput auf einen bloßen Wort- und Definitionsstreit habe zurückführen können."

X. Fast ein Akademiker (1771 - 1773)

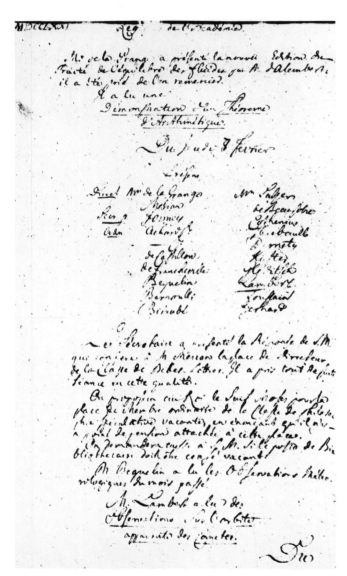

Nr. 79

79

Registres de l'Academie depuis le 21 Aout MDCCLXVI jusqu'au 17 Aout 1786.
Akademie der Wissenschaften der DDR, Archiv, Historische Abteilung: I. IV. 32

Fol. 87 verso: Donnerstag, 7. Februar 1771. Geschrieben vom Sekretär der Akademie, Jean Henri Samuel Formey. Reproduktion. - Ausgabe: Dominique Bourel: Moses Mendelssohn, Markus Herz und die Akademie der Wissenschaften zu Berlin, in: Mendelssohn-Studien 4 (1979), S. 223 - 234.

Am 7. Februar 1771 hatte die Akademie beschlossen, Mendelssohn aufzunehmen: "Man wird dem König den Juden Moses auf die Stelle eines ordentlichen Mitgliedes der Klasse für spekulative Philosophie vorschlagen, wobei man zum Ausdruck bringen wird, daß mit dieser Stelle keinerlei Bezahlung verbunden ist." Das Schweigen des Königs bedeutete allerdings Ablehnung - und dagegen setzte sich die Akademie schließlich nicht mehr zur Wehr. Vielleicht stand schon in dem Schreiben der Akademie an den König vom 27. September 1771 nicht mehr der Name Mendelssohn, obwohl Sulzer das Gegenteil versicherte (Jubiläumsausgabe Bd. 12.2, S. 24 f.). Vgl. Forschungsbericht, S. 155.

80

Moses Mendelssohn. Brustbild nach links. Kupferstich von Johann Friedrich Bause nach dem Gemälde (1771) von Anton Graff, 1772.
25 x 18,1 cm. - Literatur: Keil: Bause, S. 117 (Nr. 196). Ekhart Berckenhagen: Anton Graff. Leben und Werk, Berlin 1967, S. 272 f., Nr. 995.

Mit einem Portrait des Kupferstechers Bause (vgl. Katalog-Nr. 81) erlebte Graff (1736 - 1813) seinen großen Durchbruch: Er wurde zum klassischen deutschen Bildnismaler der zweiten Hälfte des 18. Jahrhunderts. Sein

Nr. 80

Stil ist von schlichter Menschlichkeit geprägt, verbunden mit präziser, lebendiger Charakterisierung. 1.280 Bildnisse malte er von 1756 bis 1813, dazu 322 Miniaturbildnisse.

Jörgen Bracker (Moses Mendelssohn, ein Gegenbild des 'Ewigen Juden'. In: Ich handle mit Vernunft ... Moses Mendelssohn und die europäische Aufklärung, hrsg. von Norbert Hinske. Hamburg 1981, S. 15 - 44; S. 26 f.) spricht von einem "unendlich ernsten" Bildnis: "Graff entwirft ein geradezu maskenhaftes Antlitz, in welchem die jetzt flachen, breit und dunkel behaarten Brauen schier wie mit Tusche geschminkt wirken. Gegenüber dem aus ebenmäßigen Grundformen zusammengesetzten Obergesicht kommt Bewegung ins Untergesicht. Mächtig wenden sich die starken Lippen aus dem geringfügig geöffneten Mundspalt und erzeugen einen Ausdruck des Sprechenwollens. Das 1771 gefertigte Bildnis verbirgt auch noch geschickt die verwachsene Statur." Strenge und Kraft des Graffschen Portraits erscheinen in Bauses Stich in gemäßigter Form.

81

Brief von Mendelssohn an Johann Friedrich Bause, 9. Oktober 1772. Autograph.
HAB Cod. Guelf. 87 Noviss. 2° (1).

Ein Blatt 22,7 x 18,5 cm. Ausgabe: Jubiläumsausgabe Bd. 13, S. 337.

Bause (1738 - 1814) galt als der beste Kupferstecher seiner Zeit im Bildnisfach. Von Anton Graffs Portraits stach Bause 45, darunter auch Mendelssohns Bildnis (vgl. Katalog-Nr. 80). Mendelssohn bedankte sich herzlich: "Herrn Grafs Pinsel und Ihr Grabstichel haben meinem Bilde alles wiedergegeben, was die Natur dem Originale versagt hat. Ich erkenne mein Bildniß, aber nicht so, wie ich es etwa im Spiegel warnehme; sondern wie ich meiner besten Freundin dreist in einem Morgentraume erschienen seyn mag."

82

Physiognomischer Almanach für das Jahr 1792 [Hrsg.: Christoph Girtanner]. - Berlin 1791: Johann Friedrich Unger.
Niedersächsische Staats- und Universitätsbibliothek Göttingen: 8° Fab. VI 140 K

324 S. 12°. Meyer Nr. 498. - Literatur: Robert Hirsch: Nachträge und Berichtigungen zu Daniel Chodowieckis Sämtliche Kupferstiche von Wilhelm Engelmann, Leipzig ²1906, S. 9 ff. (M.S. Lowe Nr. 4). Horst Behrend: Daniel Chodowiecki. In: Jahrbuch der Stiftung Preußischer Kulturbesitz 3 (1964/65), S. 148-162; S. 150 f.

Aufgeschlagen: S. 317: Kupferstich von Michael Siegfried Lowe (1756 - 1831; Thieme-Becker Bd.23, S. 421 f.) nach Daniel Chodowiecki, 1791: "Moses Mendelssohns Examen am Berliner Thor zu Potzdam" (am 30. September 1771). Dazu S. 317-319 die folgende Anekdote, die Nicolais Sammlung entnommen wurde: Als der kursächsische Staatsminister Thomas Baron von Fritsche Friedrich den Großen in Potsdam besuchte, erklärte er kurz vor seiner Abreise, er werde auf der Rückfahrt einen Umweg über Berlin machen, um Mendelssohn kennenzulernen (vgl. auch Katalog-Nr. 132). Daraufhin ließ Friedrich II. Mendelssohn einen Brief zustellen, in dem man "den berühmten Herrn Moses Mendelssohn" für den folgenden Tag nach Potsdam befahl. Mendelssohn mußte der Einladung Folge leisten, obwohl dieser Tag ein Sabbat war. Um aber den Sabbatgesetzen

Mein Herr!

Ich erkene die Ehre, die Sie mir erzeugt haben, mit dem verbindlichsten Dank. Herr Graf Riesch und Ihr Pinselstrich haben meinem Bilde alle wiedergegeben, was die Natur dem Originale versagt hat. Ich rühme mein Bildniß, aber nicht so, wie ich es neben im Spiegel manchmal, sondern wie ich meinen besten Freunden bisweilen in einem Morgentraume erscheinen gefallen mag. Im übrigen mag mein Freund wohl recht haben, der bey Erblickung Ihres eben Kupferstichs gesagt hat, "armer Moses! es gehet dir Lanzlen "mit ihrem Körper, wie den unschuldigsten Theologen mit ihrer Seele. Zuen "Ketzerzeichen sind Sie freylich zu gut, aber nach den Regeln der Kunst, geben "die Ihnen nicht Recht, was sie damit ausdrücken sollen," und ich bedauere die undankbare Mühe, die Sie und H. Graf sich gegeben, so viele Unförmlichkeiten mit so vieler Kunst zu verbergen.

Ich bin mit aufrichtigen Hochachtung

Berlin d. 9. Oct. 1772.   gehorsamster Diener
                                           M. Mendelssohn

Gehorsam zu erweisen, stieg er kurz vor Potsdam aus der Kutsche und ging zu Fuß zum Stadttor. Dort wurde er von der Schildwache mit den Worten "*Wo will der Jude hin?* aufgehalten. Zu gleicher Zeit kam ein ganz junger Officier heraus, um ihn zu examiniren. Moses gab auf Befragen was sein Geschäft in Potsdam sey, zur Antwort: Er komme auf Befehl des Königs dahin, und überreichte dabey den obengedachten Brief. Der Fähnrich las ihn bedächtig durch; und indem er nochmals auf das Wort b e r ü h m t sah, fragte Er den Philosophen:

'Worinn ist Er denn so berühmt, daß Er hieher berufen wird?'

Moses, obgleich sonst sehr ernsthaft, konnte doch bey Vorfällen dieser Art, welche ihm in seinem Leben einigemal begegneten, eine gewisse Laune nicht verläugnen; antwortete daher ganz gelassen:

'Ich spiele aus der Tasche!'

'So!' war der Bescheid, 'geh Er nur in Gottes Namen!'"

Aus: Friedrich Nicolai, Anekdoten von König Friedrich II. von Preussen, und von einigen Personen, die um Ihn waren. Drittes Heft. Berlin und Stettin 1789, S. 278-280. In: Gesammelte Werke, hrsg. von Bernhard Fabian und Marie-Luise Spieckermann. Bd.7: Anekdoten von König Friedrich dem Zweiten von Preußen (1788 - 1792). Hildesheim, Zürich, New York 1985.

Chodowieckis humorvolle Darstellung spielt den Gegensatz zwischen den militärisch-eleganten 'langen Kerls' und dem kleinen, buckligen Philosophen aus, der dennoch eindeutig die Szene beherrscht.

Nr. 82

83

Stammbuch von Karl Friedrich Graefe, 1771 - 1792. Eintragung von Mendelssohn, 26.10.1771. HAB: 16 Novissimae 12°.

Ausgabe: Jubiläumsausgabe Bd. 6.1, S. 191.

(Mendelssohn entnahm den Text aus der Mischna.)

"Denksprüche der Rabbiner

Wer ist reich?	der Zufriedene.
Wer ist tapfer?	der seine Begierden bezwinget.
Wer ist weise?	der gute Lehr von jedem annimmt.
Wer ist ehrwürdig?	der andere ehrt.
Berlin den 26. Oct. 1771	Zum Andenken schriebs Moses Mendelssohn."

84

Brief von Johann Dietrich Winkler an Mendelssohn, 25. Juni 1773. Autograph. Staats- und Universitätsbibliothek Hamburg Carl von Ossietzky, Handschriftenabteilung: Campe-Slg. 10

Drei Seiten 4°. Unveröffentlicht. (Ebd., zwei weitere unveröffentliche Briefe Winklers an Mendelssohn.)

Mendelssohns Brief vom 8. Februar 1774, als dessen Empfänger bisher ein 'Bibelforscher' galt, stellt die Antwort auf den vorliegenden dar und ist also ebenso wie der Brief Mendelssohns vom 16. Februar 1773 an

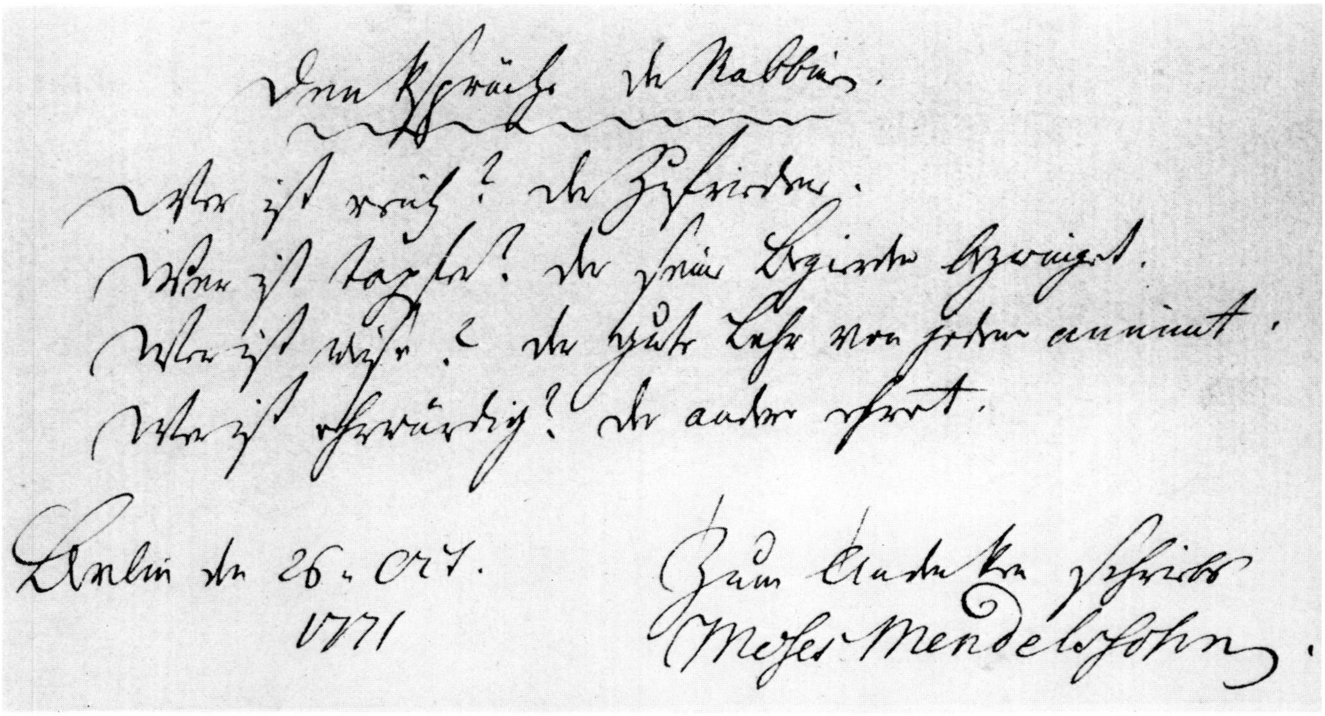

Nr. 83

Winkler (1711 - 1784) gerichtet, den schriftstellerisch äußerst fruchtbaren Philologen und Theologen, Hauptpastor an St. Nicolai in Hamburg.

Winkler bittet hier Mendelssohn, bei spanischen, besonders aber polnischen "Gelehrten Ihrer Nation" (S. 2) nach alten Manuskripten des Alten Testamentes suchen zu lassen, um die quellenkritische Arbeit am Alten Testament durch gemeinsame Bemühungen voranzubringen.

Anfang: "Ich hoffe, dieselben werden es mir nicht verübeln, daß ich noch einmahl mit diesen Zeilen dero anderweitige Geschäfte zu stöhren mir die Freiheit nehme. Es betrifft eine Sache, darin von Dero Einsicht einiges Licht zu erhalten gewiß vermuthe."

S. 3: "Ich habe oft schon gewünscht, daß zur Behauptung der Ehre der Theognostie zwischen Ihren Gelehrten und den unserigen eine nähere Verbindung gegen viele, die davon nicht gründlich genug zu denken scheinen, Statt finden mögte."

85

Moses Mendelssohn. Kopfbild im Profil nach links mit natürlichem Haar. Federzeichnung von Daniel Chodowiecki (1726 - 1801).
Marianne und Dr. Johannes Zilkens, Köln
11 x 10 cm

Vermutlich 1773 porträtierte Chodowiecki Mendelssohn, indem er zunächst einen lebensgroßen Schattenriß aufnahm; das Bildnis wurde dann noch mit dem Storchschnabel verkleinert und in Medaillonform gebracht. Auf diese Weise blieb die vollkommene Naturtreue erhalten: Kein anderes Portrait ist Mendelssohn so ähnlich wie das vorliegende. Dieser Ähnlichkeit zuliebe wurde die Häßlichkeit der Gesichtszüge bewußt in Kauf genommen, wird sie doch von der geistigen Energie des Ausdrucks mehr als aufgewogen. Mendelssohn äußerte, Chodowiecki sei 'die Natur' selbst.

116

Die Vervielfältigungen, die der Künstler auf Anfrage vornahm (z. B. für Graf Wilhelm - auf Mendelssohns Bestellung hin - oder für Lavater), entstanden in der Regel aus dem Gegendruck (: Profil nach rechts). - Literatur: Wolfgang von Oettingen: Daniel Chodowieckis Handzeichnungen, Berlin 1907 (Handzeichnungen großer Meister 1), S. 32 f. Altmann, S. 284 und 805, Anm. 64.
(Abbildung s. S. 25.)

86

Moses Mendelssohn. Kopfbild im Profil nach links. Kupferstich von Daniel Berger (1744 - 1824) nach Johann Christoph Frisch. 1786. In: Berlinische Monatsschrift. Herausgegeben von F.[riedrich] Gedike und J.[ohann] E.[rich] Biester. Zehnter Band. Julius bis December 1787. - Berlin 1787: Haude und Spener. HAB: Za 305

13,7 x 8,5 cm. Meyer Nr. P 27. - Literatur: Thieme-Becker Bd. 3, S. 394 f. Zu Frisch vgl. Katalog-Nr. 99.

Unter dem Portrait Mendelssohns Lebensdaten und ein Zitat aus dem Johannes-Evangelium (1, 47): "Siehe, ein rechter Israelit, in welchem kein Falsch ist." - Der Kupferstich geht auf ein Gemälde von Frisch zurück, das auch anderen Stechern als Vorbild diente, vgl. Katalog-Nr. 67. - Das Exemplar der Berlinischen Monatsschrift in der HAB enthält den Stich versehentlich erst in Bd. 10, obwohl er in Bd. 9 hätte eingebunden werden sollen.

Nr. 86

XI. Der philosophierende Graf (1774/1775)

Nr. 87

Nr. 88

87

Wilhelm Friedrich Ernst, Graf zu Schaumburg-Lippe (1724 - 1777). Gemälde von Johann Georg Ziesenis (1716 - 1776). Kopie.
Hausarchiv des Fürsten zu Schaumburg-Lippe, Bückeburg: Waffensammlung.

68 x 51 cm.

88

Maria Eleonore, Gräfin zu Schaumburg-Lippe (1744 - 1776). Gemälde von Johann Georg Ziesenis (1716 - 1776). Kopie.
Hausarchiv des Fürsten zu Schaumburg-Lippe, Bückeburg: Waffensammlung

68 x 51 cm. - Literatur: Thieme-Becker Bd. 36, S. 497 f. Fried-

rich-Franz Kuntze: Johann Georg Ziesenis, ein deutscher Hof-maler zwischen Rokoko und Klassizismus, Phil. Diss. Erlangen; Charlottenburg 1932. Hannoversches Rokoko. Johann Friedrich, Johann Georg, Elisabeth Ziesenis. Ausstellungs-Katalog, Hannover 1937, Nr. 191, 191 a. Johann Karl von Schröder: Graf Wilhelm zu Schaumburg-Lippe und seine Gemahlin. Zu zwei Porträtgemälden von Johann Georg Ziesenis, in: Jahrbuch Preußischer Kulturbesitz 16 (1979), S. 153 - 162.

Graf Wilhelm trägt die Uniform eines großbritannischen Feldmarschalls und stützt die Rechte auf den Feldherrenstab. Der Hintergrund zeigt von links das kleine Fort Santa Lucia und die Stadt Elvas in Portugal, in der Mitte auf einer Anhöhe das vom Grafen geschaffene Fort Delippe. Der Graf trägt den preußischen schwarzen Adlerorden und ein Portrait von Joseph I. von Portugal. Vorn an der Brüstung das Wappen des Grafen, darübergelegt ein Hermelinmantel, der auf die Regentenwürde hinweist. - Die Gräfin Marie lehnt sich ebenfalls auf einen Hermelinmantel; die Brüstung zeigt das Allianzwappen der Gräfin (Lippe-Biesterfeld) und ihres Gemahls (Schaumburg-Lippe). Links im Hintergrund der Lieblingsort des Paares: Schloß Baum im Schaumburger Wald. Die schlicht gekleidete Gräfin trägt als einzigen Schmuck ein Portrait ihres Gatten.

Die Kunst des hannoverischen Hofmalers Ziesenis bewährte sich auch und gerade an diesen beiden Bildnissen, die zu Ziesenis' reifsten Leistungen zählen: Graf Wilhelm und Gräfin Marie sind in der Art des hoheitsvoll-repräsentativen Fürstenportraits dargestellt, zeigen aber zugleich eine menschliche, natürliche Nähe. In Erfindung und Ausführung gehören die beiden Werke zu den Höhepunkten der deutschen Bildnismalerei des 18. Jahrhunderts. Über den Charakter der Dargestellten schrieb Mendelssohn in warmherzigen Worten (Jubiläumsausgabe Bd. 6.1, S. 62 f.): "Ich habe ... Gelegenheit gehabt, diesen seltnen Grafen kennen zu lernen, und beym Brunnen zu Pyrmont, seines persönlichen Umganges zu genießen. Er schien in der That fähig einem jugendlichen, dem Guten und Geistigschönen ergebenen Gemüthe, wie unser Freund Abbt damals gewesen, den hohen Enthusiasmus einzuflößen, mit welchem dieser für ihn eingenommen war. Ich sah einen Mann von langer Gestalt, stark von Gliedmaßen und abgehärtet, aber von innerm Harme, vielleicht auch zum Theil von zu harten Strapazen, äußerst abgezehrt. Dieses unsanfte Aeusserliche machte mit dem sehr sanften, menschenfreundlichen Wesen, von welchem es beseelt war, den auffallendsten Contrast, der sich auch in seinem Betragen deutlich zu erkennen gab.

... Tod für Freyheit und Gerechtigkeit, zukünftiges Leben und Vorsehung waren die Gegenstände seiner gewöhnlichen Unterredung. Ich habe nie einen Mann

mit mehr Wärme von den Wahrheiten der natürlichen Religion reden hören. Frey von allen Vorurtheilen, die zu Zwiespalt und Menschenhaß führen; war er von den ächten wohlthätigen Lehren der Religion, bis zur Schwärmerey durchdrungen.

Er hatte die Gräfinn, seine Gemahlin bey sich, oder vielmehr kam ihr zu Gefallen eigentlich nach Pyrmont; denn er bediente sich des Wassers nicht selbst. Eine Dame von ungemeiner Schönheit und seltnen Gemüthsgaben; in Lehren und Gesinnungen dem Grafen, ihrem Gemahl, von dessen Willen und Meinungen sie ganz abzuhängen schien, völlig gleich gestimmt; aber im Umgange keines so hohen Ernstes, sondern voller jugendlichen Sanftmuth und Milde. Beide schienen durch den Tod ihres einzigen Kindes, einer Tochter von drey Jahren, die sie unlängst verloren hatten, von ihrer natürlichen Lebhaftigkeit in etwas herabgestimmt zu seyn."

Literatur: Wilhelm Graf zu Schaumburg-Lippe, Schriften und Briefe, hrsg. von Curd Ochwadt. 3 Bde., Frankfurt am Main 1977 - 1983 (Veröffentlichungen des Leibniz-Archivs 6 - 8).

89

[Moses Mendelssohn: Abhandlung von der Unkörperlichkeit der menschlichen Seele.] Abschrift der Gräfin Maria Eleonore zu Schaumburg-Lippe.
Hausarchiv des Fürsten zu Schaumburg-Lippe, Bückeburg: F I A XXXV 18.97, Blätter 203 - 214

24 Seiten 4° (23 S. beschrieben). - Ausgabe: Jubiläumsausgabe Bd. 3.1, S. 161 - 188.

Allein der Hand der Gräfin Marie verdanken wir es, daß diese Abhandlung vollständig erhalten blieb. Sie wurde 1774 von Mendelssohn dem Grafen Wilhelm gesandt; seine Frau schrieb das (verlorene) Original ab, um ihrem Mann ein Geschenk zu machen.

Auszug (a.a.O., S. 181): "Man hört sehr ofte klagen, daß wir nicht wißen, was die Seele sey? ich wünschte, daß man mir zuförderst wiße oder antworte, was die Materie sey? 'Wir sehen und fühlen sie?' Nicht was sie ist; sondern was sie würcken kann; denn wir sehen und fühlen nicht die Objecte; sondern ihre Eindrücke. Ich frage aber was die Materie sey, nicht was sie würcke. Am Ende finden wir die Frage ungereimt, denn man begreiffet gar wohl, daß es unmöglich sey, die Dinge anders als durch ihre Würckung zu erkennen. Nun auf die Seele! Wir wißen, was sie würcken kann, denn sie ist ein Wesen, das empfindet, dencket, begehret, verabscheuet, u. s. w. Wir haben so gar ein inneres

Die Frage von der Unsterblichkeit der Seele kann in folgende näher bestimmte Fragen aufgelöset werden, wodurch wir Gelegenheit bekommen, die sehr verwickelte Materie in ihre natürliche Theile einzutheilen.

(1) Sind unsere Vorstellungen Bestimmungen der Materie, oder eines nicht materialischen Wesens? In dem ersten Falle bleibet uns kein Grund der Hoffnung, daß wir nach der Trennung des Körpers, noch werden Vorstellungen haben können. In dem letztern hingegen entstehet die Frage:

(2) Wird dieses immaterialische Wesen mit dem Tod des Körpers, oder weilen, vergehen; oder ewig fortdauern?
In dem letzten Falle entstehet endlich die Frage:

(3) Wird dieses Wesen auch ewig vorhabene Vorstellungen zu haben, und an den welchen Orte?

Was die erste Frage betrifft, so erklären sich die Gegner für die Materie, und glauben daß wir keine überwiegende Gründe haben, ihr das Vermögen zu denken abzusprechen. Wie viele andere Eigenschaften der Materie, sprechen sie, sind uns nicht unbegreiflich, und wie viele kann sie nicht besitzen, deren Möglichkeit wir gar nicht vermuthen! Die Natur überraschet durch die Mischung, Bildung und Organisation der kleinsten Theile der verächtlichsten Würmer in dem Rein Pflanzen und ihrer Liebe, warum nicht auch das Wunder zu denken! Nach dieser Voraussetzung also, wird das denken einer Portion Materie, die auf eine gewisse Weise gebildet ist, natürlich, und vermöge ihrer innern Kräfte zukommen. Ein Wesen, welches diese Organisation auf das vollkommenste einsähe, möchte gar wohl begreifen, wie ihr das denken zukomme; und so gar aus der vorausgesetzten Organisation dieses Vermögen zu denken, mit Gewißheit schließen können, so wie jemand, der das Wesen einer geometrischen Kugel einsiehet, die Eigenschaften derselben mit Überzeugung daraus herleiten kann.

Allein wenn auch dieses nicht wäre, sprechen sie, wenn auch keine mögliche Zusammensetzung und Bildung der Theile das denken zur natürlichen Eigenschaft der Materie machen könnte, vielleicht hat es dem Allmächtigen beliebet einer gewissen Portion Materie diese Eigenschaft mitzutheilen, und das zu einem denkenden Wesen zu machen, das seiner Natur nach, kein denkendes Wesen seyn würde. Aus dem Wesen einer geometrischen Kugel folget auch nicht, daß sie sich bewegen müsse, und gleich wohl kann ihr der Mensch die Bewegung mittheilen.

Wir wollen das erste setzen! Eine Portion Materie, die auf eine gewisse Weise gebildet ist, soll ihrer Natur und Zusammensetzung nach, denken können. Ich frage: und die Theile dieser gebildeten Materie; jedes Glied derselben? Haben sie alle insich das Vermögen zu denken, oder nicht? Wenn die Glieder einzeln, das Vermögen zu denken nicht haben, wie kann aus nicht denkenden Gliedern ein denkendes Ganzes zusammen gestellt werden? Dieses streitet offenbar mit den ersten Gründen menschlicher Erkenntniß. Das Ganze hat keine andere Kräfte, als die Kräfte der Theile, die durch die Zusammensetzung verschiedentlich modificiret werden. Aber aus bewegungslosen Theilen, läßt sich kein bewegungsfähiges Ganzes; aus hundert Lahmen

Weimar d 7ten Jul. 1775:

Hochedler insonders vielzuehrender Herr

Von einem Ort wo Ich so oft an die glücklichen Stunde ihres
gesellschaftl. Umgangs erinnert werde habe Ich die Ehre diese
Zeilen an die Hn dictieren u. die freundschaft– zu vermitteln; Ich habe
die Gedancken über die Worte Enthusiast, visionair, Fanatiker
mit großem Vergnügen gelesen, diese Abhandlung ist of–
gemacht Ihnen Kindern ein wichtiger beytrag zu der interessanten
Wißenschaft des Menschen, Ich bin Ihr Hochedlgebohren vor der
bey dieser Gelegenheit mir widerfahllen Wohlenacht von der freund–
schaft auf das lebhafteste verbunden, Ich bitte Sie mir ergebenst
daucken u. die Verehrung aufzunehmen daß Ich mit vollkommenster
Hochachtung bin   Ihr Hochedlgebohren

                                                gehorsamer diener

                                        Wilhelm Aug: Edel H.
                                          Sa... burg Syge

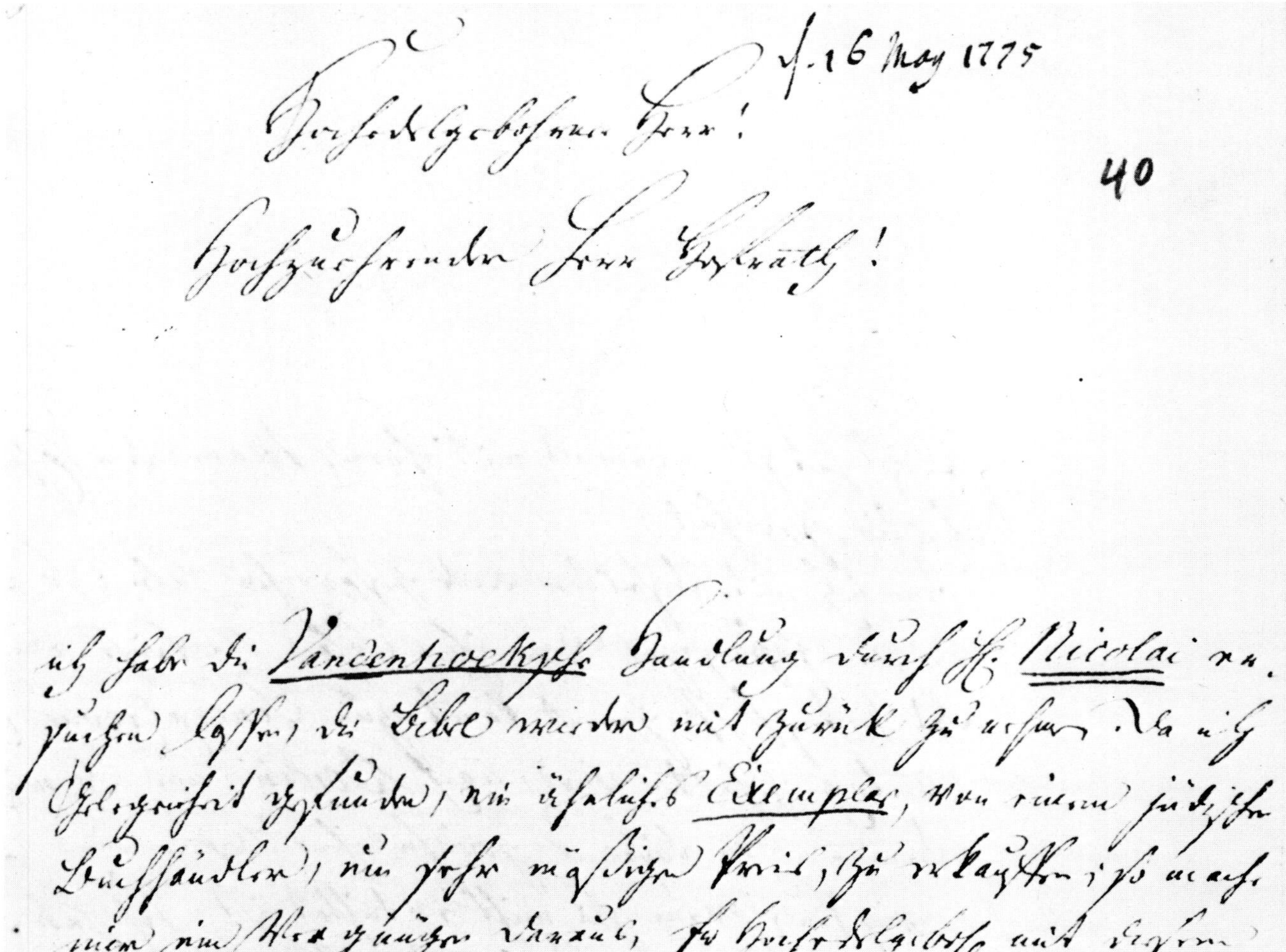

Hochedelgebohrner Herr!

Hochzuehrender Herr Hofrath!

ich habe die Vandenhoeckische Handlung durch H. Nicolai ersuchen laßen, die Bibel wieder mit zurück zu schicken. Da ich
Gelegenheit gefunden, nur ohngefähr 6 Exemplar, von einem hiesigen
Buchhändler, um sehr mäßigen Preis, zu erlangen, so wage ich
mich nun etwas genauer daran, so Ew. Hochedelgeb. mit deßen
angebohtenen aufzunehmen. Ueber Man hat mehrere davon
gehabt, und sie bibaten Locke Z durch H. Nicolai zu Leipzig
verlangten laßen.

die Hawitt. Michaelis hat von einigen Sachen sehr ist zu
mir gesetzt, und sich erkundigen laßen, ob kein Exe
für sie eingelanget? Seitdem habe ich sie nicht wieder
gesehen, und ich weis auch nicht, wo sie anzutreffen ist.
Ich werd mich zu Koepenick erkundigen laßen, denn da

Nr. 92

122

Selbstgefühl eine anschauende Erkenntniß von derselben, denn wir sind es selbst, die wir empfinden, denken, begehren, und verabscheuen."

Mendelssohn und das gräfliche Paar hatten sich 1774 bei der Kur in Pyrmont kennen- und schätzengelernt. Am 26. August 1774 schrieb die Gräfin an Mendelssohn: "Mein lieber Herr hat seit dem oft gesagt 'Er wäre lange mit der Laterne umher gegangen Einen Weisen zu suchen, hätte Ihn aber nirgends gefunden als in Hrn. Mendelssohn, deßen gemachte Bekandtschaft Ihm unendlich vergnügend bleibt'." (Aus dem Konzept des Briefes, Hausarchiv a.a.O., Blatt 190. Eine Seite 4°. Reinschrift auf Blatt 177. Abdruck ohne Kenntnis der Autographen und mit falschem Datum: Jubiläumsausgabe Bd. 12.2, S. 50.)

Am 20. Oktober bedankte sich der Graf bei Mendelssohn für die hier gezeigte Abhandlung: "In dem Dero gütigsten Versprechen gemäs überschickten Manuscript sind die stärksten bekannten Gründe vor der Immaterialitaet der Seele auf eine neuere, hellere, u überzeugendere Art vorgetragen, Neue Beweise u gründliche Begegnung der scheinbarsten Einwürfe mit einem Wort die Schrift ist unvergleichlich u Ihres Verfasser's vollkommen würdig." (Hausarchiv a.a.O., Blatt 189. Zwei Seiten 4°. Abdruck ohne Kenntnis des Autographen und mit falscher Datierung: Jubiläumsausgabe Bd. 12.2, S. 52 f.)

90

Moses Mendelssohns Abhandlung von der Unkörperlichkeit der menschlichen Seele. Izt zum erstenmal zum Druck befördert. - Wien 1785: Sebastian Hartl.
Prof. Dr. Felix Gilbert, New York.

51 S. kl.8°. Meyer Nr. 322; dritter Druck. - Der Herausgeber, Joseph Grossinger, hatte die Abhandlung zuerst 1784 in lateinischer Übersetzung in seiner Mendelssohn-Werkausgabe (Meyer Nr. 55) erscheinen lassen.

91

Brief von Wilhelm Friedrich Ernst, Graf zu Schaumburg-Lippe, an Mendelssohn, 7. Juli 1775. Autograph.
Goethe und Schiller-Archiv, Weimar: 96, Nr. 2463

Eine Seite 2°. Unveröffentlicht; der mittlere Satz gedruckt in der Jubiläumsausgabe Bd. 12.2, S. 71

Mendelssohn hatte Graf Wilhelm seine Abhandlung "Enthusiast, Visionair, Fanatiker" (Jubiläumsausgabe Bd. 3.1, S. 313 - 317) am 20. Mai 1775 gesandt (Bd. 12.2, S. 69). Der Graf ließ sich durch seinen Sekretär eine Abschrift anfertigen. (Hausarchiv des Fürsten zu Schaumburg-Lippe, Bückeburg: F I A XXXV 18.97, Blätter 200 und 201.)

Das Original sandte der Graf am 7. Juli 1775 mit anerkennenden Worten zurück. Eingangs berührt er den Umstand, daß er diesen Brief aus dem Kurort Pyrmont schreibt: "Hochedler insonders viel zu ehrender Herr / Von einem Ort wo Ich so oft an die glücklichen Stunden ihres persönlichen Umgangs erinnert werde habe Ich die Ehre diese Zeilen an Sie zu richten u die Einschlüße zu remittiren; ...".

Zu Mendelssohns Abhandlung "Enthusiast, Visionair, Fanatiker" vgl. Forschungsbericht, S. 86.

92

Brief von Mendelssohn an Johann David Michaelis, 16. Mai 1775. Autograph.
Niedersächsische Staats- und Universitätsbibliothek Göttingen: Cod. Ms Michaelis 326, 40

Zwei Seiten 4°. Unveröffentlicht.

Am 9. August 1773 hatte Mendelssohn Michaelis die Mantuaner Bibelausgabe, für die auch Winkler (Katalog-Nr. 84) lebhaftes Interesse zeigte, geliehen (Jubiläumsausgabe Bd. 12.2, S. 37 und Anm. S. 219 zu dieser Bibelausgabe). Michaelis sandte das Buch am 29. April 1775 wieder an Mendelssohn zurück und schrieb: "Dabei habe ich noch immer den Wunsch, das Buch selbst zu besitzen" (ebd., S. 66). Mendelssohn schenkte nun Michaelis das vorher geliehene Werk (Anfang des Briefes): "Ich habe die Vandenhoeksche Handlung durch Hrn. Nicolai ersuchen lassen, die Bibel wieder mit zurück zu nehmen. Da ich Gelegenheit gefunden, ein ähnliches Exemplar, von einem jüdischen Buchhändler, um sehr mäßigen Preis, zu erkaufen; so mache mir ein Vergnügen daraus, Ew Hochedelgebohren mit diesem ergebenst aufzuwarten."

XII. Der Philosoph für die Welt (1776 - 1778)

93

Deutschlandkarte (Imperii romano-germanici ... tabula generalis) von Johann Baptist Homann, Nürnberg 1741.
HAB: K 4,51
49,4 x 43,4 cm.
"Verehrungswürdiger Herr und Freund": An Mendelssohn schrieben aus ...

1) Berlin:
   Johann Erich Biester (1749 - 1816), Bibliothekar und Aufklärer.
   Christian Wilhelm von Dohm (1751 - 1820), Verwaltungsbeamter, Diplomat und emanzipatorischer Schriftsteller.
   Johann Jakob Engel (1741 - 1802), Lehrer, Dichter und Philosoph.
   Marcus Herz (1747 - 1803), Arzt und Philosoph.
   Anna Luise Karschin (1722 - 1791), Dichterin.
   Ernst Ferdinand Klein (1744 - 1810), Kammergerichtsrat, Jura-Professor.
   Rochus Friedrich, Graf zu Lynar (1708 - 1783), dänischer Statthalter.
   Friedrich Nicolai (1733 - 1811), Buchhändler, Verleger und Aufklärer.
   André-Pierre Le Guay Prémontval (1716 - 1764), Philosoph, Mitglied der Berliner Akademie.
   Karl Wilhelm Ramler (1725 - 1798), Odendichter, Mitglied der Berliner Akademie.
   Elisa von der Recke (1751 - 1831), Dichterin.
   Johann Joachim Spalding (1714 - 1804), Pfarrer, Oberkonsistorialrat, theologischer Schriftsteller.
   Johann Georg Sulzer (1720 - 1779), Ästhetiker, Mitglied der Berliner Akademie.
   Karl Abraham Freiherr von Zedlitz (1731 - 1793), preußischer Kulturminister.
   Dazu Mendelssohns eigenes Siegel auf Umschlag.
   (Hausarchiv des Fürsten zu Schaumburg-Lippe, Bückeburg: F I A XXXV 18.97, Blatt 182)
   Text: Mose, Sohn des Herrn Menachem, aus Dessau (hebräisch).

2) Friedrichsfelde:
   Sophie Becker (1754 - 1789), Gesellschafterin und Dichterin.
3) Frankfurt an der Oder:
   Alexander Gottlieb Baumgarten (1714 - 1762), Philosophie-Professor (Ästhetik).
4) Breslau:
   Christian Garve (1742-1798), Popularphilosoph, Cicero-Übersetzer.
5) Wien:
   Herz Homberg (1749 - 1841), Schulrat.
   Joseph Freiherr von Sonnenfels (1733 - 1817), Professor der Staatswissenschaften, Präsident der Akademie der Künste.
6) Prag:
   Avigdor Levi (gestorben nach 1810), Lehrer.
   Ferdinand Kindermann Ritter von Schulstein (1742 - 1801), Bischof und Pädagoge.
7) Dresden:
   Bittbrief der Jüdischen Gemeinde, 1777.
8) Rom:
   Johann Joachim Winckelmann (1717 - 1768), Archäologe und Kunsthistoriker.
9) Padua:
   Michael Salom, Arzt und Philosoph.
10) Leipzig:
   Ernst Platner (1744 - 1818), Mediziner und Philosophie-Professor.
   Christian Felix Weiße (1726 - 1804), Dichter und pädagogischer Schriftsteller.
11) Zürich:
   Johann Kaspar Lavater (1741 - 1801), Pfarrer und Schriftsteller (Physiognomik).
   Jakob Hermann Obereit (1725 - 1798), Arzt, Philosoph und Dichter.
12) Treuenbrietzen:
   Johann Andreas von Scholten (1723 - 1791), Oberst.
13) Murrhardt bei Stuttgart:
   Friedrich Christoph Oetinger (1702 - 1782), mystischer Theologe.

14) Lausanne:
Ludwig Eugen, Herzog von Württemberg (1731 - 1795).

15) Genf:
Charles Bonnet (1720 - 1793), Naturforscher und Philosoph.

16) Lengnau und Endingen:
Bittbrief der Juden, 1775.

17) Basel:
Isaak Iselin (1728 - 1782), Ratsschreiber und philosophischer Schriftsteller.

18) Halle:
Johann August Eberhard (1738 - 1809), Philosophie-Professor.

19) Weimar:
Johann Gottfried Herder (1744 - 1803), Dichter, Hofprediger und Präsident des Oberkonsistoriums.
Christoph Martin Wieland (1733 - 1813), Dichter.

20) Straßburg im Elsaß:
Bittbrief der Jüdischen Gemeinde, 1780.

21) Erfurt:
Karl Theodor Maria, Reichsfreiherr von Dalberg (1744 - 1817), Bischof und Staatsmann.
Peter Adolph Winkopp (1759 - 1813), zuerst Mönch, dann Schriftsteller.

22) Dessau:
Johann Bernhard Basedow (1723 - 1790), Pädagoge (Philanthropinismus).
Joachim Heinrich Campe (1746 - 1818), Pädagoge, Jugendschriftsteller, Verlagsbuchhändler.

23) Göttingen:
Johann Georg Heinrich Feder (1740 - 1821), Philosophie-Professor.
Johann David Michaelis (1717 - 1791), Professor für orientalische Sprachen und Theologe.

24) Reckahn:
Friedrich Eberhard von Rochow (1734 - 1805), Reform-Pädagoge.

25) Düsseldorf:
Friedrich Heinrich Jacobi (1743 - 1819), Philosoph und Dichter.

26) Halberstadt:
Johann Wilhelm Ludwig Gleim (1719 - 1803), Dichter.

27) Den Haag:
Jean André de Luc (1727 - 1817), Physiker.

28) Utrecht:
Ryklof Michael van Goens (1748 - 1810), Professor der Geschichte und der griechischen Sprache, Ratsschöffe.

29) Bückeburg:
Graf Wilhelm (1724 - 1777) und Gräfin Marie (1744 - 1776) zu Schaumburg-Lippe.

30) London:
Robert Lowth (1710 - 1787), Theologe und Orientalist, Bischof von London.

31) Wolfenbüttel:
Gotthold Ephraim Lessing (1729 - 1781), Dichter.

32) Amsterdam:
Allard Hulshoff (1734 - 1795), baptistischer Geistlicher, theologischer und philosophischer Schriftsteller.

33) Hannover:
Johann Georg Zimmermann (1728 - 1795), Arzt und Schriftsteller.

34) Braunschweig:
Johann Joachim Eschenburg (1743 - 1820), Ästhetiker und Literaturhistoriker.
Karl Wilhelm Ferdinand, Herzog zu Braunschweig und Lüneburg (1735 - 1806).

35) Altona:
Jonathan Eibenschütz (1690 - 1764), Talmudist und Oberrabbiner.
Jakob Emden (1696 - 1776), orthodoxer Talmudist.

36) Hamburg:
Johann Joachim Christoph Bode (1730 - 1793), Musiker, Schriftsteller und Verleger.
Aron Emmerich Gumpertz (1723 - 1769), Arzt, Mathematiker und Schriftsteller.
Johann Friedrich Löwen (1729 - 1771), Schriftsteller und Theaterleiter.
Johann Ulrich Pauli (1727 - 1794), Jurist und Schriftsteller.
Johann Albert Heinrich Reimarus (1729 - 1814), Professor der Naturkunde, und seine Schwester Elise (1735 - 1805).
Hartwig Wessely (1726 - 1805), Hebraist und Schriftsteller.
Johann Dietrich Winkler (1711 - 1784), Hauptpastor und philologisch-theologischer Schriftsteller.

37) Schwerin:
Bittbrief der Jüdischen Gemeinde, 1772.

38) Kopenhagen:
August Hennings (1746 - 1826), Diplomat und Philosoph.

39) Lipsitz auf Rügen:
H. D. von Platen.

40) Riga:
Johann Friedrich Hartknoch (1740 - 1789), Verleger Kants, Herders und Hamanns.

41) Königsberg:
Johann Georg Hamann (1730 - 1788), philosophisch-theologischer Schriftsteller.
Immanuel Kant (1724 - 1804), Philosoph.

Schon 1765 schrieb Mendelssohn (Jubiläumsausgabe Bd.12.1, S. 82 f.): "Eine der süßesten Belohnungen, die ich für meine geringe Bemühung in den Wissenschaften genieße, ist der Umgang mit den besten Köpfen Deutschlands, den ich zu erwerben das Glück gehabt. Jede neue Bekanntschaft von dieser Art vermehrt mein Vergnügen und meine Zufriedenheit ...".

1770 schrieb Mendelssohn (ebd., S. 223): "Sieht man bloß auf das, was öffentlich gesagt, geschrieben und gedacht wird, so möchte man - in trüben Stunden - über den langsamen Fortgang der Vernunft und die noch immer fortwährende Verschiedenheit der Urtheile und Meinungen derjenigen Menschen, welche für die vernünftigsten gehalten werden, beinahe ungeduldig werden, und alle Hoffnung aufgeben.

Nr. 94

Wenn wir aber durch einen glücklichen Zufall das Zutrauen der guten Menschen gewinnen, so werden wir mit Vergnügen gewahr, daß die Übereinstimmung unter ihnen größer sei, als man glauben sollte, und daß bei allem äußerlichen Dissentiren die Guten aus allen Weltgegenden und Religionen sich einander ähnlich sind."

94

[Moses Mendelssohn:] Proben Rabbinischer Weisheit. In: Der Philosoph für die Welt. Hrsg. von J.[ohann] J.[akob] Engel. Zweyter Theil. - Leipzig 1777: Dyck, S. 49 - 64.
HAB: Va 75.

kl.8°. Meyer Nr. 399 a). - Ausgabe: Jubiläumsausgabe Bd. 10.1, S. 315 - 323.

Die erste der 'Proben' (a.a.O., S. 317):

'Wer sich der Gerechtigkeit annimmt, richtet das Land auf; wer sich ihr entzieht, ist Schuld an seinem Verderben.'

Rabbi Assi war krank, lag auf dem Bette, von seinen Schülern umgeben, und bereitete sich zum Tode. Sein Neffe trat zu ihm herein, und fand, daß er weinte. - Was weinst du, Rabbi? fragte er. Muß nicht jeder Blick in dein vollbrachtes Leben dir Freude bringen? Hast du etwa das heilige Gesetz nicht genug gelernt, nicht genug gelehrt? Siehe, deine Schüler hier sind Beweise vom Gegentheil. Hast du etwa versäumt, Werke der Gottseligkeit auszuüben? Jedermann ist eines Bessern überführt. Und die Demuth war die Krone aller deiner Tugenden! Niemals wolltest du erlauben, daß man dich zum Richter der Gemeinde wählte, so sehr auch die Gemeinde es wünschte.

Eben das, mein Sohn, antwortete Rabbi Assi, betrübt mich jetzt. Ich konnte Recht und Gerechtigkeit unter den Menschenkindern handhaben, und aus mißverstandener Demuth hab' ich es unterlassen. 'Wer sich der Gerechtigkeit entzieht, ist Schuld an dem Verderben des Landes.'

95

Brief von Mendelssohn an Heinrich Matthias Marcard, 5. Dezember 1777. Autograph. Fotografie.
Karl-Marx-Universität Leipzig, Handschriftenabteilung: Kestner II A IV, 1181

Ein Blatt 23,2 x 14,3 cm, beidseitig beschrieben. Unveröffentlicht.

Im unter Katalog-Nr. 94 gezeigten "Philosoph für die Welt" hatte Mendelssohn auch das Gespräch "Hylas und Philonous" über die Immaterialität der Seele (S. 172 - 180; Meyer Nr. 399 b) veröffentlicht. (Ausgabe: Jubiläumsausgabe Bd. 3.1, S. 189 - 194.)

Siebzehntes Stück.

Proben Rabbinischer Weisheit.*)

1. „Wer sich der Gerechtigkeit annimmt, richtet das Land auf; wer sich ihr entzieht, ist Schuld an seinem Verderben."

Rabbi Assi war krank, lag auf dem Bette, von seinen Schülern umgeben, und bereitete sich zum Tode. Sein Neffe trat zu ihm herein, und fand, daß er weinte. — Was weinst du, Rabbi? fragte er. Muß nicht jeder Blick in dein vollbrachtes Leben dir Freude bringen? Hast du etwa das heilige Gesetz nicht genung gelernt, nicht genung gelehrt? Siehe, deine

*) Aus dem Talmud und dem Midrasch gezogen. Die Erzehlungen beziehen sich auf Sprüche der Schrift, die eben darum voranstehn.

II.Theil.   D

Nr. 94

Schüler hier sind Beweise vom Gegentheil. Hast du etwa versäumt, Werke der Gottseligkeit auszuüben? Jedermann ist eines Bessern überführt. Und die Demuth war die Krone aller deiner Tugenden! Niemals wolltest du erlauben, daß man dich zum Richter der Gemeine wählte, so sehr auch die Gemeine es wünschte. — Eben das, mein Sohn, antwortete Rabbi Assi, betrübt mich jetzt. Ich konnte Recht und Gerechtigkeit unter den Menschenkindern handhaben, und aus mißverstandener Demuth hab ich es unterlassen. „Wer sich der Gerechtigkeit entzieht, ist Schuld an dem Verderben des Landes."

2. „Den Menschen und dem Viehe hilft der Herr."

Auf seinem Zuge, die Welt zu bezwingen, kam Alexander, der Macedonier, zu einem Volke in Afrika, das in einem abgesonderten Winkel in friedlichen Hütten wohnte, und we-

In seinem Brief an den Arzt und medizinischen Schriftsteller Marcard (1747 - 1817) regt Mendelssohn an, diese Abhandlung ins Englische zu übersetzen; er schließt: "Wenn Ihnen nehmlich noch ein oder das andere Stük aus der philosophischen Sammlung meines Freundes nicht misfallen sollte, und Sie sich die Mühe geben wollten, das für *Engel* zu thun, was Sie für den Verf. der Physio[g]nomik gethan haben; so würde dieses keine geringe Aufmunterung für meinen hypochondrischen Freund seyn, der in alle Betrachtung Aufmunterung verdient." Mit der "philosophischen Sammlung" ist Engels "Philosoph für die Welt" gemeint. Was Marcard (der 1778 - 1782 zwei Schriften aus dem Französischen und Englischen übersetzte) für Lavater getan haben soll, ließ sich nicht ermitteln.

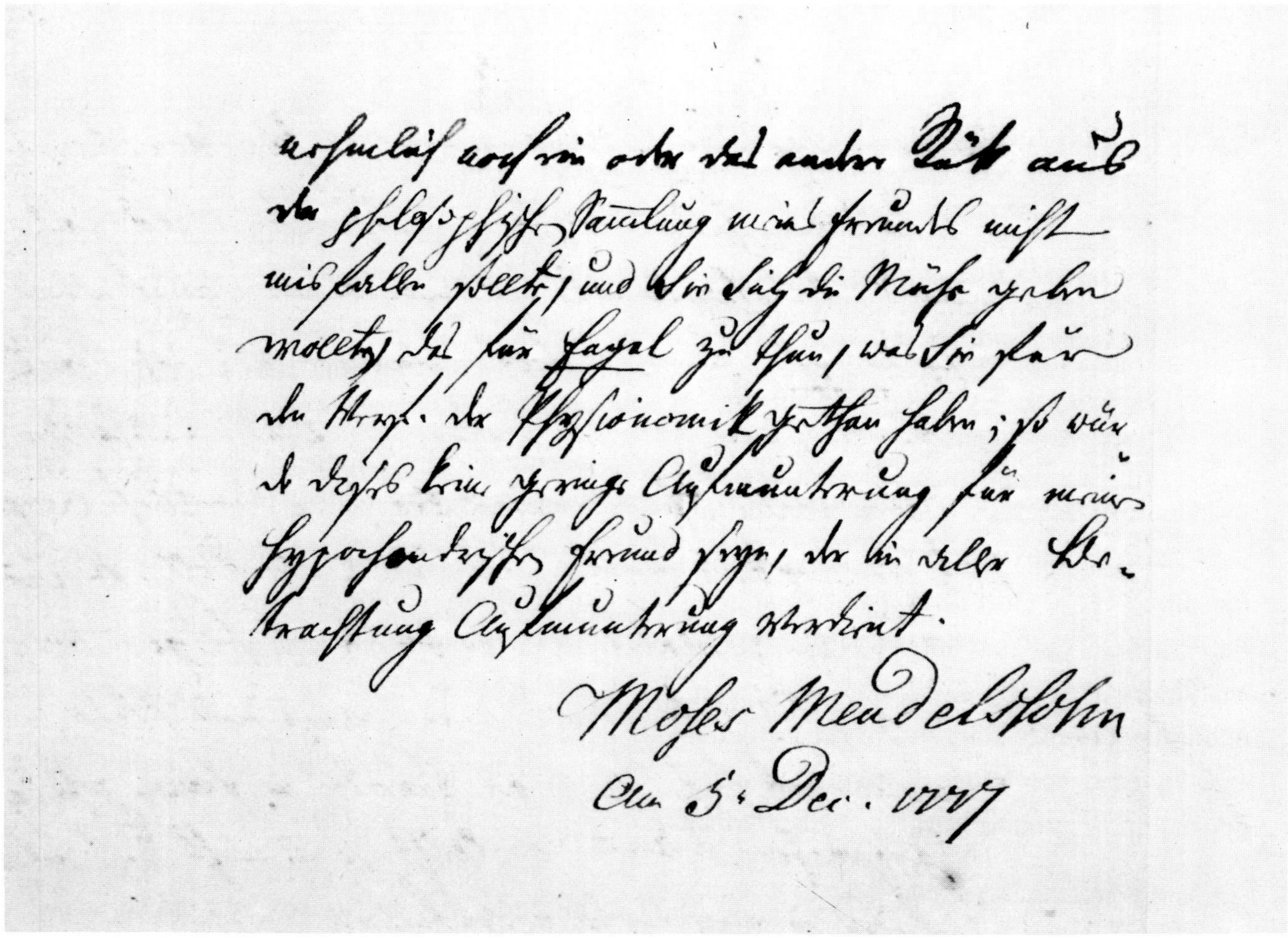

Nr. 95

96

Brief von Mendelssohn (an Friedrich Nicolai?). Autograph. Fotografie.
Biblioteka Jagiellońska, Krakau.

Eine Seite 8°. Unveröffentlicht. Geschrieben Ende August 1777, da der Brief an Dalberg, dessen Titel Mendelssohn hier erfragt, am 5. September 1777 datiert ist (Jubiläumsausgabe Bd. 12.2, S. 93).

"Liebster Freund!
Sagen Sie mir doch wie man den Grafen von Dalberg, Statthalter zu Erfurth tituliert und wie man die Ueberschrift an denselben zu machen hat?
Ich wünschte künftigen Sonntag unsern Freund Eberhard zu sprechen. Wollen Sie von der Partie seyn; so will ich den Wagen bestellen, und auch mit Hrn Engel morgen davon sprechen. Wenn doch auch Hr Ramler mitkommen wollte! Das wäre ein Nachmittag pour la bonne bouche, desgleichen ich in ganz Littauen, und selbst in Pröcals, wo mir die Ontologia zum Nachtquartier verholfen, nicht haben konte.

Moses Mendelssohn"

(Da Johann August Eberhard Prediger in Charlottenburg war, bevor er 1778 Philosophieprofessor in Halle wurde, mußten Berliner, wie die hier Genannten, mit dem Mietwagen zu ihm fahren, wenn sie ihn besuchen wollten. - "pour la bonne bouche" heißt, frei übersetzt, etwa: "von dem man sich viel versprechen kann.)
Wie Mendelssohn auf seiner Litauen-Reise (Juli und August 1777) in Prökuls (Landkreis Memel) dank der

128

Ontologie Quartier fand, schildert die aufschlußreiche Anekdote: "Eines Abends wurde ich durch einen Umstand genöthigt, in einem kleinen Dorfe zu übernachten, in welchem kein ordentlicher Gasthof war. Das Wetter war sehr unfreundlich, und da ich erfuhr, daß ein Prediger in diesem Dorfe wohne, schickte ich zu ihm und ließ mich bei ihm als einen Gelehrten aus Berlin melden und um ein Nachtlager zu bitten. Der Prediger ließ sich zwar willig dazu finden, hatte aber doch einige Bedenklichkeiten, da er hörte, daß der Gelehrte aus Berlin - ein Jude sei. Als ich auf das Haus zukam, sah ich den Prediger, der mich erwartete, einen sehr ehrwürdigen Greis, vor der Thüre stehen. Ehe mich aber dieser alte Mann unter sein Dach nöthigte, wollte er erst einige genauere Erkundigungen einziehen und fragte mich mit ausgestrecktem Arm und auf mich gerichtetem Zeigefinger: Quid est Ontologia? (Was ist die Ontologie?) Ich sagte ihm die Wolfische Definition in lateinischer Sprache, und jener fragte nun weiter bis auf den Begriff von Gott. Da ich meine Beantwortung und Erklärung dieses Begriffes mit den Worten schloß: Ens summum optimum maximum! (Das höchste, gütigste und größte Wesen!), so fiel der Greis, gleichsam wie in eine ihm bekannte Melodie, mit Entzücken ein: Ens summum optimum maximum! Jezt erst bot er mir freundlich die Hand und sagte: Seien Sie mir herzlich willkommen, mein lieber Mendelssohn!" Aus: Meyer Kayserling: Moses Mendelsohn. Sein Leben und seine Werke, Leipzig 1862 [2. Aufl. 1888] (Nachdruck Hildesheim 1972) (Schriften, hrsg. vom Institute zur Förderung der israelitischen Literatur, Jg. 7), S. 254 f. Hier wird die Begebenheit allerdings irrtümlich nach Sachsen verlegt. Die früheste Quelle ist: [Friedrich Wilhelm von Schütz: Leben und Meinungen Moses Mendelssohn, nebst dem Geiste seiner Schriften in einem kurzen Abrisse dargestellet. Hamburg 1787, S. 35.

97

Besucherbuch der Herzoglichen Bibliothek Wolfenbüttel, 1769 - 1786.
HAB: BA I, 153

Literatur: Altmann, S. 309 - 312.

Aufgeschlagen: 1777, 1. November bis 21. Dezember.

Unter dem 21. Dezember trugen sich "Moses Mendelssohn aus Berlin" und "Fromet Mendelssohn" ein. Der

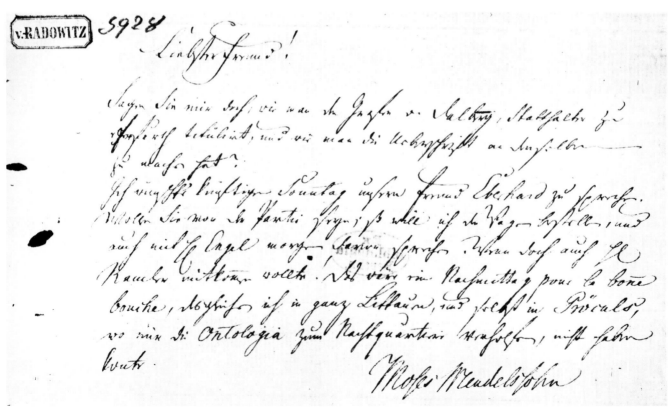

Nr. 96

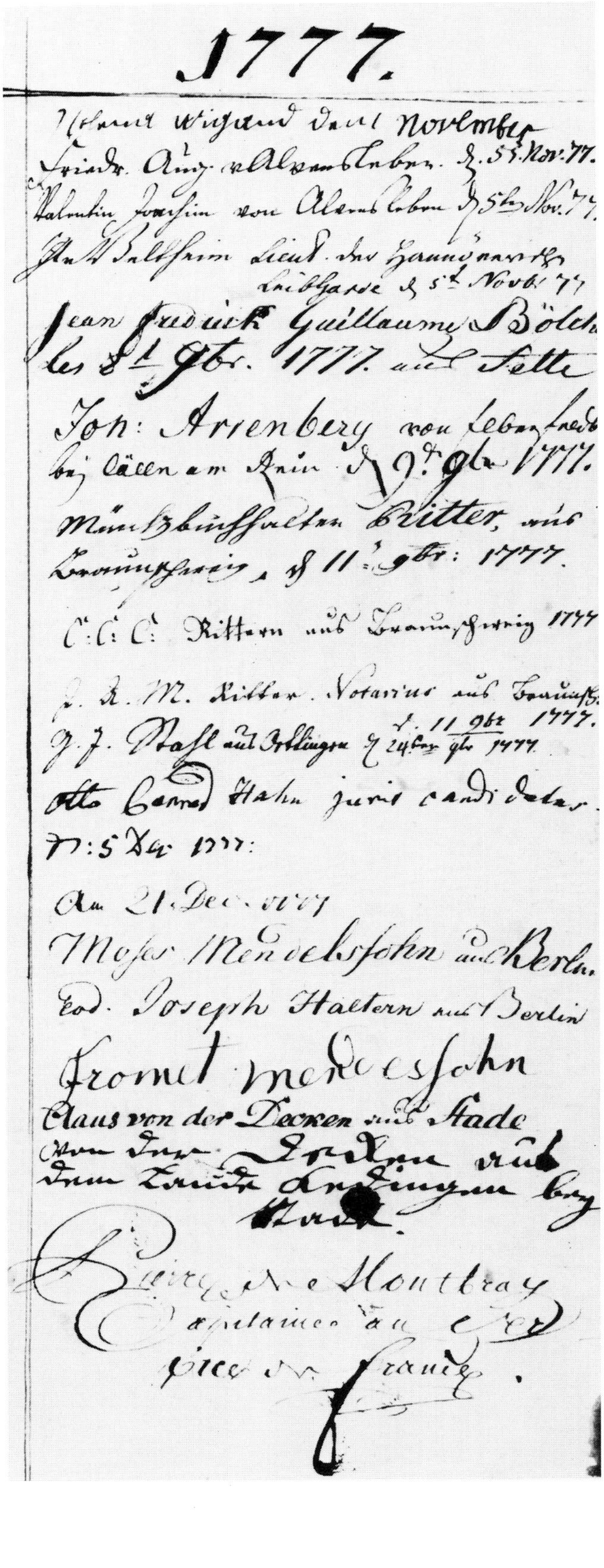
1777.

Johann Wiegand d[illegible] Novembr.
Friedr. Aug. v. Alvensleben. d. 5t. Nov. 77.
Valentin Joachim von Alvensleben d. 5ten Nov. 77.
Just Ballhorn Lieut. der Hannoversch. Leibgarde d. 5t. Novb. 77
Jean Frederick Guillaume Bölch[e] les 8t 9br. 1777. aus Zelle
Jon: Arsenberg von Lebenfeld bey Cölln am Rhein d. 9t. 9br 1777.
Müntzbuchhalter Ritter, aus Braunschweig, d. 11. 9br: 1777.
C. A. C. Rittern aus Braunschweig 1777
J. A. M. Ritter. Notarius aus Braunschw. d. 11 9br 1777.
J. J. Rast aus Ettlingen d. 24ten 9br 1777
Otto Conrad Hahn juris candidatus. d. 5 Dec 1777.
Am 21. Dec. 1777
Moses Mendelssohn aus Berlin
Ed. Joseph Haltern aus Berlin
Fromet Mendelssohn
Claus von der Decken aus Stade
Von der Decken aus dem Lande Hadeln bey Stade.
Pierre de Montbray Capitaine au Service de France.

Nr. 97

zwischen diesen beiden Namen stehende "Joseph Haltern aus Berlin" (1737 - 1818) war mit den Mendelssohns befreundet und begleitete sie auf der Reise, die zunächst in geschäftlichen Angelegenheiten nach Hannover geführt hatte, von wo aus Mendelssohn schon am 3. November Lessing einen Brief schrieb. Erst am 21. Dezember konnte Mendelssohn nach Wolfenbüttel kommen. Es war ein Sonntag, und Mendelssohn traf Lessing auf der Höhe privaten Glücks: Seine über alles geliebte Frau Eva erwartete ein Kind. Auch freute er sich auf den Umzug in das neue Heim (heute Lessinghaus). Er konnte nicht ahnen, daß das Jahr 1777, in dem das Ehepaar Lessing im Meißner-Haus (dem Veranstaltungsort dieser Ausstellung) lebte, sein glücklichstes Jahr gewesen sein sollte: Am 27. Dezember, zwei Tage nach der Geburt, starb das Kind, und seine Mutter folgte ihm am 10. Januar 1778.

Das Gespräch der Freunde betraf an jenem 21. Dezember sicher auch die Freimaurerei, für die Lessing lebhaftes Interesse zeigte, während Mendelssohn von der freimaurerischen Geheimniskrämerei überhaupt nichts hielt: "Ich bin überzeugt: was Menschen Menschen verheimlichen, ist selten des Nachforschens werth" (Jubiläumsausgabe Bd. 12.2, S. 98).

Mendelssohn und Lessing sahen sich an diesem Tag zum letzten Mal.

98

[Moses Mendelssohn:] Ritualgesetze der Juden, betreffend Erbschaften, Vormundschaftssachen, Testamente und Ehesachen, in so weit sie das Mein und Dein angehen. Entworfen von dem Verfasser der Philosophischen Schriften, auf Veranlassung und unter Aufsicht R. Hirschel Lewin, Oberrabbiners zu Berlin. - Berlin 1778: Christian Friedrich Voß.
HAB: Gv 638

[12], XXII, 267, [2] S. 12°. Erstausgabe. Meyer Nr. 236. - Ausgabe: Jubiläumsausgabe Bd. 7, S. 109 - 251.

Die "Ritualgesetze" wurden wegen der Schwierigkeiten verfaßt, die das von Friedrich II. 1746 verfügte "Revidirte General-Privilegium und Reglement für die Judenschaft im Königreich Preußen" mit seiner Schmälerung der autonomen innerjüdischen Rechtsprechung zur Folge hatte. Für diese innerjüdische Jurisdiktion hatten die "Ritualgesetze", die Mendelssohn 1773 - 1776 für die Berliner jüdische Gemeinde verfaßte, bindenden Charakter. Ohne förmlich in Kraft gesetzt worden zu sein, galten sie auch für die staatliche Rechtsprechung als Richtschnur zur Beurteilung jüdischer Rechtsfragen, bis sie 1812 durch ein Edikt Friedrich Wilhelms III. aufgehoben wurden.

Nr. 98

Inhalt: In der Einleitung betont Mendelssohn, daß die mosaischen und talmudischen Gesetze, sofern sie sich nicht auf Palästina beziehen, auch für die "heutigen Juden" verbindlich sind (zitiert bei Katalog-Nr. 2). Die vier Hauptstücke handeln "Von Erbschaftssachen", "Von Vormundschaftssachen", "Von Schenkungen und Testamenten" und "Von Ehesachen in so weit sie das Mein und Dein angehen". Der Anhang enthält "Formulare jüdischer Kontrakte".

99

Moses Mendelssohn. Brustbild nach links. Ölgemälde auf Holz von Johann Christoph Frisch. 1786.
Fotografie nach dem Original im Mendelssohn-Archiv der Staatsbibliothek Preußischer Kulturbesitz, Berlin.

Oval, 23 x 18 cm.-Literatur zu Frisch (1738 - 1815): Thieme-Becker, Bd. 12, S. 491-493.

Der sogenannte "mittlere" Frisch ist eine eigenhändige verkleinerte Replik (mit durchaus anderem, eigenem Ausdruck) des "großen" Frisch, dem Ölgemälde auf Leinwand (59 x 45,5 cm) im Besitz von Dr. Cécile Lowenthal-Hensel in Berlin. Wegen ihres schlechten Erhaltungszustandes konnten beide Bilder unserer Ausstellung nicht zur Verfügung gestellt werden. Sie bietet darum nur eine Fotografie des "mittleren" Frisch in der Größe des Originals und ergänzend im Katalog als Frontispiz die Abbildung des "großen" Frisch, des bekanntesten Mendelssohn-Portraits. Es entstand 1778: "Als Fünfzigjähriger saß Mendelssohn dem einzigen Schüler Rodes, Johann Christoph Frisch, welcher sich der Protektion des Marquis d'Argens erfreute. Frisch beschritt einen ganz neuen Weg der Darstellung. Mit dem fein von einem Fransenbart eingefaßten Untergesicht sitzt das Haupt zwischen den hoch darüber hinausstrebenden Schultern eingewachsen. Dieser Körperfehler gehört von jetzt an so selbstverständlich zum Bildnisganzen dazu, daß eine Retuschierung eher die Vollkommenheit beeinträchtigt hätte. ... Frisch hat mit der knochigeren Ausformung der Jochbeine, der Wangenknochen und den vermehrt auftretenden Fältchen eine feine Charakterisierung des beginnenden Alters und dem Ganzen den Ausdruck von Liebenswürdigkeit und kluger Urbanität gegeben" (Jörgen Bracker: Moses Mendelssohn, ein Gegenbild des 'Ewigen Juden', in: Ich handle mit Vernunft ... Moses Mendelssohn und die europäische Aufklärung, hrsg. von Norbert Hinske, Hamburg 1981, S. 15 - 44; S. 27 f.).

Auf der vorderen Umschlagseite befindet sich die vergrößerte Wiedergabe des Titelkupfers aus: Moses Mendelssohn's gesammelte Schriften, hrsg. von G.[eorg] B.[enjamin] Mendelssohn. Bd. 1. - Leipzig 1843: F.A. Brockhaus.
HAB: Töpfer 257
Das Titelkupfer ist unten bezeichnet: "Nach dem Orig.Bilde v. Frisch. Lith. Inst. v. L. Sachse & Co. Berlin" und geht auf den "großen" Frisch zurück.

Der deutsche und der lateinische Satz unter dem Portrait sollen nur einen Eindruck von Mendelssohns Handschrift vermitteln. ("Ich denke nicht, daß Ihr Freund der Wahrheitsforscher, Stimmen sammeln will, um sie zu zählen. Sie wollen gewogen, und nicht gezählt seyn. - Errant igitur, qui deorum cultus ab exordio rerum fuisse contendunt.")

———————

"Und hier, meine gelehrten Herren, ist dieser Philosoph - der, in der Absicht auf algemein eingestandenen Ruhm, Geisteskraft, und innere Würde, in Europa niemand über sich hat ..." (Johann Georg Zimmermann, in: Deutsches Museum Jg. 3 (1778), Bd. 1, S. 194).

Nr. 99

XIII. Die Bibelübersetzung (1779/1780)

100

Lesebuch für Jüdische Kinder. Zum Besten der Jüdischen Freyschule. - Berlin 1779: Christian Friedrich Voß und Sohn. (Faksimile-Reproduktion, hrsg. mit Erläuterungen von Moritz Stern. Publikation 8 der Soncino-Gesellschaft. Berlin 1927.)
Staatsbibliothek Preußischer Kulturbesitz Berlin, Mendelssohn-Archiv: HB MA 168 323

46 S., 1 Tafel; 29 S. 8°. Meyer Nr. 259 und 260. - Von den sechs Beiträgen Mendelssohns zu dem "Lesebuch", das David Friedländer herausgab, sind drei wieder greifbar (Jubiläumsausgabe Bd. 6.2, S. 282 - 286; Bd. 10.1, S. 317 f. und 319 f.; S. 311 - 314).
Mendelssohn hielt die traditionelle (Talmud-) Schulerziehung der jüdischen Kinder für einseitig intellektualistisch (vgl. Katalog-Nr. 2). Er forderte die Pflege solcher Kenntnisse, die durch ihre praktische Ausrichtung die Kinder auf eine aktive Rolle in der Gesellschaft ihrer Zeit vorbereiten - vor allem durch das Erlernen der deutschen Sprache und Schrift. In Mendelssohns Sinn gründeten David Friedländer und dessen Schwager Daniel Itzig 1778 die "Freyschule". 1781 konnte sie den Unterrichtsbetrieb aufnehmen. Damit begann für die jüdische Pädagogik eine neue Zeit: 1791 wurde die Königliche Wilhelmsschule Breslau als Reformschule gegründet, 1799 die Franzschule in Dessau, 1801 die Jacobson-Schule in Seesen und die Industrieschule für israelitische Mädchen in Breslau. Dazu kam 1804 das Philanthropin in Frankfurt am Main. 1807 wurde die bestehende Wolfenbütteler Schule als "Samsonsche Freischule" reformiert, 1809 die Konsistorialschule Kassel gegründet.
  Vgl. Ralf Busch: Moses Mendelssohn und Wolfenbüttel, in: Moses Mendelssohn 1729 - 1979. Reden der Wolfenbütteler Gedenkfeier anläßlich seines 250. Geburtstages im September 1979, von Karl Heinrich Rengstorf, Hermann Levin Goldschmidt und Ralf Busch, Wolfenbüttel 1980, S. 29 - 38.

"Ach! wenn ich mit einer Rezension 50 Judenkinder zu Handwerksgesellen, und 30 Leibeigene zu Freybauern machen könnte; so würde ich den guten Geschmack um Verzeihung bitten, und auf eine halbe Stunde ins Nebenzimmer zu gehen ersuchen." (Jubiläumsausgabe Bd. 12.2, S. 151.)

101

(Hebräisch) Sefer Netibot Ha-Schalom ... (Das Buch der Wege des Friedens, d.h. ... die fünf Fünftel der Tora mit ... deutscher Übersetzung und Kommentar. Gedruckt hier, Berlin 5543). - Berlin 1783: George Friedrich Starcke.
Niedersächsische Staats- und Universitätsbibliothek Göttingen: 8° Bibl. I 509

8, [27], 299 Blätter. 8°. Erstausgabe. Erster von fünf Bänden, erschienen 1780; das Titelblatt wurde mit dem fünften Band 1783 geliefert. Meyer Nr. 250. - Ausgabe von Mendelssohns Vorrede: Jubiläumsausgabe Bd. 14, S. 209 - 268. - Literatur: Altmann, S. 368 ff. Weitere Literatur im Forschungsbericht, S. 132 - 134.

Etwa 1774 begann Mendelssohn mit der Übersetzung der fünf Bücher Mose. Ein Prospekt mit Übersetzungsproben, der um Subskribenten warb, erschien 1778. 1780 kam der erste Band heraus. Mit Hilfe seiner Freunde und Schüler - dieser Kreis versammelte die führenden Köpfe der jüdischen Aufklärung (Haskalah) - konnte Mendelssohn das große Werk schon 1783 vollenden. Es bietet den Originaltext, einen hebräischen Kommentar (Biur) und die deutsche Übersetzung (vollständig von Mendelssohn), ebenfalls in hebräischen Buchstaben. Mendelssohn wendete sich also an das jüdische Publikum (das des Deutschen in Sprache und Schrift

ספר

נתיבות השלום

נהוא

חבור כולל

חמשת חמשי התורה

עם תקון סופרים ותרגום אשכנזי
ובאור

נדפס פה

ברלין

התקמ״ג

Berlin,

gedruckt bey George Friedrich Starcke, privil. Buchdrucker.

1783.

Nr. 101

nicht mächtig war), um sowohl die Kenntnis des Hebräischen - der Biur ist auch in sprachlicher Hinsicht eine bedeutende Leistung - als auch des Deutschen auszubreiten; alles aber zum Zweck einer besseren Kenntnis der Bibel.

Die Verehrung, die den 5 Büchern Mose und der Religion überhaupt vom Judentum entgegengebracht wurde, drückte sich in vielfältiger Weise in den Zeremonien und Riten aus, mit denen Torarollen (Abschriften des Textes auf Pergament) hergestellt, verehrt und verwahrt werden. Für die jüdische Gemeinde ist ihre Torarolle das Heiligste, fast eine Erscheinung des Göttlichen auf Erden.

Abb.: Torarolle, sephardisch, 18. Jahrhundert (norddeutsch).
Braunschweigisches Landesmuseum.
31 x 268,5 cm. Länge der Stangen: 75 cm.

Diese Verehrung der Torarolle wird auch daran deutlich, daß unbrauchbar gewordene Rollen in feierlicher Form bestattet werden mußten. Nur Rollen aus Privatbesitz konnten also auf rechtmäßige Weise in Musemsbesitz gelangen. Die wenigsten Juden waren aber in der Lage, eine Torarolle selbst zu schreiben oder zu erwerben (obwohl dies ein Gebot der Tora ist). Die Existenz von Torarollen als heiligen Kultgegenständen in den Gemeinden konnte also nicht hindern, daß die Kenntnis des Hebräischen und des Bibeltextes bei Mendelssohns Zeitgenossen äußerst dürftig war.

Der Besinnung des Judentums auf seine geistigen Wurzeln wollte Mendelssohns Ausgabe also ebenso dienen wie der Grundbedingung für eine aktive Teilnahme an der deutschen Kultur: der Kenntnis der deutschen Sprache. In seiner bescheidenen Art schrieb Mendelssohn 1779 (Jubiläumsausgabe Bd. 12.2, S. 148 f.): "Nach dem ersten Plane meines Lebens, so wie ich ihn in meinen besseren Jahren entwarf, war ich weit entfernt, jemals ein Bibelherausgeber oder Uebersetzer zu werden. Ich wollte mich blos darauf einschränken, des Tages seidene Zeuge verfertigen zu lassen, und in Nebenstunden der Philosophie einige Liebkosungen abzugewinnen. Es hat aber der Vorsehung gefallen, mich einen ganz andern Weg zu führen. Ich verlohr die Fähigkeit zu meditiren, und mit ihr Anfangs den größten Theil meiner Zufriedenheit. Nach einiger Untersuchung fand ich, daß der Ueberrest meiner Kräfte noch hinreichen könne, meinen Kindern und vielleicht einem ansehnlichen Theil meiner Nation einen guten Dienst zu erzeigen, wenn ich ihnen eine bessere Uebersetzung und Erklärung der heiligen Bücher in die Hände gebe, als sie bisher gehabt. Dieses ist der erste Schritt zur Cultur, von welcher meiner Nation leider! in einer solchen Entfernung gehalten wird, daß man an der Möglichkeit einer Verbesserung beynahe verzweifeln möchte. Ich hielt mich indessen für verbunden, das Wenige zu thun, was in meinem Vermögen stehet, und das uebrige der Vorsehung zu überlassen, die sich zur Ausführung ihres Plans mehrentheils mehr Zeit nimmt, als wir übersehen können. Je mehr Widerstand nun dieser schwache Versuch findet, desto nothwendiger scheint er mir, und desto eifriger werde ich ihn auszuführen suchen."

Mendelssohns Ausgabe enthielt die üblichen Approbationen; es gab aber auch Rabbiner, die mit Verdammungsurteilen reagierten, vor allem wegen der Übersetzung. Mendelssohn war aber seiner Sache sicher

Nr. 101

(Gesammelte Schriften Bd. 6, S. 452): "... wenn meine Übersetzung von allen Israeliten ohne Widerrede angenommen werden sollte, so wäre sie überflüssig. Je mehr sich die sogenannten Weisen der Zeit widersetzen, desto nöthiger ist sie. Ich habe sie Anfangs nur für den gemeinen Mann gemacht, finde aber, daß sie für Rabbiner noch viel nothwendiger ist; und bin Willens, so Gott will und sein Wohlwollen auf mir ist, auch die Propheten und Hagiographen herauszugeben. Nur gelassen und ohne Eifer ..." Die Schüler sollten diesen Plan vollenden, so daß schließlich die ganze Heilige Schrift (Altes Testament) mit Kommentar in musterhaftem Hebräisch und deutscher Übersetzung vorlag.

Mit seiner Übersetzung trug Mendelssohn wesentlich dazu bei, daß das deutsche Judentum aus dem kulturellen Ghetto ausbrach und an der deutschen Kultur aktiv teilnahm. Es zahlte allerdings dafür einen hohen Preis: Die kulturelle Assimilation ging of mit der religiösen einher. Schon Mendelssohns eigene Kinder (mit Ausnahme des ältesten Sohnes Josef) und alle seine Enkel wurden Christen. Zweifellos entsprach dies ganz und gar nicht Mendelssohns Intentionen, macht aber verständlich, warum es im Judentum unterschiedliche Wertungen der Lebensleistung Mendelssohns gibt: "Für das Linsengericht der ersehnten Emanzipation war man zur Aufgabe aller Werte bereit, die eine jüdische Sonderart und Lebensform andeuteten," sagt Heinz Mosche Graupe, Die Entstehung des modernen Judentums. Geistesgeschichte der deutschen Juden 1650 - 1942, Hamburg 1977 ([1]1969), S. 136.

Als weiterer wichtiger Beitrag Mendelssohns zu dieser Entwicklung wird seine Neudefinition der jüdischen Religion bzw. des Judentums überhaupt angesehen, vgl. Katalog-Nr. 117.

Literatur zu Mendelssohns Stellung in der Geschichte des Judentums: Forschungsbericht, S. 101 - 107.

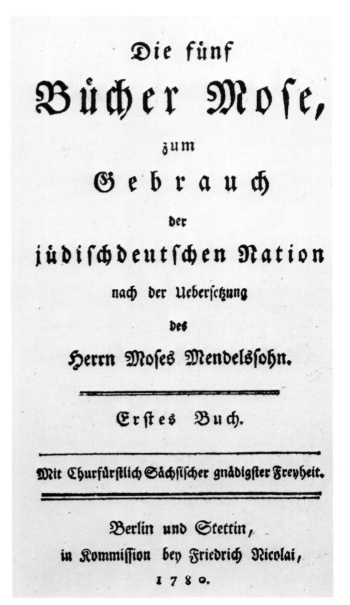

Nr. 102

102

Die fünf Bücher Mose, zum Gebrauch der jüdischdeutschen Nation / nach der Uebersetzung des Herrn Moses Mendelssohn. Erstes Buch. - Berlin und Stettin 1780: Friedrich Nicolai.
Landesbibliothek Oldenburg: Theol. II Bg 4a

XVI, 317, [1] S. kl.8°. Erstausgabe. Meyer Nr. 251. - Mehr nicht erschienen. - Ausgabe des Siegesliedes der Debora (S. XII - XVI): Jubiläumsausgabe Bd. 10.1, S. 253 - 258. - Die erste vollständige deutsche Ausgabe erschien 1815 (Meyer Nr. 255). Die Gesammelten Schriften bieten in Bd. 7 eine neue, aber nicht fehlerfreie Übertragung der Übersetzung in deutschen Buchstaben.

Für seine sorgfältige und kenntnisreiche Übersetzung benutzte Mendelssohn die Lutherbibel und andere Übersetzungen immer da, wo er treffende Formulierungen vorfand. Insgesamt bemühte er sich um Texttreue, die aber keineswegs sklavisch ist. An Luthers gewaltige Sprache reicht Mendelssohn ebensowenig heran wie irgendein anderer Übersetzer.

103

Die Bibel, oder die ganze Heilige Schrift des alten und neuen Testaments, nach der deutschen Uebersetzung D. Martin Luthers. Gedruckt in der Cansteinischen Bibel-Anstalt. Die CLXXXVI. Auflage. - Halle 1782: Waisenhaus.
HAB: Bibel-S 131

21, [3], 1079, 308, [4] S. kl.8°.

104

Brief von Robert Lowth an Mendelssohn, 16. Februar 1782. Autograph. Fotografie.
Bodleian Library, Oxford, Department of Western Mss.: MS Eng. Lett. C 574, fols. 1 - 3

Vier Seiten 4°. Unveröffentlicht.

Gleich im ersten Stück des ersten Bandes der "Bibliothek der schönen Wissenschaften und der freyen Künste", das im April 1757 erschien (vgl. Katalog-Nr. 28), gelang Mendelssohn ein besonderer Glücksgriff: Er besprach das Buch von Robert Lowth, De sacra poesi Hebraeorum (Über die heilige Dichtkunst der Hebräer; Oxford 1753) (Fortsetzung der Besprechung im zweiten Stück; Ausgabe: Jubiläumsausgabe Bd. 4, S. 20 - 62). In seinem Hauptwerk stellte nämlich Lowth (1710 - 1787) - der 1741 - 1750 Professor für Poesie, seit 1766 Bischof von Oxford, seit 1777 Bischof von London war - die Gesetze der hebräischen Poesie auf. Die Psalmen (z. B.) auch als Dichtungen zu interpretieren - dies wich von traditionellen Deutungen ab: Auf christlicher Seite fand man in den Psalmen vor allem anderen Vordeutungen auf das Neue Testament und damit dessen Bestätigung. Die historische Bibelkritik und die Ästhetik (Geniebegriff, Ursprung der Dichtung usw.) in Deutschland erhielten durch Lowth wichtige Anstöße. So wurde z. B. Herder durch Mendelssohns Rezension nachhaltig auf Lowth aufmerksam gemacht. Johann David Michaelis gab 1758 - 1761 in Göttingen eine neue Ausgabe von "De sacra poesi" heraus und übersetzte 1771 die Psalmen neu, wendete sich aber gegen die Auffassung der Psalmen als Poesie. In Herders "Vom Geist der Ebräischen Poesie [!]" (1782/83) sind viele Psalmen übersetzt. (Allerdings erschien der erste Band von Johann Andreas Cramer, Poetische [!] Übersetzung der Psalmen, schon 1755.) Mendelssohn selbst hatte in seine Lowth-Rezension eine ganze Reihe von Psalmen-Übersetzungen eingefügt. Diese Arbeit mündete 1783 in einer eigenen Ausgabe (Katalog-Nr. 114).

Am 26.4.1781 sandte Mendelssohn Lowth die ersten beiden Bände seiner Bibelausgabe mit einem Begleitbrief, in dem seine tiefe Dankbarkeit für Lowth überschwänglichen Ausdruck fand (Altmann, S. 412 f.).

Im vorliegenden Brief bedankt sich Lowth mit wohlgesetzten Worten für das Geschenk und gedenkt der Rezension seines Buches. Er lobt den Beitrag, den Juden zur Erforschung der Heiligen Schriften leisten, und überhaupt den interkonfessionellen gelehrten Austausch. Leider könne er weder Deutsch noch "die Sprache der Rabbiner" genug, so daß er die Ergebnisse der Arbeit Mendelssohns nicht richtig würdigen könne; Alter und Krankheit behinderten seine diesbezüglichen Studien ohnehin. Mit Gottes Hilfe könne sich dies aber ändern. Er empfiehlt sich Mendelssohn "und den Ältesten Deines Volkes" und richtet die Grüße des bei ihm weilenden Benjamin Kennicott (Herausgeber einer umfangreichen Variantensammlung zum Alten Testament) aus.

Der Anfang im Wortlaut:

"Viro Doctissimo meritoque celeberrimo Mosi Mendelsono Robertus Episcopus Londinensis. Accepi, Vir Clarissime, ab Amico Tuo plurimum colendo Dⁿᵒ Doctore Mires Opus Tuum eximium, inchoatum et magna ex parte jam perfectum, Mosis Viri Divini Sacratissimum Volumen, nova Editione a Te donatum, nec non Germanica Versione et continua explicatione in usum Contribulium Tuorum illustratum ...".

105

Brief von Mendelssohn an Christian Wilhelm Dohm, 4. Oktober 1780. Autograph.
Archiv Fürstenberg-Stammheim, Opladen: 23.85

Zwei Seiten 4°. Unveröffentlicht.

Franz Egon von Fürstenberg (1737 - 1825) hatte sich über Dohm bei Mendelssohn nach seinem grüblerisch veranlagten Neffen Franz Clemens (1755 - 1824) erkundigt, der 1775 nach Berlin geflohen war. Wiederum über

Dohm gab Mendelssohn Auskunft und schrieb: "... er schien ein besonderes Zutrauen zu mir zu haben; ging in meinem Hause so vertraulich aus u ein, so zuversichtlich, ohne zu grüßen oder recht zu danken, ich mochte zu Hause oder nicht zu Hause seyn, als wenn er zu uns gehörte. Fand er mich nicht; so ging er, ohne ein Wort zu sprechen, in das nächste Zimmer, das er offen sahe, oder in meine Bücherstube, nam ein Buch, las etwa eine halbe Stunde, und schlich sich wieder davon.

Ich war gewohnt, ihm bey allen Gelegenheiten herbe Wahrheiten zu sagen, die er gern zu hören schien; aber ohne von seinem Vorhaben im mindesten abzugehen. 'Toleranz, schrie er öfters, Toleranz nicht nur in Religionssachen; sondern auch in Welthändeln'."

Literatur: Manfred Wolf: Franz Egon von Fürstenberg, in: Fürstenbergsche Geschichte. Bd. 4, bearbeitet von Norbert Andernach u. a., Münster 1979, S. 225 - 309, bes. S. 304.

XIV. Bürgerliche Verbesserung der Juden (1781/1782)

Nr. 106

106

Christian Wilhelm von Dohm. Brustbild nach rechts. Öl auf Leinwand. Kopie von Franz Weinack (Goslar 1903) nach dem Original von Karl Christian Kehrer, 1795 (für Gleim, Halberstadt).
Stadt Goslar

Literatur zu Kehrer (1755 - 1833): Thieme-Becker Bd. 20, S. 63 f.

Nach Theologie- und Jurastudium war Dohm (1751 - 1820) Pagenhofmeister bei Prinz Ferdinand von Preußen, wurde 1776 Professor am Kasseler Carolinum, 1779 Verwaltungsbeamter in Berlin. 1786 ging er als preußischer Gesandter nach Kurköln. Später war er Präsident der Kriegs- und Domänenkammer für Erfurt und das Eichsfeld und konnte seine philanthropinischen Interessen für das Schulwesen in der Praxis erproben.

Durch sein epochemachendes Buch (Katalog-Nr. 107) wurde Dohm zu einem der bedeutendsten Vorkämpfer für die bürgerliche Emanzipation der Juden.

Literatur: Ilsegret Dambacher: Christian Wilhelm von Dohm. Ein Beitrag zur Geschichte des preußischen aufgeklärten Beamtentums und seiner Reformbestrebungen am Ausgang des 18. Jahrhunderts, Bern und Frankfurt am Main 1974 (Europäische Hochschulschriften, Reihe 3, Bd. 33).

107

Christian Wilhelm Dohm: Ueber die bürgerliche Verbesserung der Juden. - Berlin und Stettin 1781: Friedrich Nicolai.
HAB: Hi 31

[8], 200 S. kl.8°. Erstausgabe. Meyer Nr. 294. - Eine neue, verbesserte Auflage erschien 1783, zusammen mit einem zweiten Teil (Meyer Nr. 295). - Literatur: Altmann, S. 449 ff. Horst Möller: Aufklärung, Judenemanzipation und Staat. Ursprung und Wirkung von Dohms Schrift "Über die bürgerliche Verbesserung der Juden", in: Deutsche Aufklärung und Judenemanzipation. Internationales Symposium, Dezember 1979, hrsg. von Walter Grab, Tel Aviv 1980 (Jahrbuch des Instituts für Deutsche Geschichte, Beiheft 3), S. 119 - 153. Jacob Toury: Emanzipation und Judenkolonien in der öffentlichen Meinung Deutschlands (1775 - 1819), in: Jahrbuch des Instituts für Deutsche Geschichte 11 (1982), S. 17 - 53.

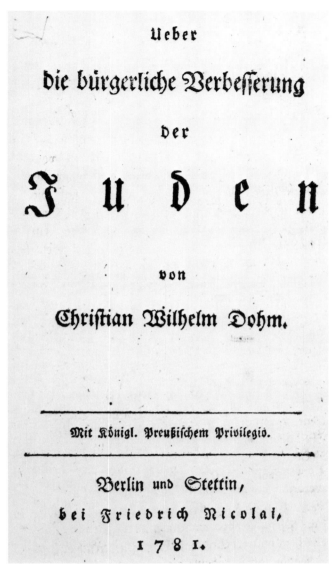

Nr. 107

Die Juden des Elsaß hatten sich 1780 mit einem Hilferuf an Mendelssohn gewandt. Mendelssohn gelang es, in Dohm einen begeisterungsfähigen Autor für die große Aufgabe zu gewinnen, die bürgerliche Gleichberechtigung der Juden - und zwar nicht nur für Frankreich, den ursprünglichen Adressaten der gemeinsamen Arbeit - gegen alle herrschenden Vorurteile zu fordern. Die Grundgedanken des Buches sind wesentlich von Mendelssohn inspiriert, wenngleich Dohm ein kundiger und selbstbewußter Autor war.

Dohm geht davon aus, daß man den zeitgenössischen Juden in der Tat viel vorwerfen könne. Die ist jedoch nicht die Schuld der Juden, sondern der Umstände, unter denen zu leben sie gezwungen sind. Jede andere Menschengattung, in dieselbe Umstände versetzt, würde dieselben Verhaltensweisen zeigen. Die Juden taugten nur zum Handel, besonders zu Geldgeschäften? Sie könnten auch anders, wenn man sie ließe. Sie taugten nicht - ein in Preußen wichtiges Thema - zum Militärdienst? Darauf antwortet Dohm mit der Gegenfrage: Warum sollen die Juden einen Staat verteidigen, der ihr Feind ist? Ein Verbot der Landesverteidigung kennt das mosaische Gesetz jedenfalls nicht.

Haben die Juden nicht Christus getötet? Ein mittelalterliches Vorurteil! Auch die Juden sind in erster Linie Menschen; sie haben die gleichen Fähigkeiten wie diejenigen Menschen, die Christen sind. Also stehen ihnen auch die gleichen Rechte zu, auch das Menschenrecht auf freie Religionsausübung. Dem Staatswohl dient nicht die erzwungene religiöse Einheit, sondern die Mannigfaltigkeit der Religionen. Der Staat muß den Juden bürgerliche Gleichberechtigung gewähren, damit sie endlich ein Staatsbewußtsein entwickeln können; der Staat muß daran interessiert sein, die Juden zu emanzipieren, um in ihnen nützliche Glieder der Gesellschaft zu gewinnen, die zu seinem Wohl ihren Beitrag leisten.

Das Folgende wörtlich aus Möller (a.a.O., S. 135 f.): "Zugleich aber zeigt die Bündelung verschiedenster im staatlichen Interesse liegender Gründe für die 'bürgerliche Verbesserung der Juden', wie pragmatisch Dohm in dieser Frage dachte. Er wurde nicht müde, Humanität, Aufklärung und Staatszweck in eine einzige Argumentationskette für die Emanzipation der jüdischen Minorität zusammenzuführen. Dohm selbst ließ seine Studie in neun konkreten Empfehlungen gipfeln, die zugleich die mindere Rechtsstellung der Juden in dieser Zeit erkennen lassen:

1. Die Juden müssen die gleichen Rechte wie alle übrigen Untertanen erhalten.
2. Ihnen muß vollkommene Erwerbsfreiheit, vor allem auch als Handwerker, gewährt werden.
3. Es dürfe den Juden nicht verwehrt werden, ihren Lebensunterhalt mit dem Ackerbau zu verdienen. Würde in einem Lande der Ankauf liegender Gründe nicht auf eine bestimmte Bevölkerungsklasse beschränkt, so müßte den Juden ebenfalls das Erwerbsrecht zustehen. Im anderen Fall sei ihnen zumindest das Pachtrecht zuzugestehen.
4. Jede Art des Handels müsse den Juden offenstehen, aber keine dürfe ihnen ausschließlich überlassen bleiben.

5. Die Betätigung in allen Wissenschaften und Künsten muß den Juden ermöglicht werden. Allerdings sei die Frage zu stellen, ob man sie schon jetzt zu öffentlichen Ämtern zulassen dürfe. Im Prinzip bejahte Dohm diese Frage, zumal wenn Juden die erforderlichen Fähigkeiten erworben hätten. Dohm war indes davon überzeugt, daß dies vorerst nur einzelnen Juden gelingen werde. Der Staat solle die Juden nicht daran hindern, aber auch nicht ausdrücklich ermutigen, in den Staatsdienst zu streben. Bevor die Juden in großer Zahl zu Staatsbediensteten werden könnten, müßten sie infolge dieser Reformen tatsächlich zu völlig gleichen Bürgern 'umgeschaffen' werden.

6. Der Staat müsse in besondern Maße für die sittliche Bildung und Aufklärung der Juden sorgen.

7. Mit der sittlichen Verbesserung der Juden müsse die Bemühung einhergehen, den 'Christen ihre Vorurteile und ihre lieblosen Gesinnungen zu benehmen'.

8. Den Juden muß an allen Orten eine völlig freie Religionsausübung, einschließlich des Baus von Synagogen und der Anstellung von Lehrern auf eigene Kosten gestattet werden.

9. Die Juden sollen die Möglichkeit haben, nach dem mosaischen Gesetz und den Gesetzen ihrer übrigen religiösen Überlieferung zu leben: es müsse ihnen auch erlaubt sein, nach diesen Gesetzen gerichtet zu werden. Zu dieser Autonomie sollte nach Dohms Meinung auch gehören, daß Privatstreitigkeiten der Juden untereinander in der ersten Instanz von ihren eigenen Richtern entschieden würden, sofern die Rechtsstreitigkeit nicht auf Wunsch der Betroffenen vor ordentlichen Gerichten verhandelt würde.

Dohm war davon überzeugt, daß eine nach diesen neun Prinzipien durchgeführte Judenemanzipation, die natürlich nach den spezifischen Voraussetzungen der einzelnen Länder modifiziert werden sollte, die Juden zu nützlichen Gliedern der bürgerlichen Gesellschaft machen und zugleich dem 'mannigfachen Übel abhelfen' würde, das ihnen angetan worden war und noch wurde.''

108

Brief von Mendelssohn an Christian Wilhelm Dohm, 22. März 1782. Autograph. Fotografie.
Öffentliche Bibliothek der Universität Basel, Handschriften-Abteilung: Nachlaß Bernoulli, L I a 688, fol. 36

Eine Seite 8°. Ausgabe: Dominique Bourel, Ein unveröffentlichter Brief Mendelssohns an Dohm, in: Bulletin des Leo Baeck Instituts Nr. 70 (1985), S. 67 - 69.

Der Brief beginnt: "Sie erhalten hierbey meine etwas weitlauftige Antwort auf Hr. M. Recension, nebst der Göttingschen Anzeige ..."

"M." ist Johann David Michaelis, der Dohms "Über die bürgerliche Verbesserung der Juden" (Katalog-Nr. 107) kritisch rezensiert hatte: Orientalische und Exegetische Bibliothek 19 (1782), Nr. 281, S. 1 - 40 (vgl. Altmann, S. 459).

Mendelssohns "Antwort" ist in Bd. 2 der Schrift von Dohm gedruckt worden (S. 72 - 77). Auszug (Gesammelte Schriften Bd. 3, S. 367): "Anstatt Christen und Juden bedient sich Herr Michaelis beständig des Ausdrucks D e u t s c h e u n d J u d e n. Er entsiehet sich wohl, den Unterschied bloß in Religionsmeinungen zu setzen, und will uns lieber als Fremde betrachtet wissen, die sich die Bedingungen gefallen lassen müssen, welche ihnen von den Landeigenthümern eingeräumt werden. Allein erstlich ist Dieses ja die vorliegende Frage: ob den Landeigenthümern nicht besser gerathen ist, wenn sie diese Geduldeten als Bürger aufnehmen, als daß sie mit schweren Kosten andere Fremden ins Land ziehen? - Sodann möchte ich auch erörtert wissen: wie lange, wie viel Jahrtausende dieses Verhältniß, als Landeigenthümer und Fremdling fortdauern soll? Ob es nicht zum Besten der Menschheit und ihrer Cultur gereiche, diesen Unterschied in Vergessenheit kommen zu lassen?"

Bei der "Göttingschen Anzeige" handelt es sich ebenfalls um eine kritische Dohm-Rezension, und zwar von dem Göttinger Professor Michael Hißmann in: Zugabe zu den Göttingischen gelehrten Anzeigen, 48. Stück. 1781, Bd. 2, S. 753 - 763 (1.12.1781).

In der Manasse-Vorrede (Katalog-Nr. 109) antwortete Mendelssohn auf Hißmann (Jubiläumsausgabe Bd. 8, S. 10): "Hat nicht ein Recensent in den Göttingschen Anzeigen, bey Gelegenheit der Dohmschen Schrift, Beschuldigungen wider uns, wahrlich wie aus der Luft gegriffen, die man keinem Schriftsteller unseres Jahrhunderts, am wenigsten, einem in diesem wahren Sitze der Musen lebenden Gelehrten zutrauen sollte? - Er trägt so gar kein Bedenken, uns jetztlebenden Israeliten die Unart vorzuwerfen und anzurechnen, deren sich unsere Vorfahren in der Wüsten schuldig gemacht haben; ohne zu bedenken, ... was wohl seine eigene Vorfahren, in nördlichen Einöden, um eben diese Zeit für Cultur gehabt haben mögen, aus denen doch heutiges Tages Recensenten in Göttingschen Anzeigen entsprungen sind. - Mit einem Worte, Vernunft und Menschlichkeit erheben ihre Stimme umsonst; denn graugewordenes Vorurtheil hat kein Gehör."

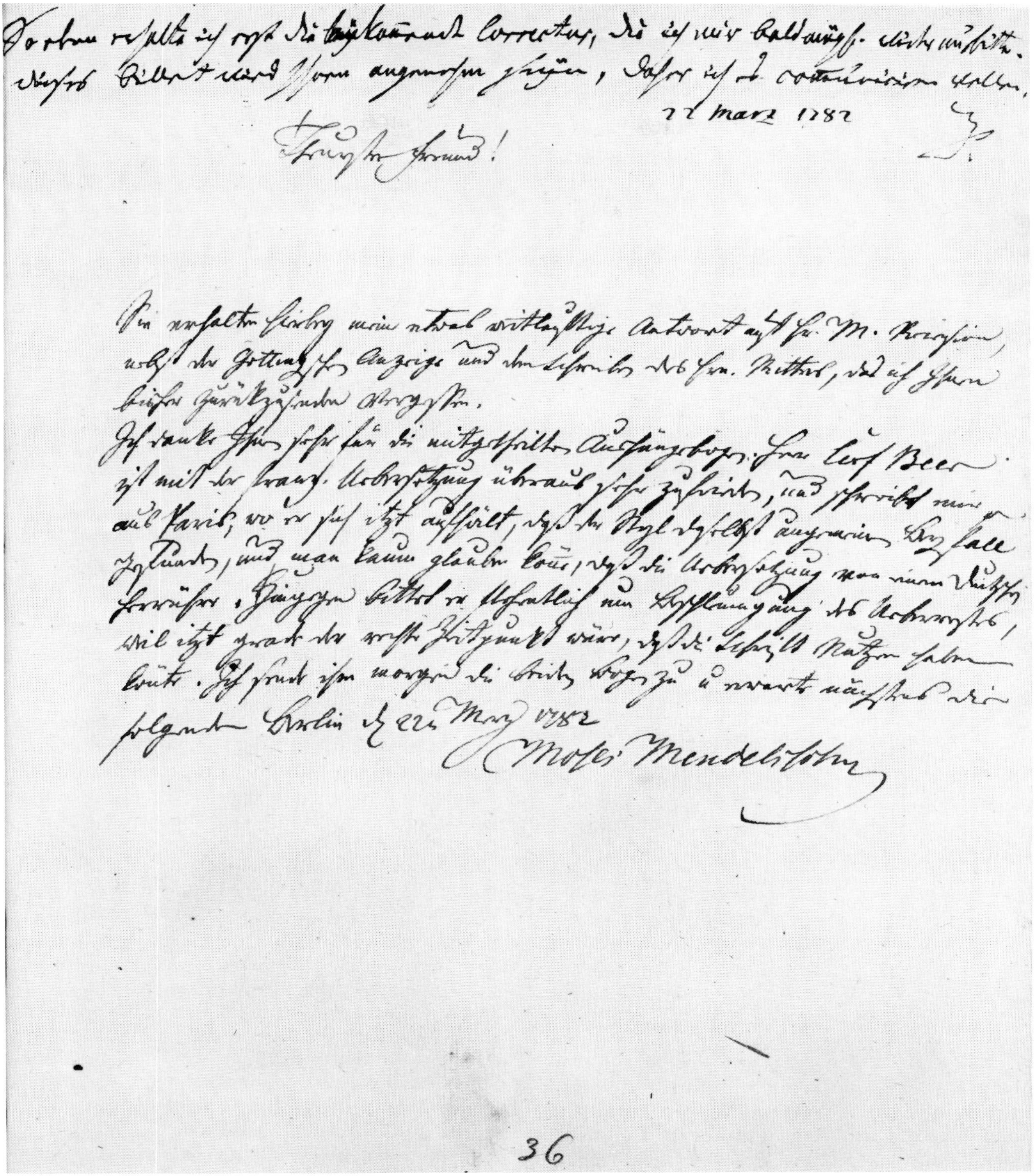

Vorher erhalte ich erst die ~~…~~ Correctur, die ich mir baldmöglichst wieder ausbitte. Dieses Billet wird Ihnen angenehm seyn, daher ich es communiciren wollen.

22 marz 1782

Theurester Freund!

Sie erhalten hierbey meine etwas weitläuftige Antwort auf d. Hr. M. Recension, welche der Göttingischen Anzeige und dem Schreiben des Hrn. Ritters, das ich Ihnen beyzuschließen vergessen.

Ich danke Ihnen sehr für die mitgetheilten Anfangsbogen. Herr Cerf Beer ist mit der französ. Uebersetzung überaus sehr zufrieden, und schreibt mir aus Paris, wo er sich itzt aufhält, daß der Styl derselben allgemeinen Beyfall zu finden, und man kaum glauben könne, daß die Uebersetzung von einem Deutschen herrühre. Hingegen bittet er inständig um Beschleunigung des Uebersetzers, weil itzt gerade der rechte Zeitpunkt wäre, daß die Schrift Nutzen haben könnte. Ich sende ihm morgen die dritten Bogen zu u. erwarte nächstens die folgenden. Berlin d. 22n März 1782

Moses Mendelssohn

36

Nr. 108

Manasseh Ben Israel

Rettung der Juden

Aus dem Englischen übersetzt.

Nebst einer Vorrede

von

Moses Mendelssohn.

Als ein Anhang

zu des

Hrn. Kriegsraths Dohm

Abhandlung:

Ueber

die bürgerliche Verbesserung

der Juden.

Mit Königl. Preußischer allergnädigster Freyheit.

Berlin und Stettin

bey Friedrich Nicolai.

1782.

Nr. 109

109

Manasseh Ben Israel: Rettung der Juden / Aus dem
Englischen übersetzt. Nebst einer Vorrede von Moses
Mendelssohn. Als ein Anhang zu des Hrn. Kriegsraths
Dohm Abhandlung: Ueber die bürgerliche Verbesse-
rung der Juden. - Berlin und Stettin 1782: Friedrich
Nicolai.
Niedersächsische Staats- und Universitätsbibliothek
Göttingen: 8° Polit. IV 9760

LII, 64 S. 8°. Erstausgabe. Meyer Nr. 262. - Ausgabe: Jubiläumsausgabe Bd. 8, S. 1 - 71. - Literatur: Altmann, S. 461 ff.

Aus einem Brief Mendelssohns von 1779 (Jubiläumsausgabe Bd. 12.2, S. 166): "Jeder Heuchler, jeder eigennüt-
zige Bube hat seine Abscheulichkeit damit zu beschö-
nigen gewußt, daß die Vorurtheile dem menschlichen
Geschlechte nützlich seyn und damit haben sie in Gottes Namen Irrthümer auf Irrthümer und Elend auf
Elend gehäuft. Der Menschenfreund siehet dieses mit
Schaudern, und möchte gern den Grund erschüttern,
auf welchen jene mit Sicherheit bauen."

1780 schrieb Mendelssohn an einen Mönch (Bd. 12.2,
S. 200): "Allhier in diesem sogenannten duldsamen
Lande lebe ich gleichwohl so eingeengt, durch wahre
Intoleranz so von allen Seiten beschränkt, daß ich meinen Kindern zu Liebe mich den ganzen Tag in einer
Seidenfabrik, so wie Sie - - sich in einem Kloster,
einsperren muß; und den Musen nicht so fleißig opfern
darf, als ich es wünsche, weil es mein Prior nicht zugeben will. Ich ergehe mich zuweilen des Abends mit
meiner Frau und meinen Kindern. Papa! fragt die
Unschuld, was ruft uns jener Bursche dort nach? warum
werfen sie mit Steinen hinter uns her? was haben wir
ihnen gethan? - Ja, lieber Papa! spricht ein anderes, sie
verfolgen uns immer in den Straßen, und schimpfen:
Juden! Juden! Ist denn dieses so ein Schimpf bei den
Leuten, ein Jude zu seyn? und was hindert dieses andere
Leute? - Ach! ich schlage die Augen unter, und seufze
mit mir selber: Menschen! Menschen! wohin habt ihr es
endlich kommen lassen?"

Vom Mai 1781 (Bd. 13, S. 19 f.): "Moses, der Mensch,
schreibt an Herder, den Menschen; nicht der Jude dem
Superintendenten. Jenes Verhältniß setzt Sie wahrlich
nicht unter Ihren Stand; aber ich bin eitel genug zu
glauben, daß es mich in etwas über den meinigen erhe-
be. Halten Sie mir diese Eitelkeit immer zu gute: sie ist
das, was mich in diesem Gewirre menschlicher Schicksale und Ereignisse noch aufrecht erhält."

Als im September 1781 Dohms Buch (Katalog-
Nr. 107) erschien und kurz darauf im Oktober ein erstes
Toleranzpatent Kaiser Josephs II. verkündet wurde,
glaubte Mendelssohn, darin Anzeichen einer neuen
Zeit für die Juden sehen zu können. Ohne große Illu-
sionen zu hegen, aber doch hoffnungsvoll, wollte Mendelssohn die Gunst der Stunde nutzen und Dohms
Schrift durch weitere Argumente ergänzen; es gab ja
auch noch manche Gegner einer Emanzipation der
Juden, wie z. B. Johann David Michaelis, dessen Rezension (vgl. Katalog-Nr. 108) aus einer scharfen Ablehnung der Thesen Dohms bestanden hatte.

Mendelssohn wählte eine Schrift von Samuel Manasse (Menasse) ben Israel (1604 - 1657), dem Amsterda-
mer Rabbiner und Kämpfer gegen antijüdische Vorur-

Nr. 110

teile, dem es 1655 gelungen war, von Cromwell die Wiederzulassung von Juden in England zu erwirken. Als erster jüdischer Gelehrter hatte er sich voll Mut, aber nicht undiplomatisch, an ein nichtjüdisches Publikum gewandt. Sein 1656 erschienenes Buch "Vindiciae Judaeorum" übersetzte Mendelssohns Freund Marcus Herz aus dem Englischen, Mendelssohn fügte eine lange Vorrede hinzu (S. III - LII), und schon Anfang April 1782 konnte die Schrift erscheinen.

Auszug (a.a.O., S. 6): "Merkwürdig ist es, zu sehen, wie das Vorurtheil die Gestalten aller Jahrhunderte annimmt, uns zu unterdrücken, und unserer bürgerlichen Aufnahme Schwierigkeiten entgegen zu setzen. In jenen abergläubischen Zeiten waren es Heiligthümer, die wir aus Muthwillen schänden, Crucifixe, die wir durchstechen, und bluten machen; Kinder, die wir heimlich beschneiden, und zur Augenweide zerfetzen; Christenblut, das wir zur Osterfeyer brauchen; Brunnen, die wir vergiften u. s. w.

... Itzt ist es gerade Aberglaube und Dumheit, die uns vorgerückt werden; Mangel an moralischem Gefühle, Geschmack und feine Sitten; Unfähigkeit zu Künsten, Wissenschaften und nützlichem Gewerbe, hauptsäch-

lich zu Diensten des Krieges und des Staates; unüberwindliche Neigung zu Betrug, Wucher und Gesetzlosigkeit, die an die Stelle jener gröbern Beschuldigungen getreten sind, uns von der Anzahl nützlicher Bürger auszuschließen, und aus dem mütterlichen Schoße des Staats zu verstoßen.

... Man fährt fort, uns von allen Künsten, Wissenschaften und andern nützlichen Gewerben und Beschäftigungen der Menschen zu entfernen; versperret uns alle Wege zur nützlichen Verbesserung, und macht den Mangel an Cultur zum Grunde unserer fernern Unterdrückung. Man bindet uns die Hände, und macht uns zum Vorwurfe, daß wir sie nicht gebrauchen."

Aus Johann Gottfried Herders "Litterarischem Briefwechsel" (1782), in: Sämtliche Werke, hrsg. von Bernhard Suphan. Bd. 15, Berlin 1888 (Nachdruck Hildesheim 1967), S. 129: "Zum Dank für die kleinen Leßingschen Nachläße sende ich Ihnen ein paar Stücke von einem Freunde desselben, den wir seit geraumer Zeit für die litterarische Welt auch todt hielten, M e n d e l s s o h n. Das erste ist zwar nur eine V o r r e d e; aber eine Vorrede die eines Buchs werth ist. Welche sanfte Stimme der Weisheit und Menschenliebe die in ihr spricht! Und wie genau, wie durchdacht sind alle Worte dieser lieblichen Stimme! Ueber Materien, worüber man sonst nur brauset und Wind macht, über Toleranz, Religionsfreiheit, Völkerliebe, Menschenduldung spricht sie mit philosophischen Gründen, mit Beispielen aus der Geschichte, hie und da auch mit weiser Einschränkung. Lesen Sie z. E. was über d i e v e r s c h i e d e n e G e s t a l t d e r A n k l a g e n, womit man in verschiedenen Zeiten die Juden gedrückt hat, über d a s M a a s d e r B e v ö l k e r u n g in einem Staat, über d i e f a l s c h e E i n t h e i l u n g d e s h e r v o r b r i n g e n d e n u n d v e r z e h r e n d e n Theils der Einwohner, am meisten, was über k i r c h l i c h e R e c h t e, k i r c h l i c h e G e w a l t u n d M a c h t nicht politisch, sondern nur menschlich und philosophisch gesagt wird, und Sie werden dem hellen menschenliebenden Weisen, der dies schrieb, danken. Ich glaube, es ist Paskal, ders bemerkt, wie wohl es einem werde, wenn man statt eines Schriftstellers einen Menschen in einem gedruckten Buch reden höret; noch wohler wirds einem, wenn dieser Mensch zugleich ein Weiser ist: denn nur weise Menschen sollten Schriftsteller werden -".

110

Samuel Manasse ben Israel. Halbfigur nach rechts mit weitem Schlapphut. Radierung von Rembrandt, 1636 (B 269, 2. Zustand).
Herzog Anton Ulrich-Museum Braunschweig, Kupferstichkabinett

145

12,6 x 10,7 cm. - Literatur: Woldemar von Seidlitz: Die Radierungen Rembrandts, Leipzig 1922, S. 206 f. Christopher White & Karel G. Boon: Rembrandt's Etchings. Bd. 1, Amsterdam, London, New York 1969, S. 122 f.

Rembrandt und Manasse ben Israel waren Nachbarn. Das straffe Bildnis ist von eindringlicher Schlichtheit.

111

Stammbuchblatt (ehemaliger Besitzer unbekannt) von Mendelssohn, 1. Februar 1781. Autograph. Fotografie.
Biblioteka Jagiellońska, Krakau.

Eine Seite 8°.

"Bestimmung des Menschen.

Wahrheit erkennen.
Schönheit lieben,
Gutes wollen,
Das Beste thun!"

(vgl. Jubiläumsausgabe Bd. 6.1, S. 196)

Mendelssohn schrieb sein "gewöhnliches Stammbuch-Motto", wie er selbst sagt, in dieser oder ähnlicher Form in zahlreiche Stammbücher, von denen uns fünf erhalten sind. Manchem mag dieses Motto heute abgegriffen erscheinen. In Wahrheit stellt aber diese Aufgliederung der menschlichen Fähigkeiten und ihre Zuordnung zu verschiedenen Gegenstandsbereichen die reife Frucht der langen und gründlichen Diskussion mit Abbt über die 'Bestimmung des Menschen' dar (vgl. Katalog-Nr. 52 und 112); zu dieser Formulierung gelangte Mendelssohn anscheinend erst 1781. Aber auch aus anderen

Nr. 111

Gründen erschien dieses Motto einigen Zeitgenossen Mendelssohns alles andere als selbstverständlich. Chodowiecki, der mit Mendelssohn gut befreundet war, schrieb in einem Brief aus dem Jahre 1783: "Die erste Bestimmung des Menschen ist also 'Wahrheit erkennen' - von was vor einer Wahrheit spricht hier der herrliche Mann - dass ein Gott ist? Denn das ist doch die erste Wahrheit, und woraus alle Wahrheiten entspringen. Aber wer lehrte ihm das? Moses? Durch Mosen sagte Gott: Ich bin ein eifriger Gott! u. s. w. ist das die Wahrheit, wovon Moses Mendelson spricht? Warum nicht? Er hatts ja übersetzt, da er die fünf Bücher Mosis zum Besten seines Volkes neu übersetzte. Aber Jesus spricht - Also hatt Gott die Welt geliebet, u. s. w. welch ein herrlichere Wahrheit! Aber dieses ist doch nicht die Wahrheit, wovon M. M^son spricht. Wenn das wäre, so wäre er ja kein Jude.

...

Aber die 4. Bestimmung 'das beste thun', obsgleich unsere Bestimmung ist, so handeln wir leider nur gar zu offt dawieder, glücklich der, der immer danach strebt, von ganzem Herzen darnach strebt! Aber guter, edler M. Mendelson ist dein Judenthum das Beste, das du thun kanst? Hast's Evangelium gelesen und nicht seine Vorzüge eingesehen? - Mit alledem ist diese Zergliederung der Bestimmung des Menschen gantz herrlich gedacht, und Moses Mendelson auch mit seinen Schwachheiten doch ein herrlicher Mann." Aus: Briefe Daniel Chodowieckis an die Gräfin Christiane von Solms-Laubach, hrsg. von Charlotte Steinbrucker, Straßburg 1928 (Studien zur deutschen Kunstgeschichte 250), S. 40. - Vgl. Katalog-Nr. 85.

112

Moses Mendelssohn: Anmerkungen zu Abbts freundschaftlicher Correspondenz. - Berlin und Stettin 1782: Friedrich Nicolai.
HAB: Db 5

88 S. kl.8°. Erstausgabe (mit eigenem Titelblatt herausgegebener Sonderdruck aus der zweiten Auflage des dritten Teils der "Vermischten Werke" Abbts). Meyer Nr. 261. - Ausgabe: Jubiläumsausgabe Bd. 6.1, S. 27 - 65.

Wie sehr Mendelssohn der briefliche Gedankenaustausch mit seinem jungen Freund Abbt über die Bestimmung des Menschen (vgl. Katalog-Nr. 52) immer noch nachging, zeigen diese "Anmerkungen", die 16 Jahre nach Abbts Tod erschienen. Sie sind vielleicht der reifste Ausdruck von Mendelssohns philosophisch-religiöser Weltanschauung.
  Der Anfang von "Anmerkung z)" (a.a.O., S. 58): "Man verspricht sich vielleicht Anfangs von der

Nr. 112

menschlichen Vernunft, so wie im gemeinen Leben der Kranke von seinem Arzte, zu viel, um dasjenige was beide leisten, gehörig zu schätzen und mit Dank zu erkennen. Man erwartet von der Weltweisheit Aufschlüsse, die über ihre Grenzen hinausreichen, und muß alsdann freylich verdrießlich werden, wenn man unvermuthet an die Schranken stößt, die ihr Gebiet einschließen. Diese Ungenügsamkeit mit dem Erworbenen, dieses Weiterhinausstreben ist dem Forschungstrieb des menschlichen Geistes und seiner Bestimmung angemessen. Sie muß aber nicht in Mißmuth und üble Laune ausarten, und dasjenige verkennen, oder gar verachten lassen, was wir dem Lichte der Vernunft wirklich zu verdanken haben, weil sie uns nicht alles leisten will, was wir uns von ihr versprochen. Wahre lebendige Erkenntniß von dem Endzwecke unseres Daseyns und von dem Verhältnisse zwischen Gott und dem Menschen, giebt hier diese weise Mäßigung, diese anständige Bescheidenheit, die das Gute mit Dank erkennen, und mit kindlichem Zuvertrauen das Bessere erwarten läßt."

Aus demselben Jahr zwei Briefstellen (Bd. 13, S. 65 und 66): "Nicht der Vervollkommnung des Menschengeschlechts ist die Absicht der Natur. Nein! die Vervollkommnung des Menschen, des Individui. Jeder einzelne Mensch soll seine Anlagen und Fähigkeiten entwickeln, und dadurch immer vollkommener werden, und eben deswegen weil jedes Individuum dieses soll, muß das ganze Geschlecht immer diesen Kreislauf wiederholen, darüber wir uns so sehr beschwehren.

...

Möglichkeit des Genusses ohne Arbeit; Befriedigung ohne Anstrengung ist der Tod aller menschlichen Glükseeligkeit. Ein sehr sprechender Beweis, daß die menschliche Glükseeligkeit mehr im Ringen und Streben nach Genuß, als im Genusse selbst bestehe ...".

XV. Jerusalem (1784)

113

[Ernst Ferdinand Klein, unter Mitarbeit von Moses Mendelssohn:] Entwurf einer Anweisung, wie es mit der Abnahme der Juden-Eyde zu halten sey./ Ermahnungs-Formel, welche der Rabiner oder die Gerichts-Person, den schwörenden Juden vor Ableistung des Eydes vortragen muß. In: Circulare an sämmtliche Regierungen und Ober-Landes-Justiz-Collegia, zur Erleuterung einiger Vorschriften der Prozeß-Ordnung. - Berlin, 20 September 1783: G. Jac. Decker, S. 92 - 95, S. 95 f.
Niedersächsische Staats- und Universitätsbibliothek Göttingen: 8° Jus statut. III 3543

8°. Erstausgabe. Meyer Nr. 409a. - Ausgabe: Jubiläumsausgabe Bd. 7, S. 271 - 274, S. 275 f. (Einleitend dazu aus dem "Circulare" S. 69 f. und 91: S. 280; dazu die Akten: S. 253 - 293.).
Im Rahmen der Arbeit an einer neuen Prozeßordnung schritt die preußische Regierung auch zur Neufassung des speziellen Eides, den jüdische Angeklagte oder Zeugen im gegebenen Fall vor Gericht zu leisten hatten - ein erst später außer Übung gekommenes Zeugnis für die Diskriminierung von Juden vor Gericht. Die Regierung wandte sich in dieser Frage, wie sie selbst schreibt (S. 69; in Bd. 7: S. 280), an einen "wegen seiner Kenntnisse und rechtschaffenen Denkungsart rühmlich bekannten jüdischen Gelehrten", nämlich an Moses Mendelssohn, der ja auch 1778 die "Ritualgesetze der Juden" vorgelegt hatte (Katalog-Nr. 98). Als Vermittler zwischen der Regierung und Mendelssohn fungierte der Assistenzrat Klein, ein bedeutender Jurist und Reformdenker.

Der Zweck des vorliegenden Zirkulars war es, von den Rabbinern und Ältesten der jüdischen Gemeinden Stellungnahmen zu diesem Entwurf einzuholen. 1786 wurde er endgültig erlassen. - Mendelssohns Intentionen zielten bei seiner Mitarbeit nicht auf eine Abschaffung des Judeneides, wohl aber auf dessen Säuberung von sprachlichen und zeremoniellen Unwürdigkeiten. Insbesondere ersetzte er das bisher übliche Jiddisch der Eidesformel durch die deutsche Sprache; er hielt das Jiddisch nicht für eine eigene Sprache, sondern für

CIRCULARE

an

sämmtliche Regierungen

und

Ober-Landes-Justiz-Collegia,

zur

Erleuterung einiger Vorschriften der Prozeß-Ordnung.

Berlin, den 20. September 1783.

Gedruckt bey G. Jac. Decker, Kön. Hof-Buchdrucker.

Nr. 113

einen Mischmasch und für einen Hemmschuh der kulturellen Emanzipation der Juden. Als Klein ihm den Einwand des Breslauer Rabbiners Joseph Jona Fränkel mitteilte (Jubiläumsausgabe Bd. 13, S. 78), die durch-

aber wird dabey, wie bey andern Juden-Eyden, verfahren, und wie immer, ein Rabiner oder jüdischer Assessor nebst zwey jüdischen Zeugen zugezogen.

§. 22.

Die Juden-Weiber können nur zu einer Zeit, wo sie von der monatlichen Reinigung frey sind, schwören. Fällt daher der zur Ableistung des Eydes angesetzte Termin in die Zeit ihrer monatlichen Reinigung, so liegt ihnen ob, dessen Prorogation zu suchen.

A.

Ermahnungs-Formel, welche der Rabiner oder die Gerichts-Person, den schwörenden Juden vor Ableistung des Eydes vorsagen muß.

Ein jeder gläubiger Israelit ist schuldig, der Obrigkeit, sie sey jüdisch oder christlich, bey Rechtsstreitigkeiten die Wahrheit zu gestehen, und solche, auf ihr Begehren, mit einem Eyde zu bekräftigen. Ein von der christlichen Obrigkeit geforderter Eyd ist also nach der Lehre der Rabinen, für keinen unrechtmäßigerweise erzwungenen Eyd zu achten. Wer daher die christliche Obrigkeit durch einen falschen Eyd hintergeht, oder dabey etwas anders denkt, als er sagt, der entheiligt den Nahmen Gottes, und begeht einen Meineyd.

Der Meineyd ist das schrecklichste Verbrechen, dessen sich der Mensch schuldig machen kann. Die ganze sittliche Welt beruhet (wie die Rabinen sagen) auf dreyerley, auf Recht, Wahrheit und Frieden. Ungerechtigkeit und Lügen sind also schon an sich selbst höchst strafbare Verbrechen, indem sie die Zerrüttung der sittlichen Welt zur Folge haben. Bey einem Meyneyde aber kömmt der Frevel dazu, daß der Meyneydige den Gott der Wahrheit zum Zeugen der Unwahrheit, und den Gott der

Nr. 113

schnittlichen Juden würden nicht genug Deutsch können, um einen rein deutschen Eid zu verstehen: man solle hebräische Worte 'einmischen', antwortete ihm Mendelssohn (ebd., S. 80): "Hingegen würde ich es sehr ungern sehen, wenn nach Herrn Fränkel's ... Bedenklichkeit die jüdisch-deutsche Mundart und die Vermischung des Hebräischen mit dem Deutschen durch die Gesetze autorisiert würden. Ich fürchte, dieser Jargon hat nicht wenig zur Unsittlichkeit des gemeinen Mannes beigetragen; und verspreche mir sehr gute Wirkung von dem unter meinen Brüdern seit einiger Zeit aufkommenden Gebrauch der reinen deutschen Mundart. Wie würde es mich kränken, wenn die Landesgesetze selbst jenem Mißbrauche beider Sprachen gleichsam das Wort redeten!

Lieber mag Herr Fränkel sich die Mühe geben, die ganze W a r n u n g in reines Hebräisch zu setzen, damit sie, nach Beschaffenheit der Umstände, rein deutsch, oder rein hebräisch, oder auch in beiden Sprachen abgelesen werden könne. Nur keine Vermischung der Sprachen!"

114

Die Psalmen. Uebersetzt von Moses Mendelssohn. - Berlin 1783: Friedrich Maurer.
HAB: Bibel-S 565

XII, 354 S. kl. 8°. Erstausgabe. Meyer Nr. 298. - Die Titelvignette stammt von Johann Wilhelm Meil: König David spielt kniend die Harfe, hinter ihm liegen Königskrone und Zepter (Dorn: Meil, S. 223 f.). - Ausgabe: Jubiläumsausgabe Bd.10.1, S. 1-228. - Literatur: im Forschungsbericht, S. 131 f.

Robert Lowth war es gewesen, der Mendelssohn zu einer metrischen Übersetzung der Psalmen, also in Versform, angeregt hatte (Katalog-Nr. 104). Die Arbeit wurde dann seit 1769 intensiviert. Vergeblich versuchte er in seinem Briefwechsel mit Michaelis diesen zu überzeugen, daß es die in den Psalmen "liegen sollenden Prophezeyungen" nicht gebe (Jubiläumsausgabe Bd.10.1, S. XVII). Karl Gotthelf Lessing schrieb 1770 an seinen Bruder, durch Mendelssohns Psalmenübersetzung bekomme er "von dem Sänger David und der ganzen hebräischen Poesie einen ganz andern Begriff als ich mir aus der Lutherischen oder der Cramerischen versifizierten Umschreibung machen konnte. Was wird man zu seinen Erklärungen und Psalmen sagen, welche wir Christen bisher für eine Weissagung auf Jesum gehalten?" (ebd.) Wie sehr Mendelssohn die Psalmen am Herzen lagen, zeigt sich auch daran, daß er nach dem Erscheinen der vollständigen Ausgabe, die er Ramler, dem Erneuerer der antiken Ode, widmete, weiter an seinen Übersetzungen arbeitete, die folglich für den Zeitraum ab 1757 sehr reich an Varianten sind. Es wäre einseitig, wollte man diese Arbeit bloß als Ausdruck seiner Ablehnung der christologischen Interpretation z.B. des 16., 40. oder 110. Psalmes (wie sie Michaelis vertrat) auffassen bzw. als Versuch, die Psalmen als bloß weltliche Dichtung verstehen zu helfen. Mendelssohn wollte durch seine Übersetzung gewiß dem Gefühl für die Schönheit dieser Dichtungen zum Durchbruch verhelfen, verstand sie dabei aber als heilige Einheit von dichterischer Form und religiösem Gehalt: als gesungenes Gebet. In seinem letzten erhaltenen Brief sagte er (Jubiläumsausgabe Bd.13, S. 334): "Sie sagen, der Weltweise bete nicht, wenigstens nicht laut, nicht mit

Die

Pfalmen.

Ueberfetzt

von

Mofes Mendelsfohn.

Mit allergnädigſten Freyheiten.

Berlin,
bey Friedrich Maurer, 1783.

Nr. 114

CXXI.

1. Stufengefang.

1.

Ich fchau empor nach jenen Bergen:
Wo kommt mir Hülfe her?

2. Vom Ewigen kommt meine Hülfe,
Der Himmel fchuf und Erde.

2.

3. Er läßt nicht gleiten deinen Fuß:
Dein Hüter fchlummert nicht.

4. O nein! er fchläft, er fchlummert nicht,
Der Hüter Ifraels.

3.

5. Er fey dein Hüter, er befchatte dich,
Zu deiner rechten Hand!

6. Dir fchadet nicht des Tags die Sonne;
Der Mond dir nicht des Nachts.

4.

7. Der Herr behüte dich vor Uebel;
Behüte deine Seele!

8. Behüte dich; du gehſt, du kommeſt;
Wie jetzt, fo alle Zeit.

Gesang; sondern höchstens in Gedanken. Beste Sophie! Wenn seine Stunde kömmt, und er zum Beten gestimmt ist, so wird er wider seinen Willen in Wort und Gesang ausbrechen. Der gemeinste Mensch, dünkt mich, singt nicht, daß Gott ihn höre und an seinen Melodien Gefallen finde. Wir singen unserthalben, und das thut der Weise so gut als der Thor. Haben Sie je die Psalmen in dieser Absicht gelesen? Mich dünkt, viele Psalmen sind von der Art, daß sie von den aufgeklärtesten Menschen mit wahrer Erbauung gesungen werden müssen. Ich würde Ihnen abermals meine Uebersetzung der Psalmen vorschlagen, wenn es nicht zu viel Autorschwachheit verriethe. So viel ist gewiß, mir haben die Psalmen manche bittere Stunde versüßt, und ich bete und singe sie, so oft ich ein Bedürfniß zu beten und zu singen bey mir verspüre."

151

Textprobe: Der 121. Psalm (Bd. 10.1, S. 200 f.):

Ich schau empor nach jenen Bergen:
  Wo kommt mir Hülfe her?
Vom Ewigen kommt meine Hülfe,
  Der Himmel schuf und Erde.

Er läßt nicht gleiten deinen Fuß:
  Dein Hüter schlummert nicht.
O nein! er schläft, er schlummert nicht,
  Der Hüter Israels.

Er sey dein Hüter, er beschatte dich,
  Zu deiner rechten Hand!
Dir schadet nicht des Tages die Sonne;
  Der Mond dir nicht des Nachts.

Der Herr behüte dich vor Uebel;
  Behüte deine Seele!
Behüte dich; du gehst, du kommest;
  Wie jetzt, so alle Zeit.

115

(Hebräisch) Megillot Schir Ha-Schirim ... (Buch des Liedes der Lieder, ins Deutsche übersetzt von ... Moses, dem Sohn des Menachem). - Berlin 5548 (= 1788). Staatsbibliothek Preußischer Kulturbesitz Berlin, Mendelssohn- Archiv: HB MA 168 415

[5], 33 Blätter. 8°. Erstausgabe. Meyer Nr. 359. - Ausgabe: Jubiläumsausgabe Bd. 10.1, S. 237 - 252. Hier noch als "Gesellschaft zur Erziehung von Knaben" bezeichnet, wird die "Jüdische Freischule" 1789 als Verleger genannt; bei der Übersetzung des Hohen Liedes (mit Kommentar von Aaron Wolfsohn und Joel Brill) handelt es sich nämlich um die erste Lieferung eines aus fünf Teilen (Hohes Lied, Buch Ruth, Prediger Salomo, Klagelieder, Buch Esther) bestehenden Buches, dessen letzte Lieferung 1789 das Haupttitelblatt enthielt: (Hebräisch) Chamesch Megillot 'im Targum aschkenasi ... (Die fünf Megillot mit deutscher Übersetzung) ... Berlin 1789.

Die Übersetzung ins Deutsche ist hier wiederum in hebräischen Buchstaben gedruckt, also für jüdische Leser bestimmt. Bei seiner Übersetzung des Hohen Liedes hat Mendelssohn vor allem Herders Übersetzung benutzt. Textprobe aus der Ausgabe in deutscher Umschrift (a.a.O., S. 242 f.; Anfang des dritten Kapitels):

Nr. 115 (Haupttitelblatt)

"Nachts auf meiner Lagerstäte
Sucht' ich, den meine Seele liebt.
Ich suchte, fand ihn nicht.
Wohlan! so will ich aufstehn,
Umhergehn in der Stadt,
In den Straßen,
In den Gaßen
Suchen, den meine Seele liebt.
Ich suchte, fand ihn nicht.
Es fanden mich die Wächter,

מגלת

שיר השירים

מתורגמת אשכנזית

על ידי חרב

רבנו משה בן מנחם

זצ"ל

ונלוה אליו

באור המלות

מאת

אהרן בן-וואלף ומרעהו יואל בריל

חברים לחברת

שוחרי הטוב והתושיה

ברלין

בדפוס הברת חנוך נערים

ה' תקנ"ח

Nr. 115

Die in der Stadt umgehn.
'Habt ihr ihn gesehn, den meine Seele liebt?'
Kaum bin ich weg von ihnen,
Da find ich ihn, den meine Seele liebt.
Ich halt' ihn, laß ihn nicht,
bis ich ihn bringe
In meiner Mutter Haus,
In meiner Gebährerin Zimmer."
(Eine Ausgabe in deutschen Buchstaben erschien schon
1789, siehe Meyer Nr. 360.)

116

Salomon's Predigt. Von Moses Mendelssohn aus dem Hebräischen in das Deutsche mit hebräischen Lettern übersetzt; durch Abraham Marx Wertheimer ... mit deutschen Lettern herausgegeben. - Freiburg im Breisgau 1794: Satron.

Albert-Ludwigs-Universität Freiburg im Breisgau, Universitätsbibliothek: L 4680

40 S. 8°. - Erstausgabe. Nirgendwo erwähnt.

Nr. 116

Obwohl im Katalog der Universitätsbibliothek korrekt verzeichnet (unter "Ecclesiastes"), wurde man erst 1982 auf diesen Mendelssohn-Text aufmerksam. Schon der Titel macht die Annahme unwahrscheinlich, daß die Übersetzung des Hohen Liedes (Katalog-Nr. 115) ursprünglich in deutschen Buchstaben verfaßt, d. h. nicht für ein jüdisches Publikum bestimmt war. - Vgl. auch Katalog-Nr. 74.

117

Moses Mendelssohn: Jerusalem oder über religiöse Macht und Judentum. - Berlin 1783: Friedrich Maurer.
HAB: Wa 1791

96, 141 S. (: Erster, Zweiter Abschnitt). kl.8°. Erstausgabe. Meyer Nr. 273. - Ausgabe: Jubiläumsausgabe Bd. 8, S. 99-204. Reprint der Erstausgabe: Brüssel 1968 (Aetas Kantiana 181). Neuere englische und französische Übersetzungen siehe Forschungsbericht, S. 83, Anm. 50, und S. 80. - Literatur: Altmann, S. 514 ff. Alexander Altmann: The Philosophical Roots of Moses Mendelssohn's Plea for Emancipation (1974); ders.: Gewissensfreiheit und Toleranz. Eine begriffsgeschichtliche Untersuchung (1979); ders.: Mendelssohn on Excommunication. The Ecclesiastical Law Background (1980); alle drei Aufsätze jetzt in: Altmann: Die trostvolle Aufklärung, S. 217-228, S. 244-275, S. 229-243. Weitere Literatur im Forschungsbericht, S. 135-143. Ergänzend dazu: Ze'ev Levy: On Spinoza's and Mendelssohn's Conception of Relationship between Religion and State, in: Spinoza's Political and Theological Thought. International Symposium, Amsterdam, 24-27 November, 1982, ed. by C. de Deugd, Amsterdam, Oxford, New York 1984, S. 107-116.

"Jerusalem" ist gegenwärtig das meistdiskutierte Buch Mendelssohns, der in ihm seine Ansichten über das Judentum zusammenfaßte. Man sollte dabei jedoch nicht vergessen, daß "Jerusalem" nicht für durchschnittliche jüdische, sondern für deutsche Leser geschrieben wurde. Wie die Entstehungsgeschichte von "Jerusalem" lehrt, wollte Mendelssohn mit diesem Buch u.a. klarstellen, daß seine Manasse-Vorrede (Katalog-Nr. 109) keine Abkehr vom traditionellen Judentum bedeutete. Dennoch gelang Mendelssohn ein ebenso kühnes wie souveränes Dokument der Aufklärung.

Auszüge: "Grundsätze sind frey. Gesinnungen leiden ihrer Natur nach keine Bestechung" (a.a.O., S. 137).

"Weder Kirche noch Staat haben also ein Recht die Grundsätze und Gesinnungen der Menschen irgend einem Zwange zu unterwerfen. Weder Kirche noch

Jerufalem

oder

über religiöfe Macht

und

Judentum.

Von

Mofes Mendelsfohn.

Mit allergnädigften Freyheiten.

Berlin,
bey Friedrich Maurer, 1783.

Nr. 117

Staat sind berechtiget, mit Grundsätzen und Gesinnungen Vorzüge, Rechte und Ansprüche auf Personen und Dinge zu verbinden, und den Einfluß, den die Wahrheitskraft auf das Erkenntnißvermögen hat, durch fremde Einmischung zu schwächen" (S. 138).

"Ich komme wieder zu meiner vorigen Bemerkung. Das Judentum rühmet sich keiner *ausschließenden* Offenbarung ewiger Wahrheiten, die zur Seligkeit unentbehrlich sind; keiner geoffenbarten Religion, in

(141)

bung, nach welcher die Vernunft noch immer vergebens seufzet! Belohnet und bestrafet keine Lehre, locket und bestechet zu keiner Religionsmeinung! Wer die öffentliche Glückseligkeit nicht störet, wer gegen die bürgerlichen Gesetze, gegen euch und seine Mitbürger rechtschaffen handelt, den lasset sprechen, wie er denkt, Gott anrufen nach seiner oder seiner Väter Weise, und sein ewiges Heil suchen, wo er es zu finden glaubet. Lasset niemanden in euern Staaten Herzenskündiger und Gedankenrichter seyn; niemanden ein Recht sich anmaßen, das der Allwissende sich allein vorbehalten hat! Wenn wir dem Kaiser geben, was des Kaisers ist; so gebet ihr selbst Gotte, was Gottes ist! Liebet die Wahrheit! Liebet den Frieden!

Nr. 117

dem Verstande, in welchem man dieses Wort zu nehmen gewohnt ist. Ein anderes ist geoffenbarte *Religion*; ein anderes geoffenbarte *Gesetzgebung*" (S. 164).

"Regenten der Erde! wenn es einem unbedeutenden Mitbewohner derselben vergönnt ist, seine Stimme bis zu euch zu erheben;

...

Um eurer und unserer aller Glückseligkeit willen, *Glaubensvereinigung ist nicht Toleranz*; ist der wahren Duldung grade entgegen! Um eurer und unserer Glückseligkeit willen, gebet euer vielvermögendes Ansehen nicht her, irgend eine *ewige Wahrheit*, ohne welche die bürgerliche Glückseligkeit bestehen kann, in ein Gesetz; irgend eine dem Staate gleichgültige *Religionsmeinung* in *Landesverordnung* zu verwandeln!

...

Bahnet einer glücklichen Nachkommenschaft wenigstens den Weg zu jener Höhe der Cultur, zu jener allgemeinen Menschenduldung, nach welcher die Vernunft noch immer vergebens seufzet! Belohnet und bestrafet keine Lehre, locket und bestechet zu keiner Religionsmeinung! Wer die öffentliche Glückseligkeit nicht stöhret, wer gegen die bürgerlichen Gesetze, gegen euch und seine Mitbürger rechtschaffen handelt, den lasset sprechen, wie er denkt, Gott anrufen nach seiner Väter Weise, und sein ewiges Heil suchen, wo er es zu finden glaubet. Lasset niemanden in euern Staaten Herzenskündiger und Gedankenrichter seyn; niemanden ein Recht sich anmaßen, das der Allwissende sich allein vorbehalten hat! Wenn wir *dem Kaiser geben, was des Kaisers ist*; so gebet ihr selbst *Gotte, was Gottes ist! Liebet die Wahrheit! Liebet den Frieden!*" (S. 203 f. In den Bibelzitaten, die das Werk abschließen, werden Matthäus 22,21 und Sacharja 8,19 miteinander verbunden).

Aus Briefen des Jahres 1782 (Jubiläumsausgabe Bd. 13, S. 33 und 53): "Ich werde immer mehr in dem Gedanken bestärkt, daß die Menschen von je her vielleicht nicht wohl gethan, dem Lehramte der Tugend und Weisheit einen besondern Stand zu widmen; und Spalding's Schrift von der 'Nutzbarkeit des Predigtamtes' hat mich mehr von der N u t z b a r k e i t als von der N ü t z l i c h k e i t desselben überführt. Wie kann eine Tugendlehre frommen, eine Vermahnung Wirkung haben, wenn derjenige, der sie mir giebt, dieser Empfehlung Amt und Würden, Brodt und Ansehn zu verdanken hat? Und welche Kraft hat Tugend und Weisheit in dem Munde eines unbärtigen Redners, der sie beide nur aus seinen Schulbüchern kennt?" (Vgl. aber Katalog-Nr. 137.)

"Ein Jeder lebe seines Glaubens und seiner Überzeugung, und liebe seinen Nächsten wie sich selber. Gott anbeten und dem Menschen wohlthun, dieses ist Zweck und Ziel unseres Hierseyns, unsere Bestimmung in diesem und unsere Hoffnung in jenem Leben. Alles Übrige mag dahin gestellt bleiben. Wie es dir gefällt, Bruder! nur liebe Gott und den Frieden!"

118

Brief von Immanuel Kant an Mendelssohn, 16. August 1783. In: Immanuel Kant's sämmtliche Werke. Herausgegeben von Karl Rosenkranz und Friedrich Wilhelm Schubert. Bd. 11, Abt. 1: Briefe, Erklärungen. Fragmente aus seinem Nachlasse. - Leipzig 1842: Leopold Voss, S. 12-17.
HAB: Ph 54 / 0330

Erstdruck (ein Fragment des Briefes, von 1820, in Meyer Nr. 487). - Ausgabe: Kant's gesammelte Schriften. Hrsg. von der Preußischen Akademie der Wissenschaften. Bd.10. Berlin und Leipzig 1922, S. 344-347. Jubiläumsausgabe Bd.13, S. 126-129.

"... Es sind wenige so glücklich, vor sich und zugleich in der Stelle anderer dencken und die ihnen allen angemessene Manier im Vortrage treffen zu können. Es ist nur ein Mendelssohn."

"Herr F r i e d l ä n d e r wird Ihnen sagen, mit welcher Bewunderung der Scharfsinnigkeit, Feinheit und Klugheit ich Ihren J e r u s a l e m gelesen habe. Ich halte dieses Buch vor die Verkündigung einer großen, obzwar langsam bevorstehenden und fortrückenden Reform, die nicht allein Ihre Nation, sondern auch andere treffen wird. Sie haben Ihre Religion mit einem solchen Grade von Gewissenfreyheit zu vereinigen gewußt, die man ihr gar nicht zu getrauet hätte und dergleichen sich keine andere rühmen kan. Sie haben zugleich die Nothwendigkeit einer unbeschränkten Gewissenfreyheit zu jeder Religion so gründlich und so hell vorgetragen, daß auch endlich die Kirche unserer Seits darauf wird denken müssen, wie sie alles, was das Gewissen belästigen und drücken kan, von der ihrigen absondere, welches endlich die Menschen in Ansehung der wesentlichen Religionspuncte vereinigen muß ...". (a.a.O., S. 127 und 129).

119

[Moses Mendelssohn:] Sache Gottes oder die gerettete Vorsehung. In: Moses Mendelssohn: Gesammelte Schriften. Jubiläumsausgabe. Bd. 3.2: Schriften zur Philosophie und Ästhetik III, 2, hrsg. von Leo Strauss. Stuttgart-Bad Cannstatt 1974: Frommann - Holzboog, S. 219 - 260.
HAB: Ph 54 - 6710

Erstmals in den Gesammelten Schriften Bd.2, S. 411-451. - Literatur: Altmann, S. 666 ff. Dominique Bourel: Die Kontroverse zwischen Lessing und Mendelssohn um die Ewigkeit der Höllenstrafen bei Leibniz, in: Lessing und der Kreis seiner Freunde. Hrsg. von Günter Schulz, Heidelberg 1985 (Wolfenbütteler Studien zur Aufklärung 8), S. 33 - 50.

Aufgeschlagen: S. 240

Im Jahre 1784 verfaßte Mendelssohn seine Übersetzung und Bearbeitung von Leibniz' "Causa Dei asserta per justitiam ejus ..." (1. Aufl. Amsterdam 1710), eine Bearbeitung allerdings, die im Verlauf immer stärker ihre Vorlage kritisierte. Insbesondere werden christliche Thesen und Themen erörtert und abgelehnt - allerdings wiederum in freier Übernahme von (und in Auseinandersetzung mit) Gedanken von Leibniz. Vor allem lehnt Mendelssohn - gegen Leibniz (und Lessing) - die Ewig-

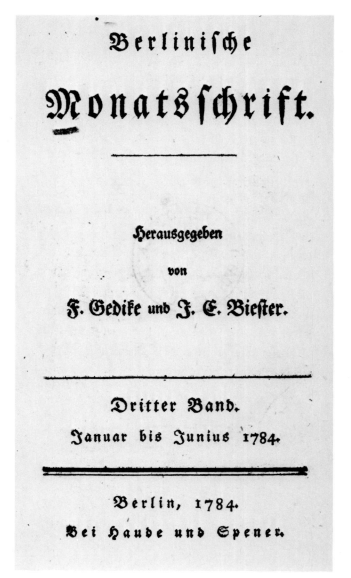

Nr. 120

keit der Höllenstrafen ab (a.a.O., S. 240): "So wird auch nach unserm System die größte Schwierigkeit verschwinden, die Leibnitz in Absicht auf das zukünftige Leben findet. Man macht wider die Vorsehung, wie er spricht, den Einwurf, daß auch in jenem Leben mehr Böses als Gutes sei ...
Der christliche Weltweise, der die ewige Verdammniß der Gottlosen (und wie Viele sind deren nicht nach seinem System) als eine Glaubenslehre annimmt, findet hier wirklich unauflösbare Schwierigkeiten; um sein System zu retten, nimmt Leibnitz seine Zuflucht zu der unendlichen Mannigfaltigkeit der Engel und zu den

(136)

Der Inhalt meiner Schrift, ersten Abschnitts,
gehet völlig dahin, zu beweisen, daß in Absicht auf
Glauben und Nichtglauben keine Verbindlichkeit,
kein Kontrakt, und folglich keine Beeidigung schlechterdings statt finde; daß die Freiheit zu denken,
und das Recht, seine Meinungen zu ändern, auf
keine Weise veräußert und einem andern übertragen
werden könne. "Alles Beschwören und Abschwö-
"ren in Absicht auf Grundsätze und Lehrmeinun-
"gen," heißt es unter andern S. 87. "sind unzu-
"läßig; und wenn sie geleistet werden, so verbinden
"sie zu nichts, als zur Reue über den sträflich be-
"gangnen Leichtsinn. Wenn ich itzt eine Mei-
"nung beschwöre; so bin ich Augenblicks darauf
"nichts destoweniger frei, sie zu verwerfen. Die
"Unthat eines vergeblichen Eides ist begangen,
"wenn ich sie auch beibehalte; und Meineid ist
"nicht geschehen, wenn ich sie auch verwerfe."
Man siehet, daß ich mit ausdrücklichen Worten den
Mann, welcher von beschwornen Meinungen abgehen zu müssen glaubt (denn von dem Gewissen-
losen, der in währender Betheurung ihnen im Herzen widerspricht, ist gar die Rede nicht), von der
Schuld des Meineides schlechterdings lossspreche,
und ihm blos den Leichtsinn eines vergeblichen
Eides anrechne, dem er aber nicht entgehet, wenn
er auch seine Meinungen nicht abändert. Ich habe
dieses im vorhergehenden aus Gründen der Vernunft zu erweisen gesucht; und sage sogar ausdrücklich,

Nr. 120

Einwohnern anderer Weltkörper, die gar wohl in weit
größerer Menge zur ewigen Seligkeit auserlesen sein
könnten. Das heißt also die Sache der Vorsehung, was
uns betrifft, so gut als aufgegeben.
... Allein weder unsre Religion noch unsre Vernunft
erkennet diese abenteuerliche Voraussetzung. Kein ein-
ziges Individuum, das der Glückseligkeit fähig ist, ist
zur Verdammniß, kein Bürger in dem Staate Gottes
zum ewigen Elende ausersehen. Jedes wandelt seinen
Weg, jedes durchläuft seine Reihe von Bestimmungen,
und gelanget von Stufe zu Stufe zu dem Grade der
Glückseligkeit, der ihm angemessen ist."

120

Moses Mendelssohn: Ueber die 39 Artikel der englischen Kirche und deren Beschwörung. In: Berlinische
Monatsschrift. Herausgegeben von F.[riedrich] Gedike
und J.[ohann] E.[rich] Biester. Dritter Band. Januar bis
Junius 1784. - Berlin 1784: Haude und Spener, S. 24-
41.
HAB: Za 305

kl. 8°. Erstdruck. Meyer Nr. 411,5. - Ausgabe: Jubiläumsausgabe Bd. 8, S. 213-224. Was ist Aufklärung? Beiträge aus der
Berlinischen Monatsschrift, hrsg. von Norbert Hinske, Darmstadt ³1981, S. 426-443.

Aufgeschlagen: S. 36/37.

Diejenige Zeitschrift, in der die deutsche Aufklärung
ihr bedeutsamstes Forum fand, in der sie sich sogar
selbst zum Thema der Begriffsklärung machte (Katalog-
Nr. 122 f.), war die "Berlinische Monatsschrift". Ihr
Niveau verdankte sie nicht nur den namhaften Beiträ-
gern, sondern auch der Tatsache, daß sie unausgespro-
chenermaßen das Publikationsorgan der "Berliner
Mittwochsgesellschaft" war (vgl. Katalog-Nr. 121). Bibliographie: Ursula Schulz: Die Berlinische Monatsschrift (1783 - 1796). Eine Bibliographie, Bremen 1968
(Bremer Beiträge zur freien Volksbildung 11).

Johann David Michaelis hatte in seiner Rezension (Auszüge in der Jubiläumsausgabe Bd. 8, S. 205-212) Mendelssohns "Jerusalem" (Katalog-Nr. 117) angegriffen:
Wenn Mendelssohn religiöse Eide für sachlich unhalt-
bar, ja, für unmöglich halte, dann wären die englischen
Geistlichen, die doch auf die 39 Artikel der englischen
Kirche amtlich eingeschworen werden, alles Meineidi-
ge. Gegen diese Konsequenzenmacherei verteidigt sich
Mendelssohn hier, ohne an seinen Überzeugungen das
geringste zu ändern (Jubiläumsausgabe Bd. 8, S. 221):
"Der Inhalt meiner Schrift, ersten Abschnitts, geht
völlig dahin, zu beweisen, daß in Absicht auf Glauben
und Nichtglauben keine Verbindlichkeit, kein Kontrakt, und folglich keine Beeidigung schlechterdings
statt finde; daß die Freiheit zu denken, und das Recht,
seine Meinungen zu ändern, auf keine Weise veräußert
und einem andern übertragen werden könne."

XVI. Aufklärung (1784)

Nr. 121

121

Johann Friedrich Zöllner. Brustbild, fast im Profil, nach rechts. Kupferstich von Johann Heinrich Lips (1791 - 1833).
HAB: P I 15.042 a

14,2 x 8,8 cm. - Literatur: Thieme-Becker Bd. 23, S. 279. - Literatur zu Zöllner und zur "Berliner Mittwochsgesellschaft": Was ist Aufklärung? Beiträge aus der Berlinischen Monatsschrift, hrsg. von Norbert Hinske, Darmstadt ³1981. Altmann, S. 654 ff. - Eckhart Hellmuth: Naturrechtsphilosophie und bürokratischer Werthorizont. Studien zur preußischen Geistes- und Sozialgeschichte des 18. Jahrhunderts, Göttingen 1985 (Veröffentlichungen des Max-Planck-Instituts für Geschichte 78), S. 118 f., 122 ff. Birgit Nehren, Selbstdenken und gesunde Vernunft. Über eine wiederaufgefundene Quelle zur Berliner Mittwochsgesellschaft, in: Aufklärung Jg. 1, Heft 1: Eklektik, Selbstdenken, Mündigkeit (1986), S. 87 - 102.

Johann Friedrich Zöllner (1753 - 1804) war seit 1779 Prediger an der Charité in Berlin, wurde 1782 Diakon an der Marienkirche, 1788 Propst an der Nikolaikirche und Oberkonsistorialrat, 1800 Mitglied des Oberschulkollegiums. Mit Biester (Katalog-Nr. 124), Gedike (Nr. 125), Dohm (Nr. 106), Johann Jakob Engel (Nr. 94 f.), Klein (Nr. 113), Nicolai (Nr. 30), dem königlichen Leibarzt Carl Wilhelm Möhsen, den Oberkonsistorialräten Johann Samuel Diterich und Karl Franz von Irwing (Jurist) u. a. gehörte er zu den 12 Gründungsmitgliedern der "Berliner Mittwochsgesellschaft" im Jahre 1783. Wenig später erhöhte sich die Zahl auf 25, weil u. a. Spalding (Nr. 50), die Geheimen Finanzräte Carl August von Struensee und Johann Heinrich Wlömer, der wichtige Jurist Carl Gottlieb Svarez und - ohne förmliche Mitgliedschaft, aber als eine Art Ehrenmitglied - Mendelssohn dazustießen. Die Diskussionen in dieser "Gesellschaft von Freunden der Aufklärung", wie sie sich selbst nannte, waren also schon deswegen von besonderer Bedeutung, weil ihre Mitglieder Einfluß auf die preußische Gesetzgebung und Verwaltung hatten (die Oberkirchenräte und Juristen waren die am stärksten vertretenen Berufsgruppen). Und zu den Themen, über die diskutiert wurde, gehörten z. B. die Staatsverfassung, die Reform der Universitäten oder die Zensur.

Reihum traf sich die Gesellschaft bei einem ihrer Mitglieder. Der Gastgeber hielt einen Vortrag, über den diskutiert wurde. Danach zirkulierte er in schriftlicher Form unter den Mitgliedern, die wiederum eigene Stellungnahmen (Voten) verfassen und auch diese zirkulieren lassen konnten. Wurde ein auf diese Weise entstandener Beitrag schließlich in der "Berlinischen Monatsschrift" veröffentlicht, so hatte der Verfasser vorher Gelegenheit gehabt, anderslautende Meinungen zu berücksichtigen. Die völlige geistige Offenheit, mit der hier diskutiert wurde, erzwang andererseits eine strikte Geheimhaltung der gesamten Verhandlungen: Die "Freunde der Aufklärung" bildeten eine 'geheime Gesellschaft'.

Zöllner war es, der im Dezemberheft der "Berlinischen Monatsschrift" von 1783 (Bd. 2, S. 115) schrieb: "*Was ist Aufklärung?* Diese Frage, die beinahe so wichtig ist als: *was ist Wahrheit*, sollte doch wol beantwortet werden, ehe man aufzuklären anfinge!" Der Begriff der Aufklärung war von anderen schon vorher behandelt worden, die Mittwochsgesellschaft selbst diskutierte seit Dezember 1783 gerade das Thema, 'was zur Aufklärung der Mitbürger zu tun sei' - aber Zöllners Frage war es, die ein bisher unausgesprochenes Problem auf den Punkt brachte. Wie berechtigt die Frage war, zeigt sich schon daran, daß Mendelssohns (Katalog-Nr. 122) und Kants (Nr. 123) Antworten auf diese Frage sich deutlich voneinander unterschieden. Aber nicht nur sie antworteten. Eine ganz breite Diskussion entstand, in der ein Zeitalter an seinem Ende versuchte, sich selbst zu definieren. Literatur: Werner Schneiders, Die wahre Aufklärung, Freiburg und München 1974.

Zöllner verfaßte übrigens auch eine bedeutende christliche Entgegnung auf Mendelssohns "Jerusalem", vgl. Jubiläumsausgabe Bd. 8, S. LXVIII - LXXII.

122

Moses Mendelssohn: Ueber die Frage: was heißt aufklären? In: Berlinische Monatsschrift. Herausgegeben von F.[riedrich] Gedike und J.[ohann] E.[rich] Biester. Vierter Band. Julius bis Dezember 1784. - Berlin 1784: Haude und Spener, S. 193 - 200.
HAB: Za 305

kl. 8°. Erstdruck. Meyer Nr. 411,8. - Ausgabe: Jubiläumsausgabe Bd. 6.1, S. 113 - 119. Was ist Aufklärung? Beiträge aus der Berlinischen Monatsschrift, hrsg. von Norbert Hinske, Darmstadt ³1981, S. 444 - 451. Weitere Abdrucke im Forschungsbericht, S. 143, Anm. 120. - Literatur: Alexander Altmann: Das Menschenbild und die Bildung des Menschen nach Moses Mendelssohn (1972); ders.: Aufklärung und Kultur: Zur geistigen Gestalt Moses Mendelssohns (1979); beide Aufsätze jetzt in: Altmann: Die trostvolle Aufklärung, S. 13 - 27, S. 276 - 285. Norbert Hinske: Mendelssohns Beantwortung der Frage: Was ist Aufklärung? oder Über die Aktualität Mendels-

sohns, in: Ich handle mit Vernunft ... Moses Mendelssohn und die europäische Aufklärung, hrsg. von Norbert Hinske, Hamburg 1981, S. 85 - 117. Weitere Literatur im Forschungsbericht, S. 143 - 148.

Aufgeschlagen: S. 193.

Mendelssohns Aufsatz ist eigentlich ein Beitrag für die "Berliner Mittwochsgesellschaft" (vgl. Katalog-Nr. 121). Er ist, weil er bei den Diskussionsteilnehmern vieles als bekannt voraussetzen kann, eine kurzgefaßte Klärung der Begriffe und Gliederung der mit der Aufklärung verbundenen Probleme, dies alles aber von reifem Nachdenken getragen. Wichtig ist unter anderem, daß für Mendelssohn die Aufklärung nur die eine, nämlich die theoretische Seite der Bildung darstellt, und daß er hellsichtig auf die Gefahr des Umschlags der Aufklärung in ihr Gegenteil hinweist (Jubiläumsausgabe Bd. 6.1, S. 115 und 118): "Bildung zerfällt in K u l t u r und A u f k l ä r u n g. Jene scheint mehr auf das P r a k t i s c h e zu gehen: auf Güte Feinheit und Schönheit in Handwerken Künsten und Geselligkeitssitten (objektive); auf Fertigkeit, Fleiß und Geschiklichkeit in jenen, Neigungen Triebe und Gewohnheit in diesen (subjektive). Je mehr diese bei einem Volke der Bestimmung des Menschen entsprechen, desto mehr Kultur wird demselben beigelegt ... A u f k l ä r u n g hingegen scheinet sich mehr auf das T h e o r e t i s c h e zu beziehen. Auf vernünftige Erkenntniß (objekt.) und Fertigkeit (subj.) zum vernünftigen Nachdenken, über Dinge des menschlichen Lebens, nach Maaßgebung ihrer Wichtigkeit und ihres Einflusses in die Bestimmung des Menschen."

"J e e d l e r e i n D i n g i n s e i n e r V o l l k o m m e n h e i t, sagt ein hebräischer Schriftsteller, d e s t o g r ä ß l i c h e r i n s e i n e r V e r w e s u n g. Ein verfaultes Holz ist so scheußlich nicht, als eine verwesete Blume; diese nicht so ekelhaft als ein verfaultes Thier; und dieses so gräßlich nicht, als der Mensch in seiner Verwesung. So auch mit Kultur und Aufklärung. Je edler in ihrer Blüte: desto abscheulicher in ihrer Verwesung und Verderbtheit."

Wichtige Ergänzungen bietet ein Brief (Jubiläumsausgabe Bd. 13, S. 237): "Der Aufklärer, der nicht unbedachtsam zufahren und Schaden anrichten will, hat sorgfältig auf Zeit und Umstände zu sehen und den Vorhang nur in dem Verhältnisse aufzuziehen, in welchem das Licht seinen Kranken heilsam seyn kann. Aber die Entscheidung muß ihm selbst überlassen werden, und keine öffentliche Anstalt darf hierin Maaß und Ziel setzen. Die Zeloten haben Recht, wenn sie zuweilen die Folgen der Aufklärung für bedenklich halten. Der Trugschluß liegt bloß darin, daß sie euch bereden wollen, den Fortgang derselben zu hemmen. Aufklärung hemmen, ist in aller Betrachtung und unter allen

Nr. 122/123

Nr. 122

123

Immanuel Kant: Beantwortung der Frage: Was ist Aufklärung? In: Berlinische Monatsschrift. Herausgegeben von F.[riedrich] Gedike und J.[ohann] E.[rich] Biester. Vierter Band. Julius bis December 1784. - Berlin 1784: Haude und Spener, S. 481 - 494.
Niedersächsische Staats- und Universitätsbibliothek Göttingen: 8° Sva II 2460

kl. 8°. Erstdruck. - Ausgabe: Kant's gesammelte Schriften. Hrsg. von der Preußischen Akademie der Wissenschaften. Bd. 8. Berlin 1912, S. 33 - 42. Was ist Aufklärung? Beiträge aus der Berlinischen Monatsschrift, hrsg. von Norbert Hinske,

Umständen weit verderblicher, als die unzeitigste Aufklärung. Sie rathen also zu einem Mittel, das schädlicher ist als die Krankheit. Das Übel, welches zufälliger Weise aus der Aufklärung entstehen kann, ist außerdem von der Beschaffenheit, daß es in der Folge sich selbst hebt. Lasset die Flamme nur recht auflodern, so wird sie den Rauch selbst verzehren, den sie hat aufsteigen lassen."

Berlinische Monatsschrift.

1784.

Zwölftes Stük. December.

I.

Beantwortung der Frage:
Was ist Aufklärung?

(S. Decemb. 1783. S. 516.)

Aufklärung ist der Ausgang des Menschen aus seiner selbst verschuldeten Unmündigkeit. Unmündigkeit ist das Unvermögen, sich seines Verstandes ohne Leitung eines anderen zu bedienen. Selbstverschuldet ist diese Unmündigkeit, wenn die Ursache derselben nicht am Mangel des Verstandes, sondern der Entschließung und des Muthes liegt, sich seiner ohne Leitung eines andern zu bedienen. Sapere aude! Habe Muth dich deines eigenen Verstandes zu bedienen! ist also der Wahlspruch der Aufklärung.

Faulheit und Feigheit sind die Ursachen, warum ein so großer Theil der Menschen, nachdem sie die Natur längst von fremder Leitung frei gesprochen

B. Monatsschr. IV.B. 6. St.   Hh   (na-

Nr. 123

Darmstadt ³1981, S. 452 - 465. Zahlreiche weitere Drucke. - Literatur: Norbert Hinske: Kant als Herausforderung an die Gegenwart, Freiburg und München 1980. Hugh B. Nisbet: "Was ist Aufklärung?": The Concept of Enlightenment in Eighteenth-Century Germany, in: Journal of European Studies 12 (1982), S. 77 - 95.

Aufgeschlagen: S. 481.

Im Unterschied zu Mendelssohn legt Kant in seinem berühmten Aufsatz, der kurz nach Mendelssohns Beitrag im selben Band erschien (und verfaßt wurde, ohne daß Kant Mendelssohn gelesen hatte), die Aufklärung in die praktisch-moralische Seite des Menschen und

versteht sie als Mündigkeit; und er glaubt - reflektiert und geschichtsbewußt - an den Fortschritt. Der Anfang seines programmatischen Aufsatzes (S. 481 f. des Erstdrucks): "Aufklärung ist der Ausgang des Menschen aus seiner selbst verschuldeten Unmündigkeit. Unmündigkeit ist das

Nr. 124

Unvermögen, sich seines Verstandes ohne Leitung eines anderen zu bedienen. S e l b s t v e r s c h u l d e t ist diese Unmündigkeit, wenn die Ursache derselben nicht am Mangel des Verstandes, sondern der Entschließung und des Muthes liegt, sich seiner ohne Leitung eines andern zu bedienen. Sapere aude! Habe Muth dich deines e i g e n e n Verstandes zu bedienen! ist also der Wahlspruch der Aufklärung.

Faulheit und Feigheit sind die Ursachen, warum ein so großer Theil der Menschen, nachdem sie die Natur längst von fremder Leitung frei gesprochen (naturaliter majorennes), dennoch gerne Zeitlebens unmündig bleiben; und warum es Anderen so leicht wird, sich zu deren Vormündern aufzuwerfen. Es ist so bequem, unmündig zu sein.”

124

Johann Erich Biester. Brustbild im Profil nach links. Kupferstich von Michael Siegfried Lowe (1756 - 1831), 1806. In: Michael Siegfried Lowe, Bildnisse jetztlebender Berliner Gelehrten mit ihren Selbstbiographien. Dritte Sammlung. Berlin 1806.
HAB: Da 318

15,5 x 12 cm. - Literatur: Thieme-Becker Bd. 23, S. 421 f.

Erklärung der unter dem Bildnisse des Herrn Biblioth. Biester befindlichen Vignette: „das Streben gegen Religions-Heuchelei.“

Einem Heuchler, der sich hinter der Religion trügrischer Weise versteckt, und in der Tracht *des* Ordens dargestellt ist, der sein Haupt jetzt mehr als je wieder zu erheben scheint, reißt die Göttinn der Weisheit und der Wahrheit die Larve ab, und läßt ihn beschämt in seiner Erbärmlichkeit stehen. Um diesen Orden durch eines seiner Haupt-Attribute zu bezeichnen, hält der Ordens-Bruder den Dolch hinter dem Rücken; so die Hinterlist anzudeuten, die der Gelehrte, unter dessen Bildniß sich diese Vignette befindet, mit Muth zu bekämpfen strebte.

der Herausgeber.

Nr. 124

Biesters Beschreibung der Vignette (a.a.O., S. 31): “Einem Heuchler, der sich hinter der Religion trügerischer Weise versteckt, und in der Tracht *des* Ordens dargestellt ist, der sein Haupt jetzt mehr als je wieder zu erheben scheint, reißt die Göttinn der Weisheit und der Wahrheit die Larve ab, und läßt ihn beschämt in seiner Erbärmlichkeit stehen. Um diesen Orden durch eines seiner Haupt-Attribute zu bezeichnen, hält der Ordens-Bruder den Dolch hinter dem Rücken; so die Hinterlist anzudeuten, die der Gelehrte, unter dessen Bildniß sich diese Vignette befindet, mit Muth zu bekämpfen strebte.”

125

Friedrich Gedike. Brustbild nach rechts. Kupferstich von Meno Haas (1752 - 1833) nach dem Gemälde von Anton Graff. 1800.
HAB: P I 4775

D. FRIEDRICH GEDIKE
St. Preuß. Oberkonsistorial- und Oberschulrath geb. 1755.

Nr. 125

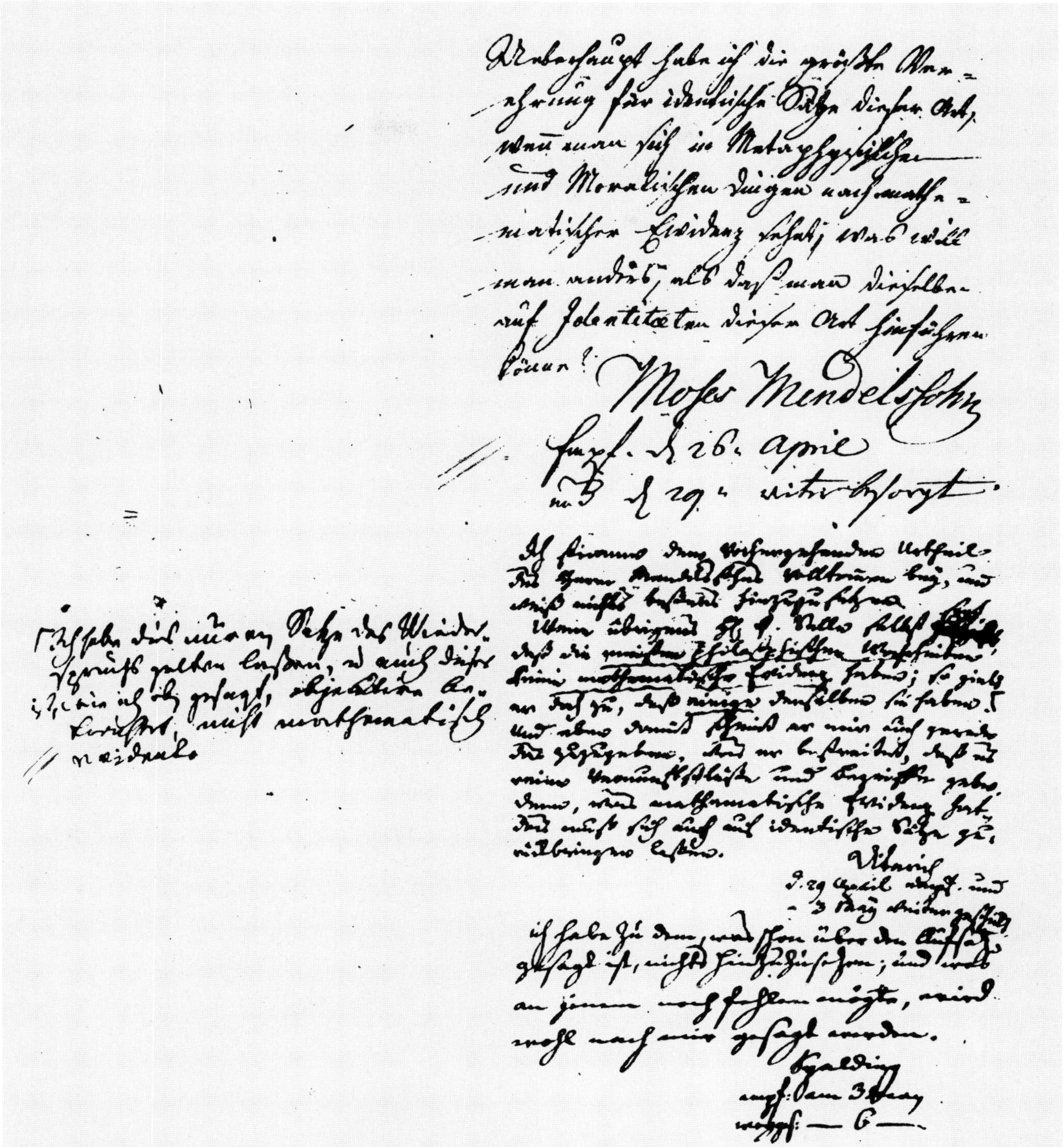

Überhaupt habe ich die größte Veranlassung für jüdische Väter dieses Orts,
wenn man sich in Naturgeschichte
und Moralischen Dingen nach mathe-
matischer Evidenz sehnt; was will
man mehr, als daß man dieselben
auf Identitäten dieses Orts hinführen
können?   Moses Mendelssohn

                         durch. d. 26. April
                    no 3 d. 29. [...] wieder besorgt.

Ich stimme dem [...]gehenden Urtheil
des Herrn Mendelssohn vollkommen bey, und
[...] nichts [...]
[...] übrigens [...] alles selbst
[...] die meisten [...]
keine mathematische [...]; so giebt
es doch [...], daß [...] dieselben zu haben?
Und eben damit [...] er mir [...] gerade
das [...]. Und er [...], daß [...]
[...] und begreifen [...]
[...] mathematische [...]
[...] auf jüdische Väter zu
[...] lassen.

                              Ulrich
                         d. 29. April [...]
                         [...] wieder [...]

ich habe zu dem, was schon über die [...]
gesagt ist, nichts hinzuzusetzen; und was
an ihnen noch fehlen möchte, wird
wohl nach mir gesagt werden.

                              Spalding
                         [...] am 3 [...]
                         [...] — 6 —

[...] die [...] an Väter des Wieder[...]
[...] halten lassen, so auch diese
[...], wie ich gesagt, abgehalten betrachtet, nicht mathematische
Evidenz.

8,5 x 6,9 cm. - Literatur: Ekhart Berckenhagen: Anton Graff. Leben und Werk, Berlin 1967, S. 139, Nr. 427. Thieme-Becker Bd. 15, S. 391.

Die beiden Herausgeber der "Berlinischen Monatsschrift": Johann Erich Biester (1749 - 1816) war 1777 Privatsekretär bei dem damaligen preußischen Kultusminister Freiherr von Zedlitz, dem großen Förderer der Aufklärung, geworden. Seit 1784 war er Bibliothekar der königlichen Bibliothek in Berlin. Dank seiner vielfältigen Bekanntschaften konnte er zahlreiche bedeutende Gelehrte dafür gewinnen, in der "Berlinischen Monatsschrift" zu veröffentlichen, deren eifrigster (und gelegentlich im Kampf für die Aufklärung zum Übereifer neigender) Beiträger allerdings Biester selbst war.

Friedrich Gedike (1754 - 1803) hatte seine Verdienste in erster Linie als Reformator des preußischen Schulwesens, auf das er in mehreren Funktionen großen Einfluß ausübte: Oberkonsistorialrat (seit 1784), Mitglied des Oberschulkollegiums (seit 1787), Direktor des Friedrichwerderschen Gymnasiums (1779 - 1793) und des Gymnasiums Zum Grauen Kloster (seit 1793). Literatur zu Biester und Gedike bei Hinske und Schulz (Katalog-Nr. 120).

126

Moses Mendelssohn: [Votum für die Berliner Mittwochsgesellschaft zu Christian Gottlieb Selle: Versuch eines Beweises, daß es keine reine von der Erfahrung unabhängige Vernunftbegriffe gebe], Ende April [1784]. Autograph. Fotografie.
Biblioteka Jagiellońska, Krakau.

Vier Seiten 4°, in Halbkolumne beschrieben. - Ausgabe des Textes (ohne Hervorhebungen, Datierungen und Bemerkungen der anderen Mitglieder, weil nur der Abdruck in den Gesammelten Schriften bekannt war): Jubiläumsausgabe Bd. 6.1, S. 99-102.

Ausgestellt: Seite 3.

Selle (1748 - 1800) war nicht nur Oberaufseher an der Charité und seit 1784 königlicher Leibarzt - er war auch einer der ersten, die es wagten, sich mit Kants "Kritik der reinen Vernunft" ([1]1781) auseinanderzusetzen. In seinem Vortrag vor der "Mittwochsgesellschaft" lehnte er Kants zentrale Lehre ab, daß die Erfahrung nur durch Formen und Begriffe entstehe, die selbst nicht aus der Erfahrung stammen (also "rein" sind und unabhängig von der Erfahrung); erst dadurch werde aus dem Material, das uns die Anschauung liefert, Erfahrung. Schon der Titel von Selles Beitrag drückt seine These aus.

Mendelssohns Votum, in dem bereits Einwände von Zöllner gegen Selles Argumentation verarbeitet sind, zeigt sich vom Gegenteil dessen überzeugt, was Selle behauptet hatte. Es handelt sich um eines der zehn (bisher bekannten) Voten Mendelssohns für die "Mittwochsgesellschaft" und bietet einen anschaulichen Einblick in die Arbeit der Gesellschaft, insbesondere in das Verfahren der Voten-Zirkulation: Mendelssohn erhielt Selles Vortragstext am 26. April, zusammen mit Zöllners Votum. Er verfaßte sein eigenes Votum und notierte darunter:
"Empf.[angen] d[en] 26. April [1784]
und d[en] 29. weiterbesorgt"
- und zwar an Diterich, der sich inhaltlich Mendelssohn anschloß und dann schrieb:
"d.[en] 29 April empf.[angen] und
„   3 May weitergeschickt"
- nämlich an den Nestor der Gesellschaft, Spalding, unter dessen kurzer Bemerkung steht:
"empf:[angen] am 3 May
wegges:[andt]   „ 6 „ „"
In dieser Form kam das Papier zu Selle, der am Rand von Diterichs Bemerkungen einwandte, daß selbst der Satz des Widerspruchs "nicht mathematisch evident" sei, also nicht 'rein'. Im Dezember 1784 ließ Selle seinen Vortrag (unverändert?) in der "Berlinischen Monatsschrift" drucken (Bd. 4, S. 565 - 575).

XVII. Der Gottesbeweis (1785)

Nr. 127

127

Moses Mendelssohn. Gipsabguß der Marmorbüste von
Jean Pierre Antoine Tassaert, 1785.
Senator für Wissenschaft und Kunst, Berlin.

Höhe 50 cm.

Seit 1775 war Tassaert (1727 - 1788), der Lehrer Scha-
dows, Hofbildhauer Friedrichs II. (Thieme-Becker
Bd. 32, S. 453 - 456).
1784 vereinigten sich zwanzig Freunde Mendelssohns,
um gemeinsam eine Mendelssohn-Büste zu finanzieren;
jeder zahlte 20 Taler in Gold. Tassaert schuf die Marmorbüste, von der jeder Spender einen Gipsabguß
erhielt. Das Original wurde im Februar 1785 in der
Jüdischen Freischule aufgestellt (vgl. Katalog-Nr. 100),
hatte dann aber ein wechselvolles Schicksal, vgl. Hermann Simon: Schicksale der Mendelssohn-Büste. Zum
200. Todestag des Berliner Aufklärers, in: Neue Zeit
(Berlin-Ost), 4.1.1986, S. 7.

"Von besonderem Reiz aber ist das eigentliche
Altersbildnis, die im Jahre 1785 von Tassaert geschaffene Büste. Einem zotteligen Bocksbart ähnlich rahmen
Haarsträhnen das ohnehin sehr breite, schwere Kinn.
Von dort laufen in Schwingungen schlaffe Hautfalten
durch die hohl gewordenen Wangen zu den vortreten-
den Backenknochen hinauf. Der Mund ist streng
lächelnd geöffnet. Die Falten auf den Unterlidern und
die beiden hohen Kniffe, die jetzt ein wenig durchhän-
genden Augenbrauen, die grellen Glanzlichter in zwei
Punkten nebeneinander ausgebohrter Pupillen bewir-
ken eine Wachheit, welche in Verbindung mit der mas-
kenhaften Distanzierung gegenüber der Welt Konzentration auf eine überirdische Eingebung vermuten lassen. Aus der durchaus nicht schönen Bocksnatur des
Sokrates-Silen tritt Wichtigeres hervor. Und wie der
Kopf auch hier zwischen den hohen Schultern scho-
nungslos eingewachsen erscheint, ist auch die Brücke zu
dem Marmor des sog. Aesop zu schlagen, der in der Villa
Albani in Rom vormals seiner Mißgestalt wegen diesen
Namen trug." Aus: Jörgen Bracker: Moses Mendelssohn, ein Gegenbild des 'Ewigen Juden', in: Ich handle
mit Vernunft ... Moses Mendelssohn und die europäische Aufklärung, hrsg. von Norbert Hinske, Hamburg
1981, S. 15 - 44; S. 28. Auf dem Sockel des Originals
steht Ramlers Inschrift:
"Geboren in Dessau
im Jahr 1729
von jüdischen Ältern

Ein Weiser wie Sokrates
Den Gesetzen der Väter getreu
Unsterblichkeit lehrend
und unsterblich wie er."
(Die Abbildung zeigt die Büste vor dem Abschluß der
Reinigungs- und Restaurierungsarbeiten.)

128

Moses Mendelssohns Morgenstunden oder Vorlesungen über das Daseyn Gottes. Erster Theil. - Berlin 1785: Christian Friedrich Voß und Sohn.
Niedersächsische Staats- und Universitätsbibliothek Göttingen: 8° Philos. V 1943.

[12], 330, XL S. kl.8°. Erstausgabe. Meyer Nr. 323.

129

Moses Mendelssohns Morgenstunden oder Vorlesungen über das Daseyn Gottes. Erster Theil. Veränderte Auflage. - Berlin 1786: Christian Friedrich Voß und Sohn.
Staatsbibliothek Preußischer Kulturbesitz Berlin, Mendelssohn-Archiv: HB MA 168 386

[12], 328, XLII S. kl.8°. Die Titelvignette von Johann Wilhelm Meil zeigt den mit Lorbeer umkränzten Kopf Lessings; die Umschrift des Medaillons lautet: "G. E. Lessing, geb. MDCCXXIX" (Dorn: Meil, S. 250 f.). Meyer Nr. 324. Es erschien nur der 'erste Teil'. - Es gibt auch Exemplare der zweiten Auflage ohne Meils Vignetten auf dem Titel und am Ende (HAB: Wa 4541). - Ausgaben: Jubiläumsausgabe Bd. 3.2, S. 1 - 175. Morgenstunden oder Vorlesungen über das Dasein Gottes. Der Briefwechsel Mendelssohn-Kant, hrsg. von Dominique Bourel, Stuttgart 1979 (Universal-Bibliothek Nr. 9941). - Literatur: Altmann, S. 671 ff. Alexander Altmann: Moses Mendelssohn's Proofs for the Existence of God (1975), in: ders.: Die trostvolle Aufklärung, S. 135 - 151.

Das gezeigte Exemplar der zweiten Auflage enthält die handschriftliche Widmung an Heinrich Samson in Wolfenbüttel (1799 - 1869; einen Großneffen des Wolfenbütteler Schulgründers Philipp Samson, vgl. auch Katalog-Nr. 100) von Moses Moser (1797 - 1838), dem Freund Heinrich Heines (datiert 1818), den die 'Morgenstunden' "des unsterblichen Glaubensgenossen" "zuerst in das Reich

der Ideen eingeführt" haben. Die 'Morgenstunden' waren es, die das "schwellende Herz unter dem Himmel der Philosophie mit beruhigender Klarheit

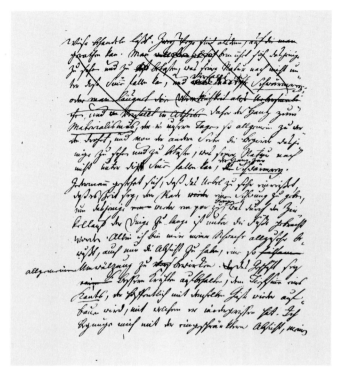

Nr. 129

umgeben, mit der höheren Weltauffassung in Einklang
gebracht" haben; sie sind "die heitere Morgenröthe seines geistigen
Lebens hindurch sein treuer Begleiter gewesen".

Mendelssohns Manuskript der letzten zwei Drittel der Vorrede. Ein Quartbogen, auf allen vier Seiten beschrieben. Autograph. Fotografie.
Biblioteka Jagiellońska, Krakau.

Abb.: Dritte Seite. Text (Jubiläumsausgabe Bd. 3.2, S. 5): [Mendelssohn beklagt die zunehmende Vernachlässigung der Spekulation zugunsten bloß sinnlicher Evidenz] "... Daher der Hang zum *Materialismus*, der in unsren Tagen so allgemein zu werden drohet, und von der andern Seite, die Begierde zu sehen und zu betasten, was seiner Natur nach nicht unter die Sinne fallen kann, der Hang zur *Schwärmerey*.

Jedermann gestehet sich, daß das Uebel zu sehr einreißt, daß es Zeit sey, dem Rade einen Schwung zu geben, um dasjenige wieder empor zu bringen, was durch den Zirkellauf der Dinge zu lange ist unter die Füße gebracht worden. Allein ich bin mir meiner Schwäche allzusehr bewußt, auch nur die Absicht zu haben, eine solche allgemeine Umwälzung zu bewir-

Den vielfachen Freunde der Geistreichesten
Herrn Heinrich Samson

zur Erinnerung
Futurus in freundschaftlichem Beisammensein
entflossener Stunden

bei dem Buche des viel unsterblichen Gleichwürdigen
das der rechtschaffenen Jüngling zuerst in die Reihe
der Ideen eingeführt, das von überschwänglich
zehrenden Gefühlen schwallend Herz unter den
Himmel der Glückseligkeit mit beruhigender Klarheit
eingeben, mit der Hohen Weltanschauung in Einklang
gebracht, und im Morgenroth seines geistigen
Lebens ihm treuer Begleiter gewesen.

Moses Moser

Berlin
am ersten Ausflugstage 1818.

Moses Mendelssohns

Morgenstunden

oder

Vorlesungen
über das Daseyn Gottes.

G. E. LESSING · GEB · MDCCXXIX

Erster Theil.
Veränderte Auflage.

Berlin, 1786.
Bey Christian Friedrich Voß und Sohn.

Nr. 129

ken. Das Geschäft sey beßren Kräften aufbehalten, dem Tiefsinn eines *Kants*, der hoffentlich mit demselben Geiste wieder aufbauen wird, mit dem er niedergerissen hat.”

Die wichtigste Leistung der "Morgenstunden" ist ein neuer Gottesbeweis, der auf der Tatsache beruht, daß die Erkenntnis, die der Mensch von sich selbst hat, immer unvollständig ist: "Es muß also nothwendig *ein* denkendes Wesen, *einen* Verstand geben, der nicht nur mich, sammt allen meinen Beschaffenheiten, Merkmalen und Unterscheidungszeichen, sondern den Inbegriff aller Möglichkeiten, als möglich, den Inbegriff

aller Würklichkeiten, als würklich, mit einem Worte, den Inbegriff und den Zusammenhang aller Wahrheiten, in ihrer möglichsten Entwickelung, auf das deutlichste, vollständigste und ausführlichste sich vorstellet. *Es giebt einen unendlichen Verstand.*

Daß aber Einsicht nicht ohne Thätigkeit, Erkenntniß nicht ohne Billigung oder Mißbilligung, unendlicher Verstand nicht ohne den vollkommensten Willen seyn könne, ist bereits im Vorhergehenden zur Gnüge ausgeführt worden.

Wir hätten also auf diese Weise einen neuen wissenschaftlichen Beweis für das Daseyn Gottes aus der

167

Unvollkommenheit unserer Selbsterkenntniß. Prüfet ihn wohl, diesen Gedanken, meine Trauten!" (a.a.O., S. 146 f.).

Aus Briefen vom Oktober und Dezember 1785 (Jubiläumsausgabe Bd. 13, S. 310 f. und S. 333): [Die "Morgenstunden" sind eine Schrift,] "in welcher ich mit den Widersachern der natürlichen Religion den Kampf erneure. Die Anzahl derselben ist nicht geringe, und ihre Parthei nicht verächtlich. Freunde und Feinde der Tugend scheinen sich vereinigt zu haben, die Vernunft des Menschen zu verschreien. Wenn ich aber die Wahrheit auf meiner Seite hätte, so wäre unsere Parthei doch wohl nicht die schwächere. Ist meine Vertheidigung auch nicht kräftig genug, so erwecke ich doch vielleicht Männer zu unserm Beistande, welche die Waffen der Vernunft besser zu führen wissen."

"Ich wähle auch aus den Systemen der Weltweisen immer dasjenige, was mich glücklicher und zugleich besser machen kann. Eine Philosophie, die mich mismuthig, gegen andre Menschen oder gegen mich selbst gleichgültig, gegen Empfindung des Schönen und Guten frostig machen will, ist nicht die meinige."

130

Brief von Immanuel Kant an Christian Gottfried Schütz, Ende November 1785. Der Brief wurde von Schütz am Ende seiner Rezension zu Mendelssohns "Morgenstunden" abgedruckt; diese Rezension findet sich in: Allgemeine Literatur-Zeitung (Jena) Nr. 1, 2. Januar 1786, Sp. 1 - 6, und Nr. 7, 9. Januar 1786, Sp. 50-56.
HAB: Za 4° 69

4°. Erstdruck. - Ausgabe: Kant's gesammelte Schriften. Hrsg. von der Preußischen Akademie der Wissenschaften. Bd. 10. Berlin und Leipzig 1922, S. 428 f.

Über die "Morgenstunden" schrieb Kant u.a.: "Obgleich das Werk des würdigen M.[endelssohn] in der Hauptsache für ein Meisterstück der Täuschung unsrer Vernunft zu halten ist, wenn sie die subjectiven Bedingungen ihrer Bestimmung der Objecte überhaupt, für Bedingungen der Möglichkeit dieser Objecte selbst hält, ... so wird doch dieses treffliche Werk außerdem, was in der Vorerkenntniß über Wahrheit, Schein und Irrthum, Scharfsinniges, Neues, und musterhaft Deutliches gesagt ist, und was in jedem philosophischen Vortrage sehr gut angewandt werden kann, durch seine zweite Abtheilung, in der Kritik der menschlichen Vernunft von wesentlichem Nutzen seyn.

...

Man kann dieses letzte Vermächtniß einer dogmatisirenden Metaphysik zugleich als das vollkommenste Product derselben, so wohl in Ansehung des kettenförmigen Zusammenhangs, als auch der ausnehmenden Deutlichkeit in Darstellung derselben ansehen, und als ein nie von seinem Werthe verlierendes Denkmal der Scharfsinnigkeit eines Mannes, der die ganze Stärke einer Erkenntnißart, der er sich annimmt, kennt, und sie in seiner Gewalt hat, an welchem also eine Kritik der Vernunft, die den glücklichen Fortgang eines solchen Verfahrens bezweifelt, ein bleibendes Beyspiel findet ihre Grundsätze auf die Probe zu stellen, um sie darnach entweder zu bestätigen, oder zu verwerfen."

131

Brief von Johann Ulrich Pauli an Mendelssohn, 2. April 1785. Autograph.
Stadtarchiv Braunschweig: H VIII C Nr. 221

Wieviel Vertrauen Mendelssohn in der Gelehrtenrepublik genoß, zeigt sich auch daran, daß manchmal sonderbare Anliegen an ihn herangetragen wurden. Der vorliegende Brief stammt von Johann Ulrich Pauli (1727 - 1794), einem Hamburger Beamten, der große kosmopolitische Pläne schmiedete, in denen sich Weisheit und Torheit mischten (vgl. Jubiläumsausgabe Bd. 11, S. 428).

Mendelssohn soll Pauli bei der Prägung einer Münze behilflich sein, die anscheinend der Verbesserung der Menschheit dienen soll, indem sie bedeutsame Symbole darstellt. Der Brief beginnt:
"Hochgeehrtester Herr.

Ich habe unter dem 23sten 15ten und 11ten Merts d. J 3 verschiedene Briefe an den Hrn A Abrahamson, Königl.[ichen] Medaill.[eur] nach Berlin gesandt die Stempelschneidung beigehender Müntze betreffend, davon Sie das Kupfer für sich behalten, die neue Abzeichnung aber den Hrn Abrahamson mit dem ehesten zu schicken belieben werden. Die neue Abzeichnung ist blos zu dem Ende geschehen, damit der Stempelschneider vor Augen sehe, wie die eigendliche Lehr = und Aug = kette nur aus 21 Gliedern bestehe, mittlerweile die Leebens- oder Ohrkette aus 28 Gliedern, welche die 7 mahl 7. d.i. 49 Glieder ausmachen."

Brief von Karl Wilhelm Ramler an Mendelssohn, 10. September 1785. Autograph. Fotografie.
Bodleian Library, Oxford, Department of Western Mss.: MS M. Deneke, Mendelssohn b.2 fol. 39.
Auszug: "Die Herzogin von Curland möchte Sie, mein verehrungswürdiger Freund, gerne näher kennen lernen. Weil sie aber dieses mahl sich beständig in Friedrichsfelde aufhält, so habe ich ihr versprochen, ich wollte sie bereden, ihr dort einen Besuch zu geben."

Für Bildungsreisende war es eine Art selbstverständliche Pflicht geworden, Mendelssohn eine Visite abzustatten, wenn sie in Berlin Station machten. (So wünschte auch Goethe 1778, Mendelssohn zu sprechen.) Die Herzogin Dorothea von Kurland (1761 - 1821) wollte offensichtlich nicht bis nach Berlin fahren, aber auch nicht auf ein Gespräch mit Mendelssohn verzichten. Er und Ramler besuchten sie am 3. Oktober, siehe Altmann, S. 721. (Vgl. auch Katalog-Nr. 82.)

FRIEDRICH HEINRICH
IACOBI.

Hemsterhuis amicus ad viv. delin.
Düsseld. d. 2 Mart. 1741.

Nr. 133

133

Friedrich Heinrich Jacobi. Brustbild im Profil nach rechts. Kupferstich von Carl Ernst Christoph Hess (1755 - 1828) nach einer Zeichnung des holländischen Philosophen François Hemsterhuis (1720 - 1790), 1781.
HAB: P I 6601 a

17 x 9,5 cm. Unter dem Portrait ist angegeben, daß Hemsterhuis, der Freund, Jacobi nach dem Leben gezeichnet hat. - Literatur: Thieme-Becker Bd. 16, S. 576 f. und ebd. S. 371. - Literatur zu Jacobi: Friedrich Heinrich Jacobi, Philosoph und Literat der Goethezeit. Beiträge einer Tagung in Düsseldorf (16. - 19.10.1969) aus Anlaß seines 150. Todestages, und Berichte, hrsg. von Klaus Hammacher, Frankfurt am Main 1971 (Studien zur Philosophie und Literatur des 19. Jahrhunderts 11).

Ursprünglich Kaufmann, machte Friedrich Heinrich Jacobi (1743 - 1819) 1774 die Bekanntschaft Goethes, mit dem er sich dann in seinen großen Briefromanen auseinandersetzte. Lange Zeit war sein Landsitz Pempelfort bei Düsseldorf einer der Mittelpunkte des deutschen Geisteslebens. Durch seine in der Erfahrung des Glaubens (bzw. im Gefühl) gründende Philosophie stand er Hamann nahe. 1794 wurde er Philosophieprofessor in München, 1807 - 1812 war er Präsident der Akademie der Wissenschaften zu München.

134

[Friedrich Heinrich Jacobi:] Ueber die Lehre des Spinoza/ in Briefen an den Herrn Moses Mendelssohn. - Breslau 1785: Gottl. Löwe.
HAB: Va 204

[8], 215, [1] S. kl. 8°. Erstausgabe. Meyer Nr. 333.

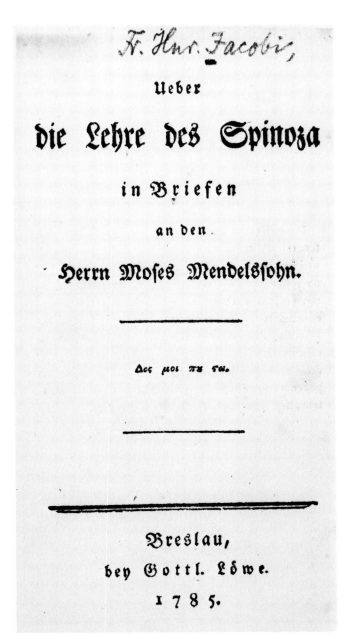

Nr. 134

135

[Friedrich Heinrich Jacobi:] Ueber die Lehre des Spinoza / in Briefen an den Herrn Moses Mendelssohn. Neue, vermehrte Ausgabe. - Breslau 1789: Gottl. Löwe.
HAB: Töpfer 186

LI, [1], 440 S. kl.8°. Meyer Nr. 337. - Das Titelkupfer (14,7 x 8,1 cm) von Ernst Carl Gottlieb Thelott (1760 - 1834; Thieme-

Becker Bd. 32, S. 591) zeigt Spinoza, Brustbild nach links. Die Titelvignette (6,5 x 7 cm) stellt in einem Medaillon Mendelssohn und Lessing dar, beide als Kopfbild im Profil nach links. Die Vignette stach Thelott nach einer Zeichnung von Johann Peter von Langer (1756 - 1824; Thieme-Becker Bd. 22, S. 336 - 338). - Ausgabe: Werke, hrsg. von Friedrich Roth und Friedrich Köppen. Bd. 4, Abt. 1, Leipzig 1819 (Nachdruck Darmstadt 1976), S. 1 - 253. Die Hauptschriften zum Pantheismusstreit zwischen Jacobi und Mendelssohn, hrsg. von Heinrich Scholz, Berlin 1916 (Neudrucke seltener philosophischer Werke 6). Reprint der Erstausgabe: Brüssel 1968 (Aetas Kantiana 116). - Literatur: Altmann, S. 593 ff. Ders.: Lessing und Jacobi: Das Gespräch über den Spinozismus (1971), in: ders.: Die trostvolle Aufklärung, S. 50-83. Robert Stalder: Von der Aufklärung zum christlichen Menschenbild? Zum 250. Geburtsjahr Moses Mendelssohns, in: Stimmen der Zeit 197 (1979), S. 753-766. Eva J. Engel-Holland: Fromet Mendelssohn an Elise Reimarus. Abschluß der theologischen Tragödie, in: Mendelssohn-Studien 5 (1979), S. 199 - 209. Weitere Literatur im Forschungsbericht, S. 150 - 154. Ergänzend dazu: David Bell: Spinoza in Germany from 1670 to the Age of Goethe, London 1984 (Bithell Series of Dissertations 7), S. 71 ff. Klaus Hammacher: Über Friedrich Heinrich Jacobis Beziehungen zu Lessing im Zusammenhang mit dem Streit um Spinoza, in: Lessing und der Kreis seiner Freunde, hrsg. von Günter Schulz, Heidelberg 1985 (Wolfenbütteler Studien zur Aufklärung 8), S. 51 - 74.

Die erste Ausgabe des Buches enthält Goethes Gedichte "Edel sey der Mensch, hilfreich und gut" und "Prometheus". - Das Motto "Δος μοι ποῦ στῶ": "Gib mir einen Punkt, wo ich stehen kann" (und ich werde die Erde bewegen) stammt von Archimedes, dem größten Mathematiker des Altertums: Hätte man einen festen Punkt außerhalb der Erde, so könnte man mit einem genügend großen Flaschenzug oder einem Hebel, der lang genug ist, die Erde aus den Angeln heben. Anscheinend glaubte Jacobi, diesen 'Archimedischen Punkt' für den Bereich der Philosophie entdeckt zu haben: Alle Verstandesphilosophie hat zu begreifen, daß sie im Spinozismus, und das heißt: im Atheismus, ihr eigentliches Ziel hat. Ist sie nämlich an diesem Punkt angelangt, wird sie notwendig in den Glauben umschlagen ('Salto mortale') bzw. in eine Glaubensphilosophie, die nicht mehr aus dem Verstand, sondern aus der 'vernehmenden' Vernunft schöpft.

1780, also kurz vor seinem Tod, hatte sich Lessing mit Jacobi über den Spinozismus unterhalten. 1783 teilte Jacobi Mendelssohn mit, Lessing habe sich dabei als entschiedener Spinozist bekannt (was trotz aller Anregungen, die Lessing von Spinoza empfing, sicher übertrieben war), ohne allerdings den 'Salto mortale' zu vollziehen. Mendelssohn war nicht nur über die Indiskretion verärgert, als Jacobi nun den Briefwechsel veröffentlichte, er sah auch das Bild, das er sich von seinem Freund Lessing machte, gefährdet - und er mißtraute dem christlichen Glaubenseifer Jacobis.

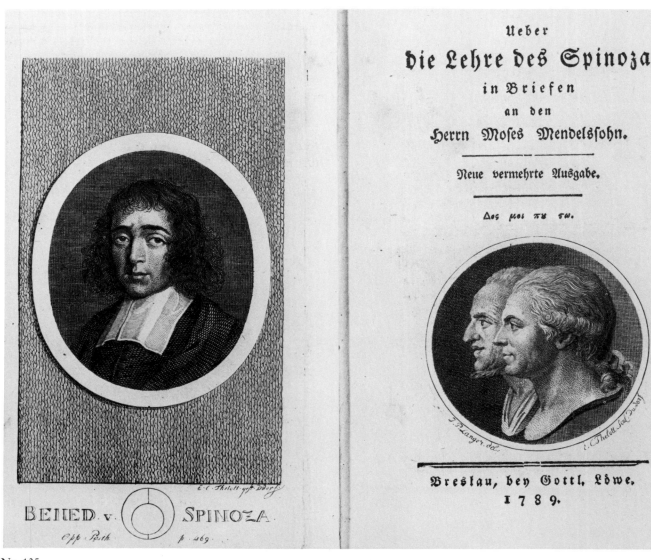

Nr. 135

Aus einem Brief (Jubiläumsausgabe Bd. 13, S. 310): "Dieses Büchelchen ist ein gar sonderbares Monstrum. Der Kopf von Goethe, der Leib von Spinoza, und die Füße von Lavater!"

In der Tat sollten im sich anschließenden Streit, dem sogenannten 'Pantheismus-Streit' oder 'Spinozismus-Streit' (in den Mendelssohn mit seinem letzten Buch eingriff, siehe Katalog-Nr. 138), bei Jacobi, Herder, Hamann und Goethe antisemitische Äußerungen fallen. Andererseits wurde hier nicht nur Mendelssohn angegriffen, sondern die Aufklärung und Toleranz überhaupt.

136

Stammbuchblatt (ehemaliger Besitzer unbekannt) von Mendelssohn, 20. Dezember 1785.
Staatsbibliothek Preußischer Kulturbesitz Berlin, Mendelssohn-Archiv: MA Ep. 507.

Ein Blatt Schreibpapier, 12 x 21 cm.

"Gott nachahmen
heißt
So, wie Er, das Gute lieben,
weil es gut ist;
Nicht, weil es Gott befohlen.
Berlin den 20. Dec.   Moses Mendelssohn"
1785

Abdruck: Jubiläumsausgabe Bd. 6.1, S. 197 (mit falscher Datierung).

137

Brief von Mendelssohn an Sophie Becker, 23. Dezember 1785. Autograph.
Niedersächsisches Staatsarchiv Wolfenbüttel: 242 N 381 (Nr. 27).

Ein Doppelblatt, 19 x 11,7 cm, auf drei Seiten beschrieben. - Ausgabe: Jubiläumsausgabe Bd. 13, S. 328 - 330.

Aufgeschlagen: Erste Seite.

Der Anfang von Mendelssohns vorletztem erhaltenen Brief lautet (a.a.o., S. 328 f.):

"Theuerste Sophie!
Scheut Ihr lieber Bruder nicht meinen grauen Bart, so lasse ich mich warlich auch nicht den schwarzen Rock abhalten, daß ich meine Brust an die seinige drücke, in welcher ein so würdiges Herz schlägt. Es ist überhaupt mit der Familie B e c k e r eine eigene Sache. In welchen Stand sie auch treten, und unter welcher Form sie erscheinen; als Hofdamen oder Schäferinnen, Priester oder Solotänzer, sie behalten ihren Werth als Mensch unverändert, und werden von jedwedem geliebt, der diesen Werth zu schätzen weis. Ueberhaupt aber bin ich dem geistlichen Stande so abgeneigt nicht, als ihr Bruder selbst zu seyn scheinet. Jeder Stand hat seine Schwachheit; und die des geistlichen Standes fallen mehr auf, je verehrungswerther sein Beruf an sich selbst ist. Je edler ein Ding in seiner Vollkommenheit ist, spricht ein hebräischer Schriftsteller, desto mehr Eckel erregt es in seiner Verderbtheit. So wie Deutschland noch itzt beschaffen ist, hat die Geistlichkeit noch die ganze Cultur und Sittlichkeit des Volks in Händen. Sie allein erhält Philosophie und sch. Wissenschaften in einigem Werth. Der Geistliche liest noch, wenn er auch im Amt ist; alle übrigen Stände gehen ihrem Geschäft nach, oder spielen." (Vgl. aber Katalog-Nr. 117.)

Nr. 136

Theure Tochter!

Scheut Ihr lieben Leute nicht meinen grauen Bart, so laßt ich mich warlich auch nicht den schwarzen Rock abhalten, Ich Euch meine Herz an die Familie Becker in welcher ein so würdiges Herz schlägt. Es ist überhaupt mit der Familie Becker eine eigene Sache. In welchem Stand sie auch treten, und unter welcher Form sie erscheinen; als Hofdamen oder Schauspielern, Tänzer oder Solotänzer, sie behalten ihren Werth der Menge unveränderlich, und werden nur ...... geliebt, der ihren Werth zu schätzen weiß. Überhaupt bin ich den geistlichen Stande so abgeneigt nicht, als Ihr Leute selbst zu sehen scheint. Jeder Stand hat seine Schwachheit, und die Geistlichen Stande ...... noch ...., je der ...... ihr Recht an sich ...... ist. Der ...... ist, spricht ein ...... Schriftsteller; .... nicht fehlt er .... es in seiner .... So die ....

Die Adressatin, Sophie Becker (1754-1789), war eine begabte Dichterin, die Elisa von der Recke, der Halbschwester der Herzogin von Kurland (vgl. Katalog-Nr. 132), als Reisebegleiterin diente und mit ihr eng befreundet war. Elisa von der Recke war als Förderin vieler Künstler und Schriftsteller berühmt ('Musenhof' in Löbichau), nicht minder aber als Schriftstellerin und Dichterin. - In den Nachschlagewerken ist Sophie Becker als Sophie Schwarz zu finden. Sie starb zwei Jahre nach ihrer Heirat im ersten Wochenbett.

138

Moses Mendelssohn an die Freunde Lessings. Ein Anhang zu Herrn Jacobi Briefwechsel über die Lehre des Spinoza. - Berlin 1786: Christian Friedrich Voß und Sohn.
HAB: Lo 4858
XXIV, 875 S. kl.8°. Erstausgabe. Meyer Nr. 334. - Ausgabe: Jubiläumsausgabe Bd. 3.2, S. 177 - 218. - Literatur: Altmann, S. 729 ff.
In den letzten Passagen dieser scharfsinnig - vornehmen Auseinandersetzung mit Jacobi (vgl. Katalog-Nr. 134) macht sich nicht nur Mendelssohns Judentum eindrucksvoll geltend; sie lesen sich auch wie ein Schwanengesang der deutschen Aufklärung (a.a.O., S. 217 f.): "Mit einem Worte, ich kann mich in die praktischen Grundsätze des Herrn J. ebenso so wenig, als in seine theoretischen finden. Ich glaube, es sey bey so bewandten Umständen durch Disput wenig auszurichten, und also wohl gethan, daß wir auseinander scheiden. Er kehre zum Glauben seiner Väter zurück, bringe durch die siegende Macht des Glaubens die schwermäulige Vernunft unter Gehorsam, schlage die aufsteigenden Zweifel, wie in dem Nachsatze seiner Schrift geschieht, durch Autoritäten und Machtsprüche nieder; *seegne und versiegele* seine kindliche Wiederkehr (S. 213.) mit Worten aus dem *frommen, engelreinen Munde* Lavaters.

Ich von meiner Seite bleibe bey meinem jüdischen Unglauben, traue keinem Sterblichen einen *engelreinen Mund* zu, möchte selbst von der Autorität eines *Erzengels* nicht abhängen, wenn von ewigen Wahrheiten die Rede ist, auf welche sich des Menschen Glückseeligkeit gründet, und muß also schon hierin auf eigenen Füßen stehen oder fallen. - Oder vielmehr: da wir alle, wie H. J. [Herr Jacobi] sagt, im Glauben gebohren sind; so kehre auch ich zum Glauben meiner Väter zurück, welcher nach der ersten ursprünglichen Bedeutung des Worts, nicht in Glauben an Lehre und Meinung, sondern in Vertrauen und Zuversicht auf die Eigenschaften Gottes besteht. Ich setze das volle uneingeschränkte Vertrauen in die Allmacht Gottes, daß sie dem Menschen die

Nr. 138

Kräfte habe verleihen *können*, die Wahrheiten, auf welche sich seine Glückseeligkeit gründet, zu erkennen, und hege die kindliche Zuversicht zu seiner Allbarmherzigkeit, daß sie mir diese Kräfte habe verleihen wollen. Von diesem unwankenden Glauben gestärkt, suche ich Belehrung und Ueberzeugung, wo ich sie finde."
Mendelssohn brachte das Manuskript am 31. Dezember 1785 noch selbst zum Verleger. Da er aber schon am 4. Januar starb, übernahm Johann Jakob Engel die Herausgabe. Er fügte der letzten Schrift Mendelssohns ein

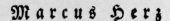

Nr. 139

Marcus Herz über die frühe Beerdigung der Juden. An die Herausgeber des hebräischen Sammlers. Zweite verbesserte und vermehrte Auflage. - Berlin 1788: Christian Friedrich Voß und Sohn.
HAB: Gv Kapsel 2 (21)

60 S. 8°. Meyer Nr. 538. - Die erste Auflage von 1787 ist nicht mehr auffindbar. - Die Titelvignette ist ein Kupferstich (7 x 8,5 cm) von Wilhelm Chodowiecki (1765 - 1805; Thieme-Becker Bd. 6, S. 521), 1788 datiert. Dargestellt ist der Berliner jüdische Friedhof mit Mendelssohns Grabstein (links, mit der falschen Angabe seines Geburtsjahres: 1728 statt 1729), den ein Besucher nachdenklich betrachtet, und einem scheintot Beerdigten, der sich aus seinem Grab herausarbeitet. - Literatur: Robert Hirsch: Nachträge und Berichtigungen zu Daniel Chodowieckis Sämtliche Kupferstiche von Wilhelm Engelmann, Leipzig ²1906, S. 124, Nr. 17.

Der Herzog von Mecklenburg-Schwerin hatte 1772 den Juden seines Landes befohlen, ihre Verstorbenen in Zukunft mindestens drei Tage unbegraben zu lassen. Nach jüdischer Gewohnheit wurden die Toten aber so schnell wie möglich beerdigt. Die Juden aus Mecklenburg-Schwerin wollten den Befehl wieder abgeschafft wissen und wandten sich an Mendelssohn. Dieser erklärte ihnen aber, daß es sich um eine heilsame Verordnung handele, die nicht gegen die Religionsgesetze verstoße und die Beerdigung Scheintoter verhindere. Es dauerte aber noch einige Zeit, bis der Brauch der frühen Beerdigung allgemein abgeschafft wurde. Natürlich waren es besonders Ärzte, die sich in dieser Frage auf Mendelssohns Seite engagierten (Altmann, S. 288 ff., 350).

Der Arzt Dr. Marcus Herz (1747 - 1803) war ein Freund und Schüler Mendelssohns, der sich zugleich intensiv bemühte, von Kant zu lernen. Bei dessen Habilitation im Jahre 1770 versah Herz die Rolle des Respondenten. Er hielt erfolgreich privat Vorlesungen; 1787 wurde ihm vom König der Professorentitel verliehen. Seine Frau Henriette versammelte in ihrem Salon das geistig-literarische Berlin.

Bei dem im Titel genannten 'hebräischen Sammler' handelt es sich um die von den Schülern und Anhängern Mendelssohns getragene hebräische Zeitschrift "Ha-Meassef" (1783 - 1811), das Sprachrohr der jüdischen Aufklärung (Haskalah).

Vorwort bei (S. III - XXII), in dem es kurz vor Schluß heißt: "Sein Tod war der so seltne natürliche, ein Schlagfluß aus Schwäche. Die Lampe verlosch, weil es ihr an Oel gebrach, und nur ein Mann, wie er, von seiner Weisheit, Selbstbeherrschung, Mäßigkeit und Seelenruhe, konnte bey seiner Constitution die Flamme 57 Jahr brennend erhalten." Ärztlichen Beistand erhielt Mendelssohn in seiner Todesstunde von Marcus Herz (Katalog-Nr. 139), auf dessen Bericht Engels Darstellung beruht.

Brief von Fromet Mendelssohn an Elise Reimarus, 30. März 1786. Autograph.
Staatsbibliothek Preußischer Kulturbesitz Berlin, Mendelssohn-Archiv: MG Ms. 45

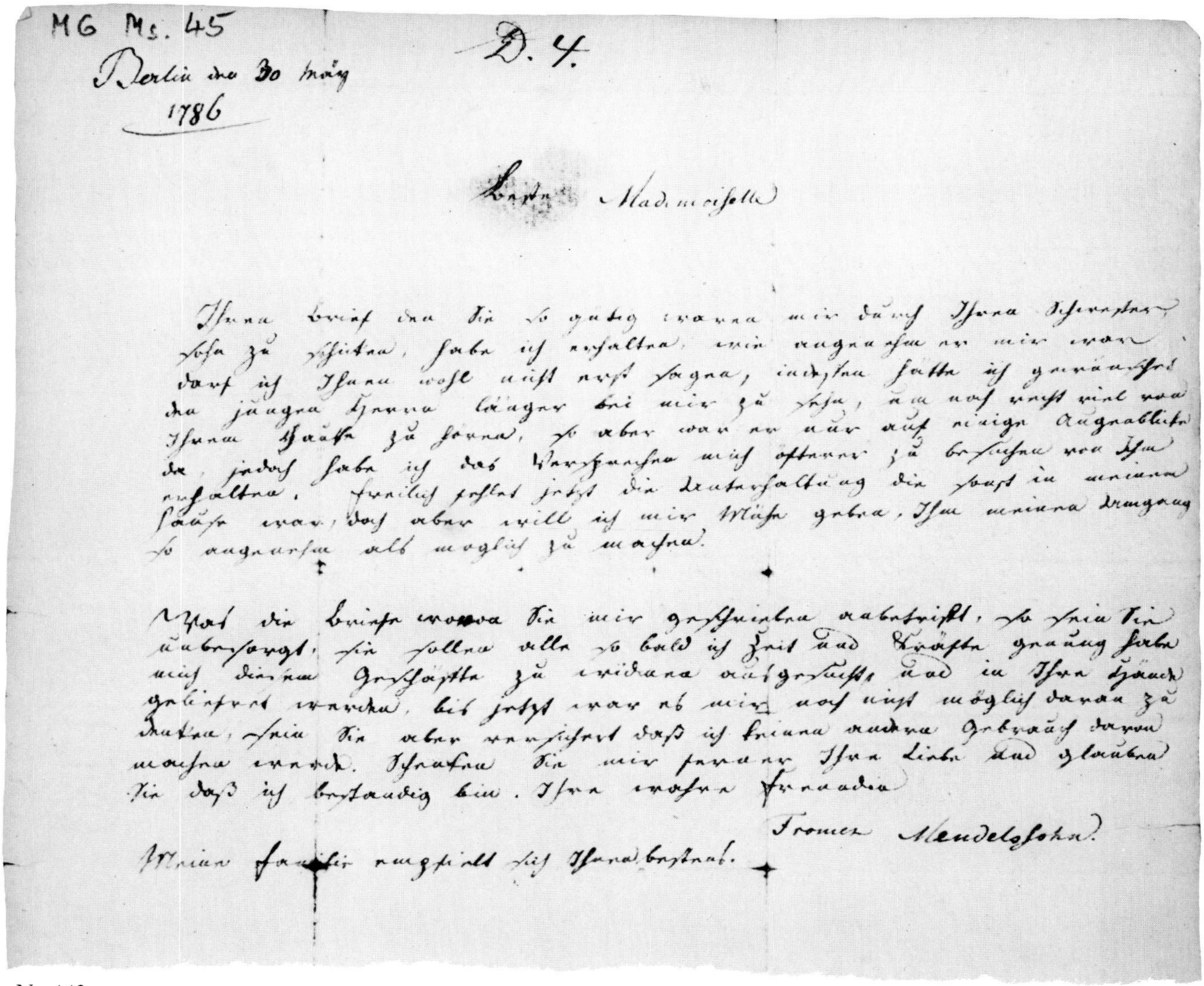

MG Ms. 45

D. 4.

Berlin den 30 März
1786

Liebe Mademoiselle

Ihren brief den Sie so gütig waren mir durch Ihren Schwester sohn zu schicken, habe ich erhalten, wie angenehm er mir war darf ich Ihnen wohl nicht erst sagen, indessen hätte ich gewünscht den jungen Herrn länger bei mir zu sehn, um noch recht viel von Ihnen Theüre zu hören, so aber war er nür auf einige Augenblicke da, jedoch habe ich das Versprechen mich öfterer zu besuchen von Ihm erhalten. freilich fehlet jetzt die Unterhaltung die sonst in meinem Haüse war, doch aber will ich mir Mühe geben, Ihm meinen Umgang so angenehm als möglich zu machen.

Was die briefe wovon Sie mir geschrieben anbetrifft, so seien Sie unbesorgt, sie sollen alle so bald ich Zeit und Kräfte genung habe mich diesen Geschäfte zu widmen aufgesucht und in Ihre Hände geliefert werden, bis jetzt war es mir noch nicht möglich daran zu denken, seien Sie aber versichert daß ich keinen andern Gebrauch davon machen werde. Schenken Sie mir ferner Ihre Liebe und glauben Sie daß ich beständig bin. Ihre wahre freundin

Fromet Mendelssohn.

Meine familie empfiehlt sich Ihnen bestens.

Nr. 140

Eine Seite 4°. Ausgabe: Eva J. Engel-Holland: Fromet Mendelssohn an Elise Reimarus. Abschluß der theologischen Tragödie, in: Mendelssohn-Studien 4 (1979), S. 199 - 209.

Elise Reimarus (1735 - 1805) war die Tochter von Hermann Samuel Reimarus (Katalog-Nr. 42), eine Freundin Lessings und mit Mendelssohn durch beiderseitige Hochachtung und Wertschätzung verbunden. Die Diskussion zwischen Jacobi und Mendelssohn über Lessings letzte Gesinnungen fand zunächst in der Form von Briefen an sie statt, die sie dann dem anderen Partner übermittelte; was in einem folgenschweren Streit enden sollte, begann als eine Art ritterlicher Zweikampf vor den Augen einer Dame (vgl. Katalog-Nr. 134).

Nach Mendelssohns Tod wünschte Elise Reimarus ihre Briefe zurück (und die ihres Bruders Johann Albert Heinrich). Der Brief von Mendelssohns Witwe stellt, als einziger erhaltener Brief Fromets, der in deutscher Sprache und deutscher Schrift abgefaßt ist, ein bemerkenswertes Dokument der Emanzipation und Bildung einer deutschen Jüdin dar.

Fromet (1737 - 1812) war die Tochter des Hamburger Kaufmanns Abraham Gugenheim. Von dem Briefwechsel mit Mendelssohn vor der Heirat (Juni 1762) sind leider nur die Briefe ihres zukünftigen Mannes erhalten (vgl. Katalog-Nr. 70), dem zuliebe sie schon in der Brautzeit Französisch lernte und sich der Lektüre literarischer Texte widmete. Später war sie für Mendelssohn eine ideale Ehefrau, die ihm zehn Kinder schenkte.

Der zweite Teil des Briefes lautet (a.a.O., S. 199) : "Was die Briefe wovon Sie mir geschrieben anbetrift, so sein Sie unbesorgt, sie sollen alle so bald ich Zeit und Kräfte genung habe mich diesem Geschäfte zu widmen ausgesucht, und in Ihre Hände geliefert werden, bis jetzt war es mir noch nicht möglich daran zu denken, sein Sie aber versichert, daß ich keinen andern Gebrauch davon machen werde. Schenken Sie mir ferner Ihre Liebe und glauben Sie daß ich bestandig bin. Ihre wahre Freundin

Fromet Mendelssohn

Meine Familie empfielt sich Ihnen bestens."

XIX. Dieser edle Mann ist nicht mehr (1786)

Stücke befinden. Die Erben wünschten, diese Sammlung ungetrennt einem Liebhaber zu überlassen, der sie zur Grundlage eines vollständigern Büchervorrathes dieser Art brauchen könnte. Man hat sich deshalb an des Verstorbenen Bruder, Hrn. Kapellmeister Rust in Dessau zu wenden.

Am 5ten Nov. starb im Thüringischen Kloster Roßleben der verdiente Rektor der dortigen Schule, dessen Schriften nicht alltäglichen Inhalts sind, Herr Johann Gottfried Schmutzer, im 70sten Jahr seines Alters.

Im December starb in Tübingen Herr D. Christoph Friedrich Sartorius, Kanzler der dortigen Universität, Herzog. Wirtemberg. Rath und Abt zu Lorch, wie auch erster Professor der Theologie, in seinem 85sten Lebensjahr. Ein mächtig strenger Orthodox!

Am 18ten December starb in Anspach Herr Gottfried Stieber, Hof- und Regierungsrath, wie auch wirklicher geheimer Archivar, in seinem 77sten Jahr.

1786.

Den 1sten Januar starb zu Braunschweig Herr Ferd. Carl Aug. Henke, Pastor an der Magnuskirche, im 38sten Jahre an einem bösartigen Fieber. Er hatte seit kurzem einige Beyträge zur A. d. B. geliefert.

Die gelehrte Welt hat einen unersetzlichen Verlust erlitten, durch den Tod des berühmten Philosophen Moses Mendelssohn, welcher den 4ten Jänner 1786. im 57sten Jahr seines Alters früh um 7 Uhr sanft entschlief. Er war zu Dessau 1729 gebohren, wo sein Vater Mendel Schulmeister war, und ihn daher in der hebräischen Sprache und in den ersten Gründen der jüdischen Gelehrsamkeit unterweisen konnte. Der Jüngling lernte besonders sehr früh die Werke des ehemaligen großen Reformators der jüdischen Philosophie und Religion Maimonides kennen, durch welche in ihm der erste Grund zur Untersuchung der Wahrheit und zu freymüthiger Denkungsart gelegt ward, und die er daher auch in reifern Jahren sehr verehrte. Sein früher anhaltender Fleiß brachte ihm eine Nervenkrankheit zuwege, wodurch ungefähr in seinem zehnten Jahre sein Rückgrad sich zu beugen anfieng, welches nachher durch nachläßige Behandlung zunahm, und vielleicht die

die Hauptursache seiner schwächlichen Gesundheit und seines frühen Todes ward. Weil sein Vater höchst arm war, so daß er ihn nicht ernähren konnte, mußte er im Jahr 1742 im 14ten Jahre nach Berlin wandern, wo er verschiedene Jahre in der äußersten Dürftigkeit lebte, und oft an den ersten Bedürfnissen des Lebens Mangel hatte, den er aber nicht fühlte, wenn er seiner Lehrbegierde nur genugthun konnte. Ein wohlthätiger Jude gab ihm eine Kammer unter dem Dache und freyen Tisch, und der Oberlandrabbiner Fränkel, welcher ehemals Rabbiner in Dessau gewesen war, nahm sich seiner einigermaßen an. Fränkel brauchte ihn seine Manuscripte abzuschreiben, und gab ihm Gelegenheit zum gründlichen Studieren des Talmud und der damit verbundenen jüdischen theologischen Rechtsgelehrsamkeit und Schulphilosophie.

Doch freylich war dem aufkeimenden Geiste eines Moses Mendelssohn diese Gelehrsamkeit nicht hinlänglich. Das gute Schicksal wollte, daß er in Berlin einen eben so dürftigen Mann fand, wie er, (denn zu einem weniger dürftigen hätte er sich in seiner damaligen Lage gar nicht zu gehen getrauet) einen Mann, der auch so wie er, den einzigen Trost wider die Widerwärtigkeiten des Lebens, in Untersuchung der Wahrheiten setzte, welche den Verstand des Menschen erhöhen und das innere Glück des Menschen machen. Dies war Israel Moses aus Start-Zamose, (einem Städtchen in Pohlen, zwischen Krakau und Lemberg im jetzigen Gallicien) gebürtig, jüdischer Schulmeister in Berlin, ein Mann, der seiner freymüthigen Denkungsart wegen von den Rabbinen sehr gehaßt, von und nach Pohlen getrieben, oft hülflos herumirren mußte, und endlich in seinem Alter von beständiger Verfolgung und dem bittern Haß orthodoxer Talmudisten ganz mürbe gemacht, melancholisch, und wirklich ein Märtyrer der Wahrheit ward. Er verstand keine Sprache als die hebräische, aber schrieb sie mit großer Vollkommenheit und Zierlichkeit. Er war, wie Moses Mendelssohn, noch in seinen reifern Jahren urtheilte, ein sehr tiefsinniger Kopf, ein großer Mathematiker, welcher durch eigenes Nachdenken die wichtigsten Demonstrationen erfunden hatte, und dabey fehlte es ihm nicht am poetischen Genie. Dieser Mann hatte auch den Maimonides mit großem Eifer studiert, und disputirte mit seinem jungen Freunde nach Maimonides Grundsätzen. Er gab ihm auch zuerst den Euklides in einer hebräischen Uebersetzung, wodurch er dessen Trieb zur Mathematik erregte. Durch dieselbe

Nr. 141

141

Friedrich Nicolai: [Nachruf auf Moses Mendelssohn]. In: Allgemeine deutsche Bibliothek. Des fünf und sechzigsten Bandes zweytes Stück. - Berlin und Stettin 1786: Friedrich Nicolai, S. 624 - 631.
HAB: Za 73

8°. Meyer Nr. 393 c).

Aufgeschlagen: S. 624/625.

Dem schon am 7. Januar - also nur drei Tage nach dem Tod Mendelssohns - fertiggestellten Nachruf Nicolais mußte jene Gründlichkeit abgehen, die seine Biographien auszeichnete (vgl. Katalog-Nr. 53).

Auszüge: "Es ist unglaublich, welchen Fleiß mehrere junge jüdische Gelehrte anwenden, und welche unbeschreibliche Hindernisse sie beherzt zu übersteigen wissen, um in den Wissenschaften weiter zu kommen. Es ist aber auch unglaublich, welchen Vortheil die Uebersteigung dieser Hindernisse in der Folge bringe. ..." (S. 626).

"... habe ich ein paar traurige Stunden angewendet, um von meinem verklärten Freunde, von einem der größten Gelehrten und von einem der edelsten und vollkommensten Menschen, den Lesern dieser Bibliothek wenige Worte zu sagen, die weder seinem großen Werth, noch meiner inneren Empfindung desselben, ganz angemessen sind" (S. 631)

142

Brief von Friedrich Nicolai an Hans Caspar Hirzel, 21. September 1786. Abschrift. Fotografie.
Zentralbibliothek Zürich, Handschriftenabteilung: FA Hirzel 206

Vier Seiten 4°. Unveröffentlicht.

Auszug aus der zweiten und dritten Seite (in der Orthographie des schlechten Schreibers): "Moses wahr einer (aller) | der aller Vortreflichsten Leuthe welche ich gekannd habe, als Gelehrter und als Mensch. Er wahr so Uneigennützig so rein in seinen Principien und denselben auf eine so bewundernswürdige Art so getreu, so großmüthig so Edel, auch in einem gemeinen Leben so ganz Philosoph, daß ich kein Beispiel dieser Art anders känne. Er hat Unbeschreiblich Einfluß auf unserer Litteratur gehabt die man nicht genug erkennt in [= und] die sehr große Schritte die Er zur Bildung seiner Nationen [= Nation] ganz im stillen that, sind ganz unbekannd."

143

Brief von Christian Garve an Johann Jakob Engel, 12. Februar 1786. Abschrift.
Staatsbibliothek Preußischer Kulturbesitz Berlin, Handschriftenabteilung: Nachl. 162 A, Nr. 28

Sieben Seiten 2°. Unveröffentlicht (Teilübersetzung bei Altmann, S. 754).

Garve (1742 - 1798) war einer der bekanntesten popularphilosophischen Denker der Aufklärung. Häufig in Form von Essays beleuchtete er moralische, ästhetische und gesellschaftliche Probleme.

Auszug: "*Moses* Tod ist auch für mich ein großer und empfindlicher Verlust gewesen. Ich habe zu erst von ihm Philosophie gelernt, (denn in der That waren seine Briefe über die Empfindungen, das erste Buch von dieser Art, das bey mir Eindruck machte.) und ich lernte noch immer vorzüglich von ihm. In der Entwickelung seiner Begriffe, war etwas so nettes, eine solche Vollständigkeit ohne Überfluß, Tiefsinn mit der größten Deutlichkeit und mit Anmuth so verbunden, daß kein Schriftsteller den ich kenne ihm darinn gleich kömmt."

144

[Johann Erich Biester:] Zum Andenken Moses Mendelssohns. In: Berlinische Monatsschrift. Herausgegeben von F.[riedrich] Gedike und J.[ohann] E.[rich] Biester. Siebenter Band. Januar bis Junius 1786. - Berlin 1786: Haude und Spener, S. 204 - 216.
HAB: Za 305

kl. 8°. Meyer Nr. 411, 17.

Aufgeschlagen: S. 204/205.

Das Märzheft 1786 der "Berlinischen Monatsschrift" enthält Mendelssohns Aufsatz "Giebt es natürliche Anlagen zum Laster" (S. 193 - 204) und daran anschließend Biesters schönen Nachruf.

Auszüge (S. 212 - 216): "... was verdankt Deutschland ihm vorzüglich? ...
Erstlich: sein vortrefflicher deutscher Stil in philosophischen Sachen. ... unserm *Mendelssohn* war es aufbehalten, ein Muster zu geben, wie man die abstraktesten Begriffe mit dem schönsten Ausdruk bekleiden, die tiefsinnigsten Lehren mit einer Lebhaftigkeit und einer Anmuth vortragen könne, die ihnen unendlich mehr Eingang ins Herz verschaft, ohne ihrer Würde und Wichtigkeit das geringste zu benehmen. ...
Zweitens: Nur ihm, in Verbindung mit *Lessing* und *Nicolai*, verdankt Deutschland den Anfang einer freimüthigen unparteiischen Kritik; die ohne Rüksicht auf

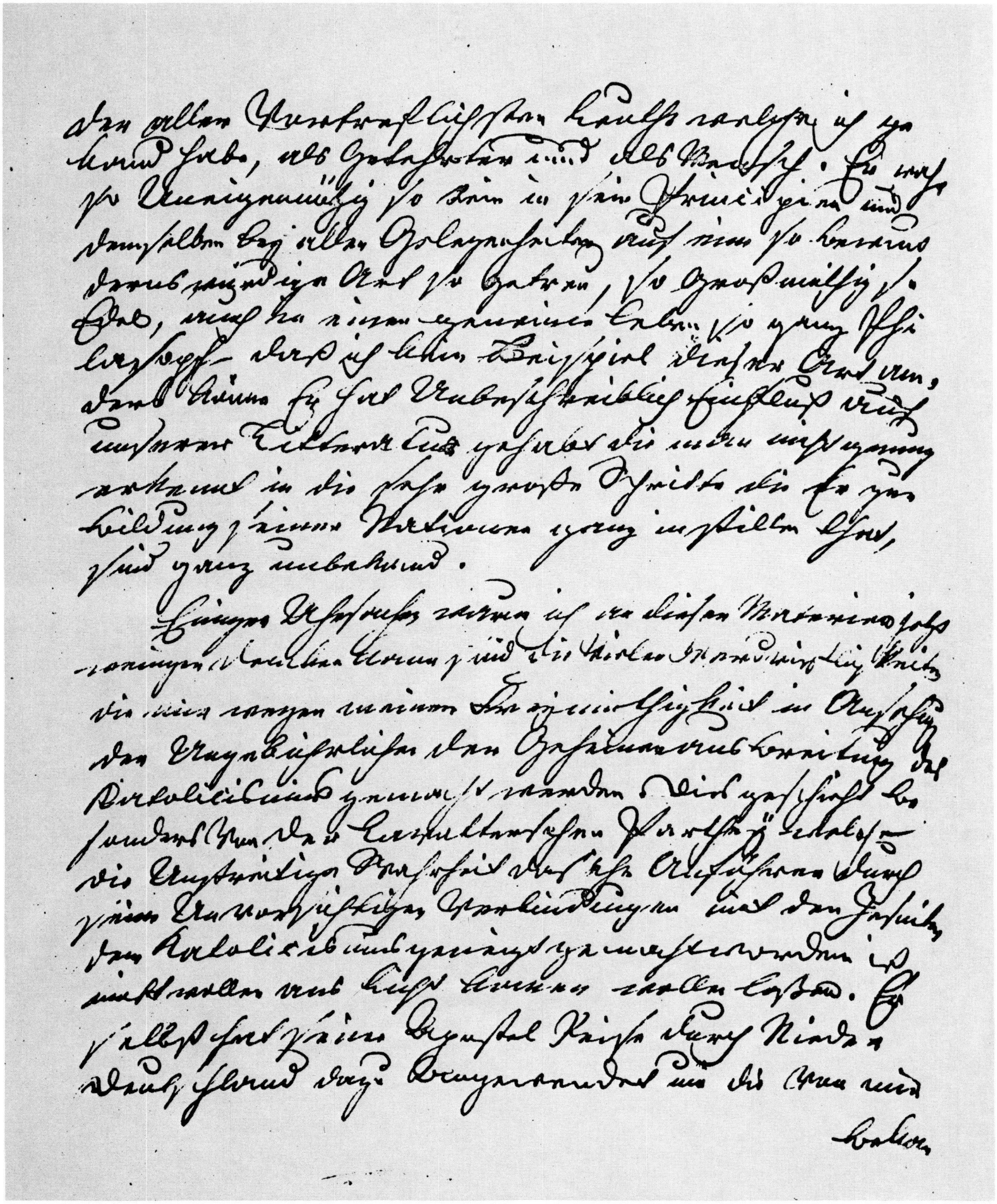

Nr. 142

(204)

thusiasmus von der andern Seite. In ihren Schulen und öffentlichen Lehren, herrschte größtentheils der Stoicismus; und ihre schönen Künste versinnlichten die übersinnlichen Gegenstände, brachten abgesonderte allgemeine Begriffe zur unmittelbaren Darstellung, beflügelten die Einbildungskraft, und beförderten den Enthusiasmus für Freundschaft, Nachruhm, Vaterland, die hohe Empfindung für das, was man ohne Begeisterung bloß in Worten denken kann.

Berlin, den 15. Aug. 1784.   Moses Mendelssohn.

3.

Zum Andenken Moses Mendelssohns.

Und dieser edle Mann, von dem wir diesen ältern lange für uns bestimmten Aufsatz den Lesern jetzt mitzutheilen das wehmüthige Vergnügen haben; — dieser Mann, der in seinem vortreflichen Leben nicht minder als in seinen vollendeten Schriften die im vorstehenden Aufsatze so reizend beschriebene Kraft und Kunst besaß: den Eindruk der lebhaften Empfindungen durch die Vernunft zu beherrschen, und zugleich den richtig durchdachten Vernunftbegriffen die Lebhaftigkeit der

Nr. 144

Endlich stehe hier auch das Verdienst: daß er durch seinen untadelhaften Wandel, durch seine hohe Rechtschaffenheit, und durch sein eifriges Lehren wichtiger Wahrheiten, es dahin brachte, daß man erkannte: auch ein Jude, auch ein Unchrist, könne ein guter Mensch sein, könne Religion haben, könne unter uns Christen Religion und Tugend befördern. ... Wie viel aber ward dadurch nicht gewonnen, daß man so überzeugend belehrt ward: ein Mensch aus jedem Volk, könne Recht thun, und müsse Gott gefallen!"

Aus dem "Salzburger Musenalmanach auf das Jahr 1787", hrsg. von Lorenz Hübner, S. 197 f.:

"Auf Moses Mendelssohn.

Freund Jude: so sprech ich,
Denn was irrt Talmud mich
  Geister zu schäzzen?

Mit trautem Bardenblikk
Darf dir ein Katholik
  Grabreime sezzen!

Hörte ich hier und dort
Hostien = Kinder = Mord
  Juden zur Schande;

Rief gleich mein Eifer auf:
Fürsten! O schlagt darauf!
  Jagd sie vom Lande!

Denk' ich an Mendelssohn;
Sprech ich den Grillen Hohn
  Mit Lessings Freunde

Israeliten lebt!
Götter der Erde! gebt
  Juden Gemeinde!

            Exkapuziner."

die Person, nur die Sachen; ohne Rüksicht auf Namen und Anhang, nur den Schriftsteller beurtheilte. ...
Drittens: Ihm dankt Deutschland auch die theoretische Kritik, ... da sonst die moralisch-psychologischen Beobachtungen, vorzüglich in Anwendung auf Aesthetik, nur das Eigenthum der Briten zu sein schienen.
Viertens: Ihm verdankt vorzüglich seine Nation, und dadurch auch ganz Deutschland und die gesammte Menschheit, einen großen Theil ihrer moralischen und intellektuellen Bildung. ...

145

[Honoré Gabriel de Riquéti,] Comte de Mirabeau: Sur Moses Mendelssohn, sur la réforme politique des Juifs: Et en particulier Sur la révolution tentée en leur faveur en 1753 dans la grande Bretagne. - Londres 1787.
HAB: Db 3033

SUR

MOSES

MENDELSSOHN,

SUR LA

REFORME POLITIQUE

DES JUIFS:

Et en particulier

Sur la révolution tentée en leur faveur
en 1753 dans la grande Bretagne.

PAR

LE COMTE DE MIRABEAU.

A LONDRES

1787.

SUR

MOSES MENDELSSOHN,

SUR LA

RÉFORME POLITIQUE DES JUIFS,

ET EN PARTICULIER,

*fur la révolution tentée en leur faveur
(en 1753) dans la grande Bretagne.*

Un homme jetté par la nature au fein
d'une horde avilie, né fans aucune efpéce
de fortune, avec un tempérament foible &
même infirme, un caractere timide, une
douceur peut-être exceffive, enchaîné toute
fa vie dans une profeffion prefque méchani-
que, s'eft élevé au rang des plus grands
écrivains que ce fiècle ait vu naître en Allemagne. L'un des premiers, fi ce n'eft le
premier, il a donné à une langue, qui n'étoit
pas même la fienne, de la clarté, du nombre,
de la grace, de l'énergie. Les Allemands
lui ont décerné le titre de Platon moderne;
on lui deftine un monument public dans la
patrie que fes fuccès au défaut des loix lui
ont conquife. Plus remarquable encore par

e 2

Nr. 145

[68], 130 S. 8°. Meyer Nr. 733. - Nachdruck: Paris 1968. Über-
setzung: Ausgewählte Schriften, hrsg. von Johanna Fürstauer.
Bd. 2, Hamburg 1971, S. 273-359. - Literatur: Paul H. Meyer:
Le Rayonnement de Moïse Mendelssohn hors d'Allemagne,
in: Dix-huitième Siècle 13 (1981), S. 63 - 78. Jubiläumsausgabe
Bd. 8, S. LXXXIV f.

Mirabeau (1749 - 1791), der höchst einflußreiche Re-
formpolitiker in den Anfangsjahren der französischen
Revolution, war vom Januar 1786 bis Januar 1787 in
Berlin, wobei er von Talleyrand als französischer
Geheimagent bezahlt wurde; er schickte auch zahllose
chiffrierte Briefe nach Paris. Seinem selbstbewußten
Auftreten nach war der Angehörige des französischen
Hochadels, der mit großem Gefolge erschien, alles
andere als ein bloßer Spion. Kurz vor seinem Tode
empfing ihn Friedrich der Große; dessen Nachfolger
erhielt am Tag seiner Thronbesteigung eine große
Denkschrift Mirabeaus, in der dieser die volle bürger-
liche Freiheit für die Juden forderte (Alfred Stern: Das
Leben Mirabeaus. Bd. 1, Berlin 1889).

fes vertus que par fes talens, il a influé fur
fa nation & peut-être à un certain point
fur le pays où le fort l'avoit fixé par l'afcen-
dant d'une raifon profonde, & d'une con-
duite fi pure que le bigotisme & la calom-
nie ne l'ont pas même ternie . . . cet homme, ce philofophe Juif mérite quelque
curiofité.

Je voudrois faire connoître Mofes Mendelsfohn à la France mieux qu'il ne peut
l'être par la traduction de fon Phédon, l'un
de fes beaux ouvrages fans doute (a), mais
où l'on ne fauroit deviner tout ce qu'a valu
cet écrivain, vraiment extraordinaire, fi l'on
confidére la fituation dans laquelle il a mûri
fes talens & montré fes vertus; je voudrois
parler du bien qu'il a fait à fa nation; je
voudrois furtout occuper à fon occafion
ceux dont le fentiment & la penfée ne font
étrangers à rien de ce qui touche l'éfpece
humaine, du préjugé qui nous fait excufer
l'inique abus de la force fociale envers les
juifs, en nous les repréfentant comme in-
capables d'être jamais ni moralement eftima-
bles, ni politiquement utiles.

(a) Il exifte deux traductions françoifes du Phédon de Mendelsfohn; celle de M. Junker &
celle de M. Burja. J'en connois auffi des
traductions Angloifes, Hollandoifes, Italien-
nes &c.

NOTICE SUR MOSES MENDELSSOHN ET SES OUVRAGES.

Mofes Mendelsfohn naquit en 1729 (b)
à Deffau où fon père avoit été Maître-d'école.
Ainfi fa premiere enfance ne fut pas totale-
ment étrangère à l'étude. Mais quelles études que celles d'un juif indigent! l'érudition,
la langue Hébraïque paroiffoient devoir être
le dernier terme de fon ambition, & Mendelsfohn en effet ne fut occupé dans fa jeu-
neffe & dans le peu de momens qu'il arracha
aux foins de fa fubfiftance que des ouvrages
du fameux Maimonides réformateur de la
religion & de la philofophie des Hébreux.
Son application exceffive & précoce lui donna
une maladie de nerfs qui, dés l'age de dix
ans, menaça fes jours; & telle fut la fource
des infirmités dont fa vie fut tourmentée.

Cependant fon pere n'ayant pas même de
quoi le faire fubfifter, Mendelsfohn gagna
Berlin en 1742. il y vécut ignoré pendant
plufieurs annees dans le plus grand befoin,
manquant fouvent du néceffaire, mais ou-
bliant des privations fi grandes & fi prolon-
gées auffitôt qu'il rencontroit quelque occa-

e 3

(b) Mendelsfohn eft mort le 4. janvier 1786.
à Berlin.

Nr. 145

In Berlin kam Mirabeau in Kontakt mit Herz, Dohm, Nicolai und anderen Aufklärern. Besonders die Schrift "Jerusalem" des kurz vor seiner Ankunft verstorbenen Mendelssohn erschien Mirabeau bedeutend; in seinem Buch suchte er, in Anlehnung an Dohm, die Mendelssohnsche Botschaft der Toleranz auszubreiten.

Der Untertitel des Buches "Über Moses Mendelssohn, über die politische Reform der Juden und besonders über die zu ihren Gunsten versuchte Revolution von 1753 in Großbritannien" bezieht sich auf einen Reformversuch, der es gestattet hätte, Juden durch das englische Parlament zu naturalisieren. Der Widerruf des Gesetzes im Jahre 1754 ließ den Juden ihre Lage hoffnungslos erscheinen; viele traten zum Christentum über.

Die schwungvolle Schrift des begnadeten Redners, deren deutsche Übersetzung von 1787 (Meyer Nr. 734) nicht beschafft werden konnte, beginnt mit den Worten: "Ein Mann, den die Natur mitten in eine erniedrigte Horde geworfen hat, der ohne alle Glücksgüter geboren wurde, mit schwachem, ja sogar kränklichem Temperament, schüchternem Charakter und vielleicht übermäßiger Sanftmut, der sein ganzes Leben lang an einen fast mechanischen Beruf gekettet war, hat sich zu einem der größten Schriftsteller entwickelt, die dieses Jahrhundert in Deutschland erlebt hat. Als einer der ersten, wenn nicht überhaupt als erster, hat er einer Sprache, die noch nicht einmal seine eigene war, Klarheit, Wohlklang, Anmut und Kraft verliehen. Die Deutschen haben ihm den Titel eines modernen Platon zuerkannt; man widmet ihm ein öffentliches Denkmal in jenem Vaterland, das ihm seine Erfolge - den Gesetzen zum Trotz - erobert haben.

Bemerkenswerter noch durch seine Tugenden als durch sein Talent, hat er seine Nation und vielleicht bis zu einem gewissen Grad das Land, in dem ihn das Schicksal ansässig gemacht hatte, beeinflußt, und zwar durch die Wirkung einer gründlichen Vernunft und durch ein Verhalten, das so rein war, daß sogar die Bigotterie und die Verleumdung es nicht befleckt haben. ...

Dieser Mann, dieser jüdische Philosoph verdient einige Aufmerksamkeit. Ich möchte, daß Moses Mendelssohn in Frankreich besser bekannt wird, als es durch die Übersetzung seines Phädon geschehen kann, der zweifellos eines seiner schönsten Werke ist, an dem man aber nicht all das erahnen kann, was dieser Schriftsteller wert war, der wirklich außerordentlich war, wenn man die Lage betrachtet, in der er seine Talente hat reifen lassen und seine Tugenden gezeigt hat; ich möchte von dem Guten sprechen das er für seine Nation getan hat; ich möchte, daß sich besonders diejenigen mit seinem Beispiel beschäftigen, denen im Fühlen und Denken nichts von dem fremd ist, was das Menschengeschlecht angeht - auch nicht das Vorurteil, das uns den ungerechten Mißbrauch der gesellschaftlichen Macht gegen die Juden entschuldigen läßt, indem es uns weismacht, sie seien unfähig, jemals moralisch achtbar oder politisch nützlich zu sein."

An einer Schlüsselstelle seines Buches bediente sich Mirabeau eines Kunstgriffes, um den Verfasser von "Jerusalem" als großen Bahnbrecher der Gewissensfreiheit und der Trennung von Staat und Kirche herauszustellen: Er legte Mendelssohn, wie er anschließend erklärt, Worte aus der Verfassung des Staates Virginia und die Toleranzprinzipien von Turgot in den Mund.

Als Mirabeau allerdings (mit Hilfe des Abbé Henri Grégoire) 1790/91 in der französischen Nationalversammlung die Emanzipation der Juden durchsetzte - jeder Jude, der den Bürgereid ablegte, erhielt das volle Bürgerrecht -, wurde damit zugleich das Judentum als bloße Konfession definiert; der Charakter einer eigenen 'Nation' wurde ihm aberkannt. Dennoch war dies, nach dem Toleranzedikt Josephs II. von Österreich, das zweite deutliche Signal für eine Abschaffung der Unterdrückung.

146

Verzeichniß der auserlesenen Büchersammlung des seeligen Herrn Moses Mendelssohn. - Berlin 1786 (Fak-

In Folio.

1 — 28 Encyclopédie ou Dictionnaire raisonnée des Sciences, des arts & des metiers 1759.
29. 30 Aristotelis opera omnia graece & latine 1629.
31 — 34 Gesneri novus linguae & eruditionis romanae Thesaurus 1749.
35. Sexti Empirici opera graece & latine cum versione Herveti & Notis Fabricii 1718.
36 Cibanii Sophistae epistolae gr. & lat. ex editione Wolfii 1738.
37 — 42 Petri Cassendi opera omnia cum indicibus necessariis 1658.
43 — 45 Bayle Dictionnaire historique critique 1702.
46 — 47 Ciceronis opera omnia (Studio Jani Guilielmi & Jani Gruteri 1681.
48 Samuelis Bocharti opera omnia h. e. Phaleg, Chanaan, & Hierozoicon 1712.
49 — 51 Mischnah sive totius Hebraeorum Juris, rituum ac legum oralium Systema. Cum Commentariis Maimonidis & Bartenorae 1698.
52 Hierozoicon sive de animalibus S. Scripturae 1712.
53 Plotinus.

A 2   54 Ar-

Nr. 146

simile Leipzig 1926, Publikationen der Soncino-Gesellschaft 5).
HAB: Bc 1406

56, V S. (: Nachwort von Herrmann Meyer). 12°.

Aufgeschlagen: S. 3.

Schon die erste Seite des Verzeichnisses macht exemplarisch die Spannweite sichtbar, die Mendelssohns geistigem Horizont eigen war: Die Titel im großen Folio-Format reichen hier von Aristoteles, Cicero und Plotin bis zu Gassendi, Bayle und zur französischen Enzyklopädie.

147

Moses Mendelssohn. Porträtbüste der Manufaktur Fürstenberg, Porzellan. Um 1785 - 1790.
Städtisches Museum Göttingen.
Höhe mit Sockel: 16 cm. - Literatur: Beatrix Freifrau Wolff Metternich: Die Portraitbüsten der Manufaktur Fürstenberg unter dem Einfluß der Kunstkritik Lessings, in: Keramos. Zeitschrift der Gesellschaft der Keramikfreunde, Heft 92 (Osnabrück 1981), S. 19 - 68, besonders S. 46, 49 f.

Unter den zahlreichen kleinen Portraitbüsten, die von der Fürstenbergischen Porzellanmanufaktur geschaffen wurden, befinden sich nicht nur Büsten nach antiken Vorbildern und Mitglieder des Hauses Braunschweig und anderer Fürstenhäuser, sondern auch zeitgenössische Dichter und Gelehrte, mit denen Studierzimmer u. ä. auf stilvolle Weise ausgestattet wurden. - In ihrer Auffassung Mendelssohns ist die Büste deutlich von Tassaert (Katalog-Nr. 127) beeinflußt.

Nr. 147

Abkürzungen

Altmann Alexander Altmann: Moses Mendelssohn. A Biographical Study, University, Alabama; Philadelphia; London 1973.

Altmann, Die trostvolle Aufklärung Alexander Altmann: Die trostvolle Aufklärung. Studien zur Metaphysik und politischen Theorie Moses Mendelssohns, Stuttgart-Bad Cannstatt 1982 (Forschungen und Materialien zur deutschen Aufklärung, Abt. 2, Bd. 3).

Bibliothek Bibliothek der schönen Wissenschaften und der freyen Künste. 12 Bde., Leipzig 1757 - 1765.

Dorn, Meil Wilhelm Dorn: Meil-Bibliographie. Verzeichnis der von dem Radierer Johann Wilhelm Meil illustrierten Bücher und Almanache, Berlin 1928.

Forschungsbericht Michael Albrecht: Moses Mendelssohn. Ein Forschungsbericht, 1965 - 1980, in: Deutsche Vierteljahrsschrift für Literaturwissenschaft und Geistesgeschichte 57 (1983), S. 64 - 166.

Frühschriften Alexander Altmann: Moses Mendelssohns Frühschriften zur Metaphysik, Tübingen 1969.

Gesammelte Schriften Moses Mendelssohn's gesammelte Schriften, hrsg von Georg Benjamin Mendelssohn. 7 Bde. (in 8), Leipzig 1843 - 1845 (Nachdruck Hildesheim 1976).

HAB Herzog August Bibliothek Wolfenbüttel.

Jubiläumsausgabe Moses Mendelssohn: Gesammelte Schriften. Jubiläumsausgabe. In Gemeinschaft mit Fritz Bamberger, Haim Borodianski, Simon Rawidowicz, Bruno Strauss, Leo Strauss begonnen von Ismar Elbogen, Julius Guttmann, Eugen Mittwoch, fortgesetzt von Alexander Altmann, in Gemeinschaft mit Haim Bar-Dayan, Eva Engel, Leo Strauss, Werner Weinberg. Bisher 13 Bde. (in 17), Berlin 1929 - 1932; Breslau 1938; Stuttgart-Bad Cannstatt 1974 ff. - Bei den Literaturangaben des Kataloges wurde darauf verzichtet, die Einleitungen der Herausgeber zu den einzelnen Texten eigens aufzuführen. Darum sei hier nachdrücklich auf diese vorzüglichen Einführungen hingewiesen.

Keil, Bause (Johann) Georg Keil: Catalog des Kupferstichwerkes von Johann Friedrich Bause, Leipzig 1849.

Literaturbriefe Briefe, die Neueste Litteratur betreffend. 24 Teile, Berlin und Stettin 1759 - 1765.

Meier Jean-Paul Meier: L'esthétique de Moses Mendelssohn (1729 - 1786). Thèse Université de Paris IV, 1977. 2 Bde., Paris 1978.

Meyer Herrmann M. Z. Meyer: Moses Mendelssohn Bibliographie. Mit einigen Ergänzungen zur Geistesgeschichte des ausgehenden 18. Jahrhunderts. Mit einer Einführung von Hans Herzfeld, Berlin 1965 (Veröffentlichungen der Historischen Kommission zu Berlin 26).

Thieme-Becker Allgemeines Lexikon der bildenden Künstler von der Antike bis zur Gegenwart. Begründet von Ulrich Thieme und Felix Becker, hrsg. von Hans Vollmer. 37 Bde., Leipzig 1907 - 1950.

Leihgeber

Aach - Hohensonne
Prof. Dr. Norbert Hinske

Basel
Öffentliche Bibliothek der Universität Basel
Staatsarchiv des Kantons Basel - Stadt

Berlin (-West)
Dr. Cécile Lowenthal - Hensel
Mendelssohn-Gesellschaft e. V. (Katalog-Nr. 140)
Senator für Wissenschaft und Kunst
Staatsbibliothek Preußischer Kulturbesitz

Berlin (-Ost)
Akademie der Wissenschaften der DDR

Braunschweig
Herzog Anton Ulrich - Museum
Stadtarchiv

Bückeburg
Hausarchiv des Fürsten zu Schaumburg - Lippe

Erlangen
Fanny Kistner - Hensel

Freiburg im Breisgau
Albert - Ludwigs - Universität,
Universitätsbibliothek

Göttingen
Niedersächsische Staats- und
Universitätsbibliothek
Städtisches Museum

Goslar
Stadtverwaltung

Hamburg
Staats- und Universitätsbibliothek
Carl von Ossietzky

Hannover
Kestner - Museum
Stadtbibliothek

Kiel
Christian - Albrechts - Universität,
Universitätsbibliothek

Köln
Marianne und Dr. Johannes Zilkens

Krakau
Biblioteka Jagiellońska

Leipzig
Karl - Marx - Universität, Universitätsbibliothek

New York
Prof. Dr. Felix Gilbert

Nürnberg
Germanisches Nationalmuseum

Oldenburg
Landesbibliothek

Opladen
Archiv Fürstenberg - Stammheim

Oxford
Bodleian Library

Weimar
Goethe und Schiller - Archiv

Wolfenbüttel
Niedersächsisches Staatsarchiv

Zürich
Zentralbibliothek

sowie private Leihgeber.

Photonachweis

Berlin (-West):

Dr. Cécile Lowenthal - Hensel (Nr. 99)
Senator für Wissenschaft und Kunst (Nr. 127)
Staatsbibliothek Preußischer Kulturbesitz
(Nr. 12, 45, 99, 115, 129, 136, 140)

Berlin (-Ost):

Akademie der Wissenschaften der DDR (Nr. 79)

Basel:

Öffentliche Bibliothek der Universität Basel
(Nr. 108)
Staatsarchiv des Kantons Basel - Stadt,
Photography by Sydney W. Neuberg,
Stockwell Terrace (Nr. 68)

Braunschweig:

Herzog Anton Ulrich - Museum (Nr. 110)
Museumsfoto B. P. Keiser (Nr. 48)

Bückeburg:

Hausarchiv des Fürsten zu Schaumburg - Lippe
(Nr. 87, 88, 89, 93)

Freiburg im Breisgau:

Albert - Ludwigs - Universität,
Universitätsbibliothek (Nr. 116)

Göttingen:

Niedersächsische Staats- und
Universitätsbibliothek (Nr. 15, 25, 46, 66, 74, 92,
101, 113)
Städtisches Museum (Nr. 147)

Goslar:

Stadtverwaltung (Nr. 106)

Hannover:

Kestner - Museum (Nr. 49)
Stadtbibliothek (Nr. 77)

Köln:

Martin Bräker (Nr. 1, 85)

Krakau:

Biblioteka Jagiellońska (Nr. 59, 96, 111, 126, 129)

Leipzig:

Karl - Marx - Universität, Universitätsbibliothek
(Nr. 20, 95)

Marbach:

Schiller - Nationalmuseum, Cotta - Archiv (Nr. 72)

New York:

The Leigh Photographic Group (Nr. 69)

Nürnberg:

Germanisches Nationalmuseum (Nr. 71)

Weimar:

Goethe und Schiller - Archiv (Nr. 91)

Wolfenbüttel:

Braunschweigisches Landesmuseum (Nr. 101)
Niedersächsisches Staatsarchiv (Nr. 137)

Zürich:

Zentralbibliothek (Nr. 142)

Alle übrigen Photos: Herzog August Bibliothek.

Personenregister

Geradestehende Ziffern verweisen auf die Nummern des Kataloges, kursive auf die Seitenzahlen.